司法試験＆予備試験
論文5年過去問
再現答案から
出題趣旨を読み解く。
行政法

はしがき

本書は，平成27年から令和元年まで実施された司法試験の論文式試験のうち，行政法科目の問題・出題趣旨・採点実感及びその再現答案と，同じく平成27年から令和元年まで実施された司法試験予備試験の論文式試験のうち，行政法科目の問題・出題趣旨及びその再現答案を掲載・合冊した再現答案集です。

論文式試験において「高い評価」を得るためには，「出題趣旨」が求める内容の答案を作成する必要があります。しかし，単に「出題趣旨」を読み込むだけでは，「出題趣旨」が求める内容の答案像を具体的にイメージするのは困難です。出題趣旨の記述量が少ない予備試験では特にそのように言えます。

そこで，本書では，極めて高い順位の答案から，不合格順位の答案まで，バランス良く掲載するとともに，各再現答案にサイドコメントを多数掲載しました。サイドコメントは，主観的なコメントを極力排除し，「出題趣旨」から見て，客観的にどのような指摘が当該答案にできるかという基本方針を徹底したものとなっています。順位の異なる各再現答案を比較・検討し，各再現答案に付されたサイドコメントを読むことによって，**「出題趣旨」が求める内容の答案とはどのようなものなのかを具体的に知ることができます**。そして，再現答案から「出題趣旨」を読み解き，当該答案がどうして高く，又は低く評価されたのかを把握することによって，いわゆる**「相場観」や「高い評価」を獲得するためのコツ・ヒントを得ることができる**ものと自負しております。

本書をご活用して頂くことにより，皆様が司法試験・司法試験予備試験に合格なさることを心から祈念致します。

2020年4月吉日

株式会社　東京リーガルマインド
ＬＥＣ総合研究所　司法試験部

目次

【司法試験】

平成 27 年

平成 28 年

平成 29 年

平成 30 年

令和元年

【司法試験予備試験】

平成27年

＊ 平成27年司法試験予備試験では，再現答案3通のみの掲載となります。

平成28年

平成29年

平成30年

令和元年

司法試験

平成27年

問題文

［公法系科目］

〔第２問〕（配点：１００〔**〔設問１〕**，**〔設問２〕**，**〔設問３〕**の配点割合は，２：５：３〕）

株式会社Ｘは，指定数量以上の灯油を取り扱うため，消防法第１０条第１項及び危険物の規制に関する政令（以下「危険物政令」という。）第３条第４号所定の一般取扱所に当たる取扱所（以下「本件取扱所」という。）につき，平成１７年にＹ市長から消防法第１１条第１項による設置許可を受け，灯油販売業を営んでいた（消防法その他の関係法令については【資料１】参照）。本件取扱所は，工業地域に所在し，都市計画法及び建築基準法上，適法に建築されている。建築基準法上は，都市計画法上の用途地域ごとに，一般取扱所を建築できるか否かが定められ，建築できる用途地域については，工業地域を除き，一般取扱所で取り扱うことのできる危険物の指定数量の倍数（取扱所の場合，当該取扱所において取り扱う危険物の数量を当該危険物の指定数量で除して得た値を指す。以下「倍数」という。）の上限が規定されているが，工業地域については，倍数の制限なく一般取扱所を建築できることとされている。本件取扱所において現在取り扱われている倍数は５５である。

ところが，本件取扱所から１８メートル離れた地点において，株式会社Ａが葬祭場（以下「本件葬祭場」という。）の建築を計画し，平成２７年１月にＹ市建築主事から建築確認（以下「本件建築確認」という。）を受けた上で，建築工事を完了させ，同年５月末には営業開始を予定している。本件葬祭場の所在地は，平成１７年の時点では第一種中高層住居専用地域とされていたため，都市計画法及び建築基準法上，葬祭場の建築は原則として不可能であったが，平成２６年に，Ｙ市長が都市計画法に基づき第二種中高層住居専用地域に指定替えする都市計画決定（以下「本件都市計画決定」という。）を行い，葬祭場の建築が可能になった。本件建築確認及び本件都市計画決定は，いずれも適法なものであった。

本件葬祭場の営業開始が法的な問題を発生させるのではないかという懸念を抱いたＸの社員Ｂが，Ｙ市の消防行政担当課に問い合わせたところ，同課職員Ｃは次のような見解を示した。

⑴　本件葬祭場は，一般的な解釈に従えば，危険物政令第９条第１項第１号ロの「学校，病院，劇場その他多数の人を収容する施設で総務省令で定める」建築物（以下，同号に定める建築物を「保安物件」という。）に当たるから，危険物政令第１９条第１項により準用される危険物政令第９条第１項第１号本文にいう距離（以下「保安距離」という。）として，本件取扱所と本件葬祭場との間は３０メートル以上を保たなければならない。

⑵　ただし，保安距離は，危険物政令第１９条第１項により準用される危険物政令第９条第１項第１号ただし書によって，市町村長が短縮することができる。Ｙ市は，保安距離の短縮に関して内部基準（以下「本件基準」という。【資料２】参照）を定めている。本件基準は，①一般取扱所がいずれの用途地域に所在するかに応じて，倍数の上限（以下「短縮条件」という。），

②保安物件の危険度（保安物件の立地条件及び構造により判定される。）及び種類，並びに一般取扱所で取り扱う危険物の量（倍数）及び種類ごとに，短縮する場合の保安距離の下限（以下「短縮限界距離」という。），③取扱所の高さ，保安物件の高さ及び防火性・耐火性，並びに両者間の距離から算定される，必要な防火塀の高さを定めている。そして，本件基準は，これら３つの要件が全て満たされる場合に限り，保安距離を短縮することができるとしている。本件基準によれば，本件取扱所が所在する工業地域における短縮条件としての倍数の上限は５０であり，第二石油類に該当する灯油を取扱い，かつ，倍数が１０以上の本件取扱所及び本件葬祭場に適用される短縮限界距離は２０メートルである。

(3)　本件葬祭場が営業を始めた場合，本件取扱所は，上記①及び②の要件を満たさないため，保安距離を短縮することができず，消防法第１０条第４項の技術上の基準に適合しないこととなる。そこで，Ｙ市長としては，消防法第１２条第２項に基づき，Ｘに対し，本件取扱所を本件葬祭場から３０メートル以上離れたところに移転すべきことを求める命令（以下「本件命令」という。）を発する予定である。

Ｘとしては，本件基準③の定める高さより高い防火塀を設置すること，及び危険物政令で義務付けられた水準以上の消火設備を増設することについては，技術的にも経営上も可能であり，実施する用意がある。他方，Ｘは，現在の倍数を減らすと経営が成り立たなくなるため，現在の倍数を減らせない状況にある。また，Ｘの所有する敷地内において，本件取扱所を本件葬祭場から２０メートル以上離れた位置に移設することは不可能である。このような事情の下で，職員Ｃの見解に従うとすれば，Ｘは本件取扱所を他所に移転せざるを得ず，巨額な費用を要することになる。納得がいかない社員Ｂは，知り合いの弁護士Ｄに相談した。

以下に示された【法律事務所の会議録】を読んだ上で，弁護士Ｄの指示に応じる弁護士Ｅの立場に立って，設問に答えなさい。

なお，消防法，都市計画法，建築基準法及び危険物政令の抜粋を【資料１　関係法令】に，本件基準の抜粋を【資料２　本件基準（抜粋）】に，それぞれ掲げてあるので，適宜参照しなさい。

〔設問１〕

Ｘは，本件命令が発せられることを事前に阻止するために，抗告訴訟を適法に提起することができるか。行政事件訴訟法第３条第２項以下に列挙されている抗告訴訟として考えられる訴えを具体的に挙げ，その訴えが訴訟要件を満たすか否かについて検討しなさい。

〔設問２〕

仮に，本件命令が発せられ，Ｘが本件命令の取消しを求める訴訟を提起した場合，この取消訴訟において本件命令は適法と認められるか。消防法及び危険物政令の関係する規定の趣旨及び内容に照らして，また，本件基準の法的性質及び内容を検討しながら，本件命令を違法とするXの法律論として考えられるものを挙げて，詳細に論じなさい。解答に当たっては，職員Cの見解のうち(1)の法解釈には争いがないこと，及び本件命令に手続的違法はないことを前提にしなさい。

〔設問３〕

仮に，本件命令が発せられ，Xが本件命令に従って本件取扱所を他所に移転させた場合，Xは移転に要した費用についてY市に損失補償を請求することができるか。解答に当たっては，本件命令が適法であること，及び損失補償の定めが法律になくても，憲法第２９条第３項に基づき損失補償を請求できることを前提にしなさい。

【法律事務所の会議録】

弁護士Ｄ：本日は，Xの案件について議論したいと思います。Xからは，「できれば事前に本件命令を阻止できないか。」と相談されています。Y市では，消防法第１２条第２項による移転命令を発した場合，直ちにウェブサイトで公表する運用をとっており，Xは，それによって顧客の信用を失うことを恐れているのです。

弁護士Ｅ：本件葬祭場の営業が開始されれば，Y市長が本件命令を発することが確実なのですね。

弁護士Ｄ：はい。その点は，私からもY市の消防行政担当課に確認をとりました。

弁護士Ｅ：では，本件命令が発せられることを，抗告訴訟によって事前に阻止することが可能か，検討してみます。

弁護士Ｄ：お願いします。次に，本件命令を事前に阻止できず，本件命令が発せられた場合，Xとしては取消訴訟を提起して本件命令の適法性を争うことを考えています。消防法と危険物政令の関係規定をよく読んで，本件命令を違法とする法律論について検討してください。なお，本件葬祭場が，危険物政令第９条第１項第１号ロの保安物件に該当するかどうかについて議論の余地がないわけではありませんが，その点は今回は検討せず，該当することを前提としてください。

弁護士Ｅ：危険物政令第９条第１項第１号ただし書については，本件基準が定められていますので，気になって立法経緯を調べました。このただし書の規定は，製造所そのものに変更がなくても，製造所の設置後，製造所の周辺に新たに保安物件が設置された場合に，消防法第１２条により，製造所の移転等の措置を講じなければならなくなる事態を避けることを主な目的にして定められた，とのことです。したがって，新たに設置される製造所の設置の許可に際して，このただし書の規定を適用し，初めから保安距離を短縮する運用は，規定の趣旨に合わないと，行政実務上は考えられています。

弁護士D：では，このただし書の規定の趣旨・内容及び本件基準の法的性質を踏まえた上で，本件基準①及び②について検討してください。「倍数」は，耳慣れない用語かもしれませんが，取扱所で取り扱われている危険物の分量と考えてください。なお，このただし書にある，市町村長等が「安全であると認め」る行為が行政処分でないことは明らかですから，処分性の問題は考えなくて結構です。本件基準①は，工業地域などの用途地域について触れていますが，用途地域の制度の概要は御存じですね。

弁護士E：もちろんです。用途地域は，基本的に市町村が都市計画法に基づき都市計画に定めるもので，用途地域の種類ごとに，建築基準法別表第二に，原則として建築が可能な用途の建築物又は不可能な用途の建築物が列挙されています。

弁護士D：そのとおりです。建築基準法上，工業地域においては，一般取扱所を建築でき，倍数に関する制限もありません。

弁護士E：分かりました。それから，危険物政令第２３条が，製造所，取扱所等の位置，構造及び設備の基準の特例を定めていますので，この規定についても立法経緯を調べました。消防法が昭和３４年に改正される以前には，各市町村長が各市町村条例の定めるところにより異なる基準を設けて危険物規制を行っていたのですが，同年に改正された消防法により，危険物規制の基準が全国で統一されました。一方で，現実の社会には一般基準に適合しない特殊な構造や設備を有する危険物施設が存在し，また，科学技術の進歩に伴って一般基準において予想もしない施設が出現する可能性があるため，こうした事態に市町村長等の判断と責任において対応し，政令の趣旨を損なうことなく実態に応じた運用を可能にするために，危険物政令第２３条が定められた，とのことです。

弁護士D：なるほど。検討に当たっては，危険物政令第９条第１項第１号本文の保安距離の例外を認めるために，同号ただし書が定められているとして，更に第２３条を適用する余地があるかなど，第９条第１項第１号ただし書と第２３条との関係についても整理しておく必要がありそうですね。

弁護士E：分かりました。それから，事情を確認したいのですが，Ｘは，防火塀の設置及び消火設備の増設も考えているのですね。

弁護士D：はい，移転よりはずっと費用が安いですから，本件基準③の定める高さ以上の防火塀の設置や，法令で義務付けられた水準以上の消火設備を増設する用意があるとのことでした。

弁護士E：分かりました。

弁護士D：さらに，Ｘは，「敗訴の可能性もあるから，本件命令に従って他所に移転することも考えている。しかし，それには巨額の費用が掛かるが，Ｙ市に補償を要求できないだろうか。」とも言っていました。そこで，Ｘが本件命令に従う場合や，本件命令の取消訴訟で敗訴した場合を想定して，損失補償の可能性も検討する必要があります。消防法上，本件のような場合について補償の定めはないのですね。

弁護士Ｅ：はい，ありません。

弁護士Ｄ：個別法に損失補償の定めがない場合に，憲法に基づき直接補償を請求できるかどうかについて，学説上議論がないわけではありませんが，その点は今回は検討せず，損失補償請求権が憲法第２９条第３項により直接発生することを前提として，主張を組み立ててください。

弁護士Ｅ：消防法第１２条は，取扱所の所有者等に対して，第１０条第４項の技術上の基準に適合するように維持すべき義務を課しています。この第１２条の趣旨をどう理解するか，その趣旨が損失補償と関係するかが問題になりそうですね。

弁護士Ｄ：さらに，次のような事情も問題になりそうです。Ｘが本件取扱所の営業を始めた平成１７年の時点では，本件葬祭場の所在地は，用途地域の一つである第一種中高層住居専用地域とされていました。第一種中高層住居専用地域では，原則として，建築基準法別表第二（は）項に列挙されている用途の建築物に限り建築できるのですが，葬祭場はここに列挙されておらず，建築が原則として不可能でした。しかし，平成２６年の都市計画決定で第二種中高層住居専用地域に指定替えがされて建築規制が緩和されたため，葬祭場の建築が可能になりました。第二種中高層住居専用地域では，別表第二（に）項に列挙されていない用途の建築物であれば建築でき，葬祭場は，同（に）項７号及び８号の「（は）項に掲げる建築物以外の建築物の用途に供する」建築物に当たりますので，二階建てまでで床面積が１５００平方メートルを超えなければ，建築できるのです。

弁護士Ｅ：分かりました。そのような事情が損失補償と関係するかどうか，検討してみます。

弁護士Ｄ：よろしくお願いします。本件命令が発せられた場合のＸの対応方針を決めるに当たっては，一方で，取消訴訟を提起したとして本件命令が違法とされる見込みがどの程度あるか，他方で，損失補償が認められる見込みがどの程度あるかを，判断の基礎にする必要がありますので，綿密に検討を進めてください。

【資料１　関係法令】

○　消防法（昭和２３年７月２４日法律第１８６号）（抜粋）

第１条　この法律は，火災を予防し，警戒し及び鎮圧し，国民の生命，身体及び財産を火災から保護するとともに，火災又は地震等の災害による被害を軽減するほか，災害等による傷病者の搬送を適切に行い，もつて安寧秩序を保持し，社会公共の福祉の増進に資することを目的とする。

第２条　この法律の用語は左の例による。

２～６　（略）

7　危険物とは，別表第一の品名欄に掲げる物品で，同表に定める区分に応じ同表の性質欄に掲げる性状を有するものをいう。〔(注) 別表第一には，「第四類引火性液体」として，第二石油類が掲げられ，「備考十四」として，「第二石油類とは，灯油，軽油その他（中略）をいい，」と記されている。〕

第１０条　指定数量以上の危険物は，貯蔵所（中略）以外の場所でこれを貯蔵し，又は製造所，貯蔵所及び取扱所以外の場所でこれを取り扱つてはならない。(以下略)〔(注)　消防法上，指定数量とは，「危険物についてその危険性を勘案して政令で定める数量」をいう。〕

２　(略)

３　製造所，貯蔵所又は取扱所においてする危険物の貯蔵又は取扱は，政令で定める技術上の基準に従つてこれをしなければならない。

４　製造所，貯蔵所及び取扱所の位置，構造及び設備の技術上の基準は，政令でこれを定める。

第１１条　製造所，貯蔵所又は取扱所を設置しようとする者は，政令で定めるところにより，製造所，貯蔵所又は取扱所ごとに，次の各号に掲げる製造所，貯蔵所又は取扱所の区分に応じ，当該各号に定める者の許可を受けなければならない。製造所，貯蔵所又は取扱所の位置，構造又は設備を変更しようとする者も，同様とする。

一　消防本部及び消防署を置く市町村（中略）の区域に設置される製造所，貯蔵所又は取扱所（中略）　当該市町村長

二～四　(略)

２　前項各号に掲げる製造所，貯蔵所又は取扱所の区分に応じ当該各号に定める市町村長，都道府県知事又は総務大臣（以下この章及び次章において「市町村長等」という。）は，同項の規定による許可の申請があつた場合において，その製造所，貯蔵所又は取扱所の位置，構造及び設備が前条第４項の技術上の基準に適合し，かつ，当該製造所，貯蔵所又は取扱所においてする危険物の貯蔵又は取扱いが公共の安全の維持又は災害の発生の防止に支障を及ぼすおそれがないものであるときは，許可を与えなければならない。

３～７　(略)

第１２条　製造所，貯蔵所又は取扱所の所有者，管理者又は占有者は，製造所，貯蔵所又は取扱所の位置，構造及び設備が第１０条第４項の技術上の基準に適合するように維持しなければならない。

２　市町村長等は，製造所，貯蔵所又は取扱所の位置，構造及び設備が第１０条第４項の技術上の基準に適合していないと認めるときは，製造所，貯蔵所又は取扱所の所有者，管理者又は占有者で権原を有する者に対し，同項の技術上の基準に適合するように，これらを修理し，改造し，又は移転すべきことを命ずることができる。

３　(略)

○　都市計画法（昭和４３年６月１５日法律第１００号）（抜粋）

（地域地区）

第８条　都市計画区域については，都市計画に，次に掲げる地域，地区又は街区を定めることができる。

一　第一種低層住居専用地域，第二種低層住居専用地域，第一種中高層住居専用地域，第二種中高層住居専用地域，第一種住居地域，第二種住居地域，準住居地域，近隣商業地域，商業地域，準工業地域，工業地域又は工業専用地域（以下「用途地域」と総称する。）

二～十六　（略）

２～４　（略）

第９条　１・２　（略）

３　第一種中高層住居専用地域は，中高層住宅に係る良好な住居の環境を保護するため定める地域とする。

４　第二種中高層住居専用地域は，主として中高層住宅に係る良好な住居の環境を保護するため定める地域とする。

５～１０　（略）

１１　工業地域は，主として工業の利便を増進するため定める地域とする。

１２～２２　（略）

○　建築基準法（昭和２５年５月２４日法律第２０１号）（抜粋）

（用途地域等）

第４８条　１・２　（略）

３　第一種中高層住居専用地域内においては，別表第二（は）項に掲げる建築物以外の建築物は，建築してはならない。ただし，特定行政庁が第一種中高層住居専用地域における良好な住居の環境を害するおそれがないと認め，又は公益上やむを得ないと認めて許可した場合においては，この限りでない。

４　第二種中高層住居専用地域内においては，別表第二（に）項に掲げる建築物は，建築してはならない。ただし，特定行政庁が第二種中高層住居専用地域における良好な住居の環境を害するおそれがないと認め，又は公益上やむを得ないと認めて許可した場合においては，この限りでない。

５～１５　（略）

別表第二　（い）・（ろ）　（略）

（は）　第一種中高層住居専用地域内に建築することができる建築物

一　（い）項第１号から第９号までに掲げるもの〔（注）　（い）項第１号に「住宅」，同第４号に「学校（大学，高等専門学校，専修学校及び各種学校を除く。）」等が挙げられている。〕

二　大学，高等専門学校，専修学校その他これらに類するもの

三　病院

四～八　（略）

（に）　第二種中高層住居専用地域内に建築してはならない建築物

一～六　（略）

七　三階以上の部分を（は）項に掲げる建築物以外の建築物の用途に供するもの（以下略）

八　（は）項に掲げる建築物以外の建築物の用途に供するものでその用途に供する部分の床面積の合計が１５００平方メートルを超えるもの（以下略）

（ほ）～（わ）（略）

○　危険物の規制に関する政令（昭和３４年９月２６日政令第３０６号）（抜粋）

〔（注）　本政令中，「法」は消防法を指す。〕

（取扱所の区分）

第３条　法第１０条の取扱所は，次のとおり区分する。

一～三　（略）

四　前３号に掲げる取扱所以外の取扱所（以下「一般取扱所」という。）

（製造所の基準）

第９条　法第１０条第４項の製造所の位置，構造及び設備（中略）の技術上の基準は，次のとおりとする。

一　製造所の位置は，次に掲げる建築物等から当該製造所の外壁又はこれに相当する工作物の外側までの間に，それぞれ当該建築物等について定める距離を保つこと。ただし，イからハまでに掲げる建築物等について，不燃材料（中略）で造つた防火上有効な塀を設けること等により，市町村長等が安全であると認めた場合は，当該市町村長等が定めた距離を当該距離とすることができる。

イ　（略）

ロ　学校，病院，劇場その他多数の人を収容する施設で総務省令で定めるもの　３０メートル以上

ハ～ヘ　（略）

二～二十二　（略）

２・３　（略）

（一般取扱所の基準）

第１９条　第９条第１項の規定は，一般取扱所の位置，構造及び設備の技術上の基準について準用する。

２～４　(略)

(基準の特例)

第２３条　この章〔(注)　第９条から第２３条までを指す。〕の規定は，製造所等について，市町村長等が，危険物の品名及び最大数量，指定数量の倍数，危険物の貯蔵又は取扱いの方法並びに製造所等の周囲の地形その他の状況等から判断して，この章の規定による製造所等の位置，構造及び設備の基準によらなくとも，火災の発生及び延焼のおそれが著しく少なく，かつ，火災等の災害による被害を最少限度に止めることができると認めるとき，又は予想しない特殊の構造若しくは設備を用いることにより，この章の規定による製造所等の位置，構造及び設備の基準による場合と同等以上の効力があると認めるときにおいては，適用しない。

【資料２　本件基準（抜粋）】

Ｙ市長が一般取扱所について危険物政令第１９条第１項の規定により準用される第９条第１項第１号ただし書の規定を適用する場合は，以下の基準による。

①　短縮条件

倍数が次に掲げる数値を超える一般取扱所については，危険物政令第９条第１項第１号本文の保安距離を短縮することができない。

一・二　(略)

三　準工業地域又は工業地域に所在する一般取扱所　５０

②　短縮限界距離

一般取扱所については，防火塀を設けることにより，次に掲げる距離を下限として，危険物政令第９条第１項第１号本文の保安距離を短縮することができる。

一　保安物件が危険物政令第９条第１項第１号ロに規定する建築物であり，別表に基づき保安物件の立地条件及び構造から判定される危険度がＣ（最小）のランクである場合〔(注)　本件葬祭場はこのＣのランクに該当する。〕

(い)　一般取扱所が第二石油類（中略）を取り扱い，倍数が１０未満の場合　１８メートル

(ろ)　一般取扱所が第二石油類（中略）を取り扱い，倍数が１０以上の場合　２０メートル

(は)・(に)　(略)

二～九　(略)

③　防火塀の高さ

必要な防火塀の高さは，取扱所の高さ，保安物件の高さ，保安物件の防火性・耐火性の程度，及び保安物件と一般取扱所との距離を変数として，次の数式により算定する。(以下略)

出題趣旨

【公法系科目】

〔第２問〕

本問は，Ｘが消防法及び危険物の規制に関する政令（以下「危険物政令」という。）上の一般取扱所（以下「本件取扱所」という。）を設置していたところ，近隣に葬祭場（以下「本件葬祭場」という。）が建築されたことから，Ｙ市長がＸに対して移転命令（以下「本件命令」という。）を発しようとしている事案における法的問題について論じさせるものである。論じさせる問題は，本件命令に対する事前の抗告訴訟の適法性（設問１），本件命令が発せられた場合における本件命令の適法性（設問２），Ｘが本件命令に従った場合における損失補償の要否（設問３）である。問題文と資料から基本的な事実関係を把握し，消防法及び関係法令の関係規定の趣旨を読み解いた上で，行政処分の適法性，抗告訴訟の訴訟要件，及び損失補償の要否を論じる力を試すものである。

設問１は，処分の差止め訴訟の訴訟要件に関する基本的な理解を問う問題である。考えられるＸの訴えとして本件命令の差止め訴訟を挙げた上で，本件の事実関係の下で，当該訴えが行政事件訴訟法第３条第７項及び第３７条の４に規定された「一定の処分…がされようとしている」，「重大な損害を生ずるおそれ」，「損害を避けるため他に適当な方法がある」とはいえない等の訴訟要件を満たすか否かについて検討することが求められる。特に，「重大な損害を生ずるおそれ」の要件については，最高裁平成２４年２月９日第一小法廷判決（民集６６巻２号１８３頁）を踏まえて判断基準を述べた上で，本件命令後直ちにウェブサイトで公表されて顧客の信用を失うおそれがあることが，同要件に該当するかを検討することが求められる。

設問２は，保安距離の短縮に関するＹ市の内部基準（以下「本件基準」という。）に従って行われる本件命令の適法性の検討を求めるものである。まず，本件命令の根拠規定である消防法第１２条第２項及び危険物政令第９条第１項第１号の趣旨，内容及び要件・効果の定め方から，Ｙ市長が本件命令を発するに当たり，裁量が認められるか，そして，距離制限による保安物件の安全の確保と，保安物件が新設された場合に既存の一般取扱所の所有者等が負う可能性のある負担とを，どのように考慮して調整することが求められるかを検討しなければならない。次いで，危険物政令第９条第１項第１号ただし書及び第２３条のそれぞれの趣旨，要件・効果及び適用範囲を比較して両者の相互関係を論じ，後者の規定を本件に適用する余地があるかを検討することが求められる。そして，本件基準の法的性質について，それが上記の裁量を前提にすると裁量基準（行政手続法上の処分基準）に当たることを示し，本件基準①，②それぞれについて，法令の関係規定の趣旨に照らし裁量基準として合理的かどうか，基準としては合理的であっても，本件における個別事情を考慮して例外を認める余地がないか，検討することが求められる。すなわち，本件基準①の短縮条件として，工業地域につき倍数（取扱所で取り扱われる危険物の分量）の上限が定められていることは合理的か，本件基準②の短縮限界距離が，本件基準③所定の防火塀の高さを前提に諸事情を考慮して設けられていることは合理的か，そして，本件基準①及び②を僅かに満たさない場合に，水準以上の防火塀や消火設備の設置を理由に同基準の例外を認めるべきか等の論点を指摘しなければならない。

設問３は，損失補償の定めが法律になくても，憲法第２９条第３項に基づき損失補償を請求できるという解釈を前提にした上で，本件の事実関係の下でＸがＹ市に損失補償を請求することができるかについて論じることを求めている。まず，消防法第１２条１項の維持義務の性質についての検討が求められる。その際，地下道新設に伴う石油貯蔵タンクの移転に対する道路法第７０条第１項に基づく損失補償の要否が問題となった最高裁昭和５８年２月１８日第二小法廷判決（民集３７巻１号５９頁）の趣旨も踏まえなければならない。この維持義務が公共の安全のための警察規制であって，取扱所の所有者等は許可を受けた時点以降も継続的に基準適合状態を維持しなければならないという趣旨であるとすれば，事後的な事情変更があっても，少なくとも本件取扱所の所有者等が当該事情の発生を本件取扱所の設置時にあらかじめ計画的に回避することが可能であった場合については，損失補償は不要といえないか，検討しなければならない。その上で，第一種中高層住居専用地域から第二種中高層住居専用地域への用途地域の指定替えによる本件葬祭場の新設は，計画的に回避することが不可能な事情といえるか，そもそも指定替え前の第一種中高層住居専用地域においても学校，病院等が建築可能であることをどう考えるかなどを論じることが求められる。

なお，受験者が出題の趣旨を理解して実力を発揮できるように，本年も各設問の配点割合を明示することとした。

採点実感等に関する意見

1　出題の趣旨

別途公表している「出題の趣旨」を，参照いただきたい。

2　採点方針

採点に当たり重視していることは，問題文及び会議録中の指示に従って基本的な事実関係や関係法令の趣旨・構造を正確に分析･検討し，問いに対して的確に答えることができているか，基本的な判例や概念等の正確な理解に基づいて，相応の言及をすることのできる応用能力を有しているか，事案を解決するに当たっての論理的な思考過程を，端的に分かりやすく整理・構成し，本件の具体的事情を踏まえた多面的で説得力のある法律論を展開することができているか，という点である。決して知識の量に重点を置くものではない。

3　答案に求められる水準

⑴　設問１

差止め訴訟の訴訟要件が本件で満たされるかについて，最高裁平成２４年２月９日第一小法廷判決（民集６６巻２号１８３頁。以下「最高裁平成２４年判決」という。）を踏まえて判断基準を述べた上で，本件の事実関係に即して具体的かつ的確に論じているかに応じて，優秀度ないし良好度を判定した。

差止め訴訟を挙げた上で，行政事件訴訟法第３条第７項及び第３７条の４に規定された「一定の処分…がされようとしている」，「重大な損害を生ずるおそれ」等の訴訟要件について論じていれば，一応の水準の答案と判定した。加えて，「重大な損害を生ずるおそれ」の要件について，最高裁平成２４年判決を踏まえて論じていれば，良好な答案と判定した。加えて，同要件について，最高裁平成２４年判決にいう「処分がされた後に取消訴訟を提起して執行停止を受けることなどにより容易に救済を受けることができるもの」か否かを，本件命令後直ちにウェブサイトで公表されて顧客の信用を失うおそれがあるという本件の事実関係に即して具体的かつ的確に論じていれば，優秀な答案と判定した。

⑵　設問２

消防法及び危険物政令の関係規定の趣旨及び内容，保安距離の短縮に関する本件基準の法的性質及び内容，危険物政令第９条第１項第１号ただし書及び第２３条の関係について論じた上で，本件基準に従って行われる本件命令の適法性について，行政裁量論に関する基本的理解を踏まえ，本件の事実関係を適切に把握した上で具体的かつ的確に論じているかに応じて，優秀度ないし良好度を判定した。

本件基準の法的性質を裁量基準として理解した上で，本件命令の適法性を行政裁量論の枠組みにより論じていれば，一応の水準の答案と判定した。加えて，保安物件（本件では葬祭場）が新設された場合に既存の一般取扱所の所有者等が負担を負う可能性を考慮して，個別事情に即して柔軟に危険物政令の定める技術基準への適合性を判断すべきであるとの観点から，本件基準の合理性，及び本件において水準以上の防火塀・消火設備を考慮して本件基準の例外を認める可能性について論じていれば，良好な答案と判定した。加えて，一般取扱所の事故が保安物件に波及することを防止しその安全を確保するために保安距離を定める危険物政令第９条第１項第１号の趣旨も踏まえて，本件基準①（短縮条件）及び②（短縮限界距離）の中で考慮されている事項に即して本件基準の合理性を検討していれば，優秀な答案と判定した。

危険物政令第９条第１項第１号ただし書と第２３条との関係については，前者の規定の効果が保安距離の短縮であるのに対し，後者の規定の効果が保安距離の規定の不適用であるという違いに着目していれば，良好な答案，後者の規定を適用する要件が絞り込まれていることに着目していれば，優秀な答案と判定した。

(3) 設問３

消防法第１２条第１項の趣旨を論じ，最高裁昭和５８年２月１８日第二小法廷判決（民集３７巻１号５９頁。以下「最高裁昭和５８年判決」という。）の趣旨を踏まえた上で，取扱所の設置後に都市計画決定による用途地域の指定替えがあったという本件の特殊事情に即して，本件で損失補償を請求できるかについて具体的かつ的確に論じているかに応じて，優秀度ないし良好度を判定した。

消防法第１２条が，警察規制の定めであり，事後的に周囲に保安物件が新設された場合にも取扱所の所有者等に技術上の基準への適合性を維持する義務（基準適合性維持義務）を課すことを，損失補償を不要とするファクターとして一定程度説いていれば，一応の水準の答案とし，こうしたファクターを明確に論じていれば，良好な答案と判定した。加えて，用途地域の指定替えに伴う保安物件の新設が，Xにとって予見してあらかじめ回避できる事情であるかどうかを，的確に論じていれば，優秀な答案と判定した。

4　採点実感

以下は，考査委員から寄せられた主要な意見をまとめたものである。

(1) 全体的印象

・　例年繰り返し指摘し，また強く改善を求め続けているところであるが，相変わらず判読困難な答案が多数あった。極端に小さい字，極端な癖字，雑に書き殴った字で書かれた答案が少なくなく，中には「適法」か「違法」か判読できないものすらあった。第三者が読むものである以上，読み手を意識した答案作成を心掛けることは当然であり，判読できない記載には意味がないことを肝に銘ずべきである。

・　問題文及び会議録には，どのような視点で何を書くべきかが具体的に掲げられているにもかかわらず，問題文等の指示を無視するかのような答案が多く見られた。

・　例年指摘しているが，条文の引用が不正確な答案が多く見られた。

・　冗長で文意が分かりにくいものなど，法律論の組立てという以前に，一般的な文章構成能力自体に疑問を抱かざるを得ない答案が相当数あった。

・　相当程度読み進まないと何をテーマに論じているのか把握できない答案が相当数見られた。答案構成をきちんと行った上，読み手に分かりやすい答案とするためには，例えば，適度に段落分けを行った上で，段落の行頭は１文字空けるなどの基本的な論文の書き方に従うことや，冒頭部分に見出しを付けるなどの工夫をすることが望まれる。

・　少数ではあるが，どの設問に対する解答かが明示されていない答案が見られた。冒頭部分に「設問１」等と明示をした上で解答することを徹底されたい。
・　結論を提示するだけで，理由付けがほとんどない答案，問題文中の事実関係を引き写したにとどまり，法的な考察がされていない答案が多く見られた。また，根拠となる関係法令の規定を引き写しただけで結論を提示するにとどまり，法律の解釈論を展開していない答案が少なからず見られた。論理の展開とその根拠を丁寧に示さなければ説得力のある答案にはならない。
・　本件のように対立利益の相互の調整が問題となる事案では，抽象的な関係法令の趣旨・目的を踏まえて，一方当事者の立場のみに偏することなく，関係者の相互の利益状況を多面的に考慮した上で結論を導き出すことが求められる。
・　要件裁量，効果裁量，裁量基準，行政規則，特別の犠牲といった，行政法の基本的な概念の理解が不十分であると思われる答案が少なからず見られた。
・　時間配分が適切でなく，設問１については必要以上に詳細に論じ，設問２又は設問３については，時間不足のため記載がないか又は不十分な記載しかないものが少なからず見られた。

⑵　設問１
・　受験者にとって解答しやすい設問であったと思われ，概ねよくできていた。
・　本件で特に検討を要する訴訟要件である「重大な損害を生ずるおそれ」の要件について，まず判断基準を述べてから本件の事実関係に当てはめるという，法律論としての「作法」がとられていない答案，差止め訴訟に関する重要判例である最高裁平成２４年判決を意識せずに書かれた答案が予想外に多かった点は，残念であった。
・　少数ではあるが，処分性や原告適格といった，本件においては充足されることがほぼ自明である訴訟要件について，不相当に多くの紙幅を割いて論じている答案が見られた。他方で，「一定の処分…がされようとしている」等の差止め訴訟に固有の要件について全く述べていない答案が多かった。行政事件訴訟法が定める訴訟類型のそれぞれについて，必要となる訴訟要件を正確に理解するとともに，どの要件が特に問題になるのかも把握しておくことが学習に当たって重要であろう。
　なお，行政事件訴訟法第３条第７項の「一定の処分…がされようとしている」の要件の問題であるにもかかわらず，同法第３７条の４第１項の「一定の処分…がされることにより」という要件と混同する答案も一部に見られた。具体的な条文に則した正確な理解が望まれる。
・「処分がされた後に取消訴訟を提起して執行停止を受けることなどにより容易に救済を受けることができるもの」か否かという判断基準（最高裁平成２４年判決）を正しく示しているにもかかわらず，移転命令による移転の不利益のみを挙げて「重大な損害を生ずるおそれ」の要件充足を肯定している答案が少なからずあった。上記の判断基準の意味を正確に理解していれば，移転の不利益と公表による不利益それぞれについて，取消訴訟及び執行停止が有効な救済手段になるかどうかについても正しく検討できるはずである。
・　少数ではあるが，問題文において「抗告訴訟として考えられる訴えを具体的に挙げ」るよう指示されているにもかかわらず，仮の救済を挙げて論じている答案や，「訴訟要件を満たすか否か」について検討することが指示されているにもかかわらず，本案勝訴要件について紙幅を割いて論じている答案など，明らかに行政事件訴訟法に関する基本的知識が不足していると思われる答案も見られた。

(3) 設問２

・　問題文と資料から基本的な事実関係を把握し，消防法及び関係法令の関係規定の趣旨を正しく読み解けるかどうかを試す設問であったが，まさにその点で大きく差がついた印象があった。根拠規定・関係規定の相互関係や本件基準の法的性質を正しく理解して論じる優れた答案もある一方で，事実関係や法の趣旨を勘違いしている答案もあった。

・　事実関係の把握の誤りとしては，第一種中高層住居専用地域から第二種中高層住居専用地域への用途地域の指定替えが行われたのが，本件葬祭場の所在地であって，本件取扱所の所在地は一貫して工業地域であることを正しく理解していないため，誤った議論を展開してしまっている答案が少なからずあった。

・　裁量権濫用論の一般的な定式を挙げた上，関係法令の趣旨を十分踏まえずに，「考慮すべき事情を考慮していないから違法」，あるいは「考慮すべきでない事情を考慮しているから違法」と平板に論じる答案が相当数見られた。過去の採点実感でも指摘した点であるが，論点単位での論述の型を形式的に覚えているだけではないかと疑わざるを得ない。

・　本件基準の法的性質について，行政の行為形式論を踏まえて論じていない答案が相当数見られた。また，本件基準は，「裁量基準（行政規則）」であるにもかかわらず，「裁量基準（行政規則）」と「委任命令（法規命令）」との基本的な区別を正しく理解しないまま，委任立法の限界といった的外れな枠組みで検討している答案が相当数見られた。本件基準は市の「内部基準」であることが問題文で明言されており，「委任命令（法規命令）」と理解することができないことは明らかである。

・　裁量基準に従ってされる行政処分の適法性の審査においては，法令の趣旨・目的に照らした裁量基準の合理性の有無，裁量基準に合理性があることを前提とした個別事情審査義務の有無が問題となるが，これらを十分に踏まえた検討ができていた答案は少数であった。

・　会議録中に記載された，危険物政令第９条第１項第１号ただし書きの趣旨についての「新たに設置される製造所の設置の許可に際して，このただし書の規定を適用し，初めから保安距離を短縮する運用は，規定の趣旨に合わない」という説明から，防火のための距離制限の制度趣旨を十分考慮せずに，単純に既存製造所設置者の利益を保護すべきと考えて，このことから直ちに本件命令が違法であると結論付ける答案が相当数見られた。

・　本件基準①の合理性の検討において，消防法の規制の趣旨を踏まえることなく，「建築基準法上，工業地域においては，一般取扱所を建築することができ，倍数に関する制限もない」ことをもって，直ちに，本件基準①は不合理であるとする答案が多く見られた。

・　危険物政令第２３条について，その立法経緯を「特殊な構造や設備を有する危険物施設」，「一般基準において予想もしない施設が出現する可能性」に対処するものであるとしながら，一般の防火塀・消火設備がこれに該当するとして同条の適用を簡単に肯定するなど，会議録の記載をそのまま引き写しただけで，その内容を理解していないのではないかと思われる答案が多く見られた。

(4) 設問３

・　本問を検討する上でヒントとなる最高裁昭和５８年判決について知らない，あるいは正確な知識を持っていないのではないかと思われる答案が多く見られたのは残念であった。

・　本問の損失補償の要否については，消防法第１２条の規制の目的を中心に検討する必要がある。しかし，消防法第１２条の基準適合性維持義務の趣旨から，取扱所の所有者等に移転義務を課すことが警察規制（消極目的規制，内在的制約）に当たり，損失補償は容易には認められないことを順序立てて論じていない答案が相当数見られた。

・　損失補償の要否について，形式的基準と実質的基準の二つを示しながら，それらを必ずしも正確に理解しないまま本件に当てはめて損失補償の要否を判断している答案が相当数見られた。特に，「侵害行為の対象が一般的か個別的か」という形式的基準を前提として，「本件では消防法上の移転命令がＸという特定人に対して適用されるから損失補償が必要」と論じる答案が相当数見られた。しかし，この論理を適用すれば，およそあらゆる不利益処分に対して損失補償が必要になってしまうのであって，本件では，侵害行為の対象が一般的か個別的かという基準は全く決め手とはならない。過去の採点実感でも指摘した点であるが，上記の基準の意味を正確に理解せずに，論点単位での論述の型を形式的に覚えているだけではないかと疑わざるを得ない。

・　本問では，会議録において指示されているとおり，平成１７年の時点では葬祭場の建築は原則として不可能であったが，平成２６年に第一種中高層住居専用地域から第二種中高層住居専用地域に指定替えがされたため葬祭場の建築が可能になったという事情が，損失補償の要否にどのような影響を及ぼすかを検討することが求められている。しかし，新たな都市計画決定により用途地域の指定替えがあり得ることは，予測可能な事情といえるのではないか，また，第１種中高層住居専用地域でも，学校・病院の建築は可能であることからすると，後発で近隣に建物が建築され得ることは，予測可能な事情といえるのではないかという点に言及した答案は，ごく少数にとどまった。

５　今後の法科大学院教育に求めるもの

・　設問１及び設問３は，最高裁判所の重要判例を十分理解していれば，比較的容易に解答できる問題であった。しかし実際には，設問１について最高裁平成２４年判決を意識せずに書かれた答案が予想外にあり，設問３については，最高裁昭和５８年判決を意識して書かれた答案が残念ながら少数にとどまった。行政法について短答式試験が廃止されても，重要判例を読んで理解する学習をおろそかにしてはならないことを，注意しておきたい。

・　設問２については，本件でＸがいかなる法的な問題を抱えているか，そして，Ｘの抱えている法的問題が，関係する法制度のどのような特徴に端を発しているかという点を，明確に理解することが，解答のための第１のステップである。そして，Ｙ市長の本件命令に係る裁量権行使の適法性を判断するために，Ｙ市長が考慮すべき事項及び重視すべき事項を，関係法令の関係規定から的確に読み取って，本件基準の評価につなげることが，解答のための第２のステップである。このうち，第１のステップには相当数の答案が達しており，この点には法科大学院教育の成果を認めることができた。しかし，第２のステップでは綿密な検討がなされておらず，裁量権濫用論の一般的な定式とＸの救済の必要性とをいきなり結び付ける答案が相当数見られた。これは，過去の採点実感で繰り返し指摘している点であるが，論点単位で論述の型を覚える学習の弊害が現れた結果ではないかと思われる。したがって，今後の法科大学院教育に求めたいのは，昨年と同様，「理論・法令・事実を適切に結び付ける基本的な作業を，普段から意識的に積み重ねる」ことである。

・　法律的な文章という以前に，日本語の論述能力が劣っている答案が相当数見られ，近年では最低の水準であるとの意見もあった。法律実務家である裁判官，検察官，弁護士のいずれも文章を書くことを基本とする仕事である。受験対策のための授業になってはならないとはいえ，法科大学院においても，論述能力を指導する必要があるのではないか。

再現答案① 5～6位（161.71点，N・Mさん 論文順位105位）

第1 設問1
本件命令を事前に阻止するために，Xは差止訴訟（行政事件訴訟法（以下，「行訴」という））を提起することができるか，検討する。
1 処分性
抗告訴訟の対象は，行政庁の処分である。処分とは，公権力の主体たる国または公共団体の行う行為のうち，その行為によって直接国民の権利義務を形成し，またはその範囲を確定することが法律上認められているものをいう。
消防法（以下，単に「法」という）１２条２項による移転命令は，市町村長が一方的に行うものであるから，公権力性を満たす。そして，それは被処分者に製造所等を移転させる義務を直接に負わせるものであるから，国民の権利義務に直接影響を与えるものである。
よって，本件命令は処分性を満たす。
2 処分の蓋然性（行訴３条７項）
本件葬祭場の営業が開始されれば，Ｙ市町が本件命令を発令することは確実なので，処分の蓋然性を満たす。
3 重大な損害（行訴３７条の４第１項本文）
差止訴訟は，取消訴訟および執行停止では救済されない場合に備えるために設けられた訴訟類型なので，重大な損害は取消訴訟・執行停止で救済されないものであることが必要である。
本件では，Ｙ市で移転命令が出された場合にはウェブサイトで直ちに公開されることとなっており，それによりＸの顧客の信用が低下し，回復困難な程度の損失が生じる可能性がある。

よって，重大な損害が生ずるおそれがあるといえる。
4 補充性（行訴３７条の４第１項但書）
補充性は，個別法において，取消訴訟等を提起した場合に自動的に後の手続が止まる仕組みとなっている場合に限り認められるが，本件ではそのような事情はない。
5 原告適格（行訴３７条の４第３項）
Ｘは処分の名宛人であるから，原告適格は認められる。
6 よって，Ｘは適法に差止訴訟を提起することができる。
第2 設問2
1 本件基準と異なる扱いをすることについて
本件基準によれば，一般取扱所で倍数が１０以上の場合には保安物件から２０ｍ離れなければならないが，本件では１８ｍしか離れていないから，本件取扱所は本件基準に適合しないこととなり，本件命令は適法とも思える。
本件基準は，法１０条４項の委任によって定められた政令９条１項１号但書によりＹ市長が定めた基準である。法１０条４項で技術上の基準を決める趣旨は，防災のためであり，政令９条１項１号但書は，製造所の近くに新たな保安物件が設置された場合に防災対策が十分であれば移転措置を講じなくてもいいようにするものである。これについては市町村長の裁量的判断にゆだねなければ合理的な判断をすることができないので，これについて市町村長の裁量が認められ，裁量権の逸脱濫用があれば違法となる。とすると，本件基準は裁量基準であり，合理的理由がある場合には基準と離れた取扱いをすべきである。

● 以下，訴訟要件を漏れなく，端的に検討できている。

● 処分性の有無を詳細に述べることは本問で求められていない（本件命令に処分性が認められるのは当然であり，誘導にもない）ので，このくらいの論述が端的で良い。

● 「重大な損害」について，判例（最判平24.2.9／百選Ⅱ［第７版］〔207〕）を踏まえた判断基準を定立できており，出題趣旨に沿う。

● 「本件命令後直ちにウェブサイトで公表されて顧客の信用を失うおそれがあること」の検討ができている点で，問題の誘導及び出題趣旨に合致する。また，「損害の回復の困難の程度」（行訴37の４Ⅱ）についても考慮されている。

● 危険物政令第９条第１項第１号の趣旨等から，本件基準が裁量基準（行政手続法上の処分基準）に当たることを丁寧に導き出せており，出題趣旨に合致する論述となっている。

● 裁量権の逸脱濫用の判断基準を示して判断できれば，さらに説得力を増す論述となった。

本件では，Ｘとしては本件基準③よりも高い防火塀を設け，基準で定められている水準を上回る消火設備を増設するのであり，防災対策は十分であると思われる。にもかかわらず，Ｙ市長はこの点を十分に考慮せず，短縮限界より１０ｍも長い３０ｍの移転命令を発したのであって，その判断は不合理であるといわざるを得ない。

よって，本件命令は裁量権の逸脱濫用となり，違法である。

2　政令２３条について

政令２３条は，火災・延焼のおそれが著しく低いなど特殊な場合には政令９条の規定が適用されず，本件取扱所は本件基準に違反していないこととなるが，９条１項１号但書と政令２３条との関係が問題となる。

政令２３条の趣旨は，特殊な構造を有する危険物取扱所が存在したり，科学技術の進歩により予想もしない施設が建築された場合に，市町村長の裁量で実態に即した対応をするために設けられたものであり，９条１項１号但書が本文の例外であるとすれば，そのさらに例外を規定するものである。よって，９条１項１号但書が適用される場合でも，さらに２３条の規定の適用がありうる。

そして，その要件を検討するに，上記の趣旨からすれば，２３条の要件に該当する取扱所は特に顕著な特徴を有する施設が想定されているから，本件取扱所のように防火塀が高いとか，水準以上の防火設備を有しているというだけではこれに該当しない。

よって，２３条の適用はないから，この点で本件命令に違法はない。

● 出題趣旨では，「距離制限による保安物件の安全の確保と，保安物件が新設された場合に既存の一般取扱所の所有者等が負う可能性のある負担」を考慮して調整を図ることが求められていた。本答案の「本件基準③よりも高い防火塀を設け，基準で定められている水準を上回る消火設備を増設するのであり，防災対策は十分である」との記述は，この出題趣旨に応えたものといえる。

● 「危険物政令第９条第１項第１号ただし書及び第23条」の相互関係，及び23条が適用される余地があるかどうかの検討を求める出題趣旨に合致した論述となっている。

第３　設問３

Ｘは，Ｙ市に対して，実質的当事者訴訟（行訴４条後段）として憲法２９条３項に基づき損失補償を請求することができるか，検討する。

1　補償の要否

損失補償は実質的公平を確保するための制度であるから，補償の要否も実質的に，制約の性質，強度，目的，侵害される利益の大小等諸般の事情を考慮して判断すべきである。

本件では，本件取扱所を移転させるには莫大な費用がかかるから，制約は強度である。また，制約の目的は消防という消極目的であり，裁判所は積極的に審査をすることができる。次に，制約の性質については，法１２条の移転命令は法１０条等の基準を維持すべき義務の違反に基づくものであり，これは本来的に危険な取扱所に内在する制約であるともいえる。もっとも，本件では，平成２６年の都市計画の変更で葬祭場の建築が可能になり，葬祭場が建築され，移転の義務が生じたという経緯があるから，外在的要因も加わっているといえる。

以上のことを総合考慮すれば，補償は必要である。

2　よって，ＸはＹ市に対し，損失補償を請求することができる。

以　上

● 補償の要否について，考慮要素まで示すことにより，以下の当てはめを充実させることができている。

● 消防法第12条１項の維持義務の性質についての検討がされており，出題趣旨に合致する。

● 【会議録】の誘導に沿い，「平成26年の都市計画決定で第二種中高層住居専用地域に指定替えがされて建築規制が緩和された」という事情が損失補償と関係するかどうかについて検討することができている。

再現答案② 360～390位（124.63点，A・Tさん　論文順位79位）

第１　設問１について
１　本件でＸは，差止の訴え（行政事件訴訟法（以下「行訴法」という）３条７項）を提起し，本件命令の差止を求めることが考えられる。
　この訴えの訴訟要件は，①一定の処分がなされる蓋然性（行訴法３７条の４第１項），②重大な損害の発生のおそれ（同項），③補充性（同項但書），④原告適格（同条３項，４項）である。
２　①について，本件では本件葬祭場の営業が開始されればＹ市長が本件命令を発することはＹ市への確認などから明らかになっており，本件葬祭場の営業が開始されることはほとんど確実であり，その場合に本件取扱所が存在していることも確実である。
　とすれば，本件では消防法１２条２項に基づく本件取扱所の移転命令という処分が行われる蓋然性が認められる。
　②について，「重大な損害」の判断は，行訴法３７条の４第２項の考慮要素に従って検討される。本件命令によって本件取扱所を移転せざるを得なくなったとして，その場合に生じるのは移転費用など，後に回復することが可能な財産的損害に留まるようにも思える。しかし，本件取扱所に移転命令がなされたという事実が一般人に知れ渡れば，Ｘの取扱所は危険性を有していたのだというような不安感をあおる可能性があり，そこで一度害された信頼を取り戻すことは困難である。このように考えれば，本件ではＸに重大な損害が生じる恐れがあると言える。
　③について，民事の差止訴訟と行訴法上の差止訴訟では，要件が異なり，保護している利益が異なるため，これを以て「他に適当な方法がある」ことにはならない。
　④については，Ｘは差止の対象となっている処分の名宛人であるから，当然に認められる。
３　以上より，本件では差止の訴えの訴訟要件が充たされている。
第２　設問２について
１　本件基準について
　本件命令は，消防法１２条２項に基づくものであり，その処分要件としては，同法１０条４項の基準に「適合していないと認めること」が挙げられている。
　そして，同法１０条４項は，取扱所等の位置，構造及び設備の技術上の基準を政令で定めることを求めている。これは，技術上の基準については立法府ではなく，行政庁の専門的・技術的な判断に基づいて定めた方が適切な運用を行えることを考慮したものと考えられる。この同法１０条４項の委任を受けて定められた危険物政令９条１項１号は，その但書において，市町村長に基準の変更を認めている。これは，危険物政令が政令による全国一律の規制を及ぼすものである一方，地方ごとの事情を反映させる必要から，市町村長に一定の裁量を認めたものと解される。
　本件基準は，この市町村長に与えられた権限に基づき作成されたものであり，その性質は裁量基準としての性質を有する。
２　裁量基準の運用について
　裁量基準は，それ自体で法的な拘束力を持つものではないが，基準

●　「『一定の処分…がされようとしている』，『重大な損害を生ずるおそれ』，『損害を避けるため他に適当な方法がある』とはいえない等」の出題趣旨に挙げられた要素をもれなく指摘できている。しかし，処分の蓋然性の要件は３条７項の要件である。

●　簡単でも良いので本件命令の処分性を検討できれば，訴訟要件の検討として漏れがなかった。

●　「重大な損害」の要件について，出題趣旨では，判例（最判平24.2.9／百選Ⅱ［第７版］〔207〕）を踏まえた判断基準が求められていたが，本答案では「行訴法37条の４第２項の考慮要素に従って」と述べるにとどまっており，出題趣旨に応えきれていない。また，Ｙ市では移転命令後，直ちにウェブサイトで公表する運用をとっているという事実の指摘がなく，「重大な損害を生ずるおそれ」を基礎付ける事実の摘示としては不十分である。

●　本件命令の根拠規定，及び本件命令の要件が摘示されている。

●　危険物政令９条１項１号の趣旨は，「製造所そのものに変更がなくても，……新たに保安物件が設置された場合に……製造所の移転等の措置を講じなければならなくなる事態を避けること」にあると問題文に明記されている。弁護士Ｄは，かかる趣旨を踏まえた論述を求めていたが，本答案は，この点において，問題文の誘導に従うという姿勢が不十分であるといえる。

自体が合理的である限り，一度それを定めた以上，当該基準に従って処分が下されることが求められ，基準に従った処分は原則として適法となる。

もっとも，そのような場合でも行政庁において個別事情考慮義務が課される場合があり，これを怠った場合には，考慮すべき事項を考慮しなかった結果，社会通念上妥当性を欠く処分がなされたとして，裁量権の逸脱濫用によって当該処分が違法になり得る。

本件では，確かに本件取扱所は本件基準の基準①及び②を満たしておらず，この基準に従えば保安距離の短縮が認められないこととなる。しかし，X社は本件基準③の定める高さより高い防火塀を設置したり，消火設備を増設する準備があり，これによって安全性を確保することが可能な状態にある。このような事情は，危険物政令９条が市町村長に個別的な例外認定を認めている趣旨からしても，考慮されるべきである。とりわけ，市の都市計画決定によって影響が出たという今回の事案では，Xの不利益に配慮することが特に求められていたと言うべきである。

よって，このような事情を考慮せずに本件命令を出したことは，裁量権の逸脱・濫用として違法な処分であると言える。

3　危険物政令２３条との関係

また，危険物政令９条の適用によれば本件取扱所が基準を満たさないことになる場合，さらに同２３条を適用することによって例外を認める余地がないか。

この点，９条はあくまでも市町村長に基準の数値等を変更する権限を与えたものであるのに対し，２３条は基準の適用自体を否定する効力まで認めたものである。このような扱いは，同条が９条１項１号但書をもその例外の対象として定めているという法技術的観点からも明らかである。

よって，９条１項１号但書の適用がない場合であっても，２３条が更に適用されることがあり得る。もっとも，その際に考慮される事項は異なるものではなく，結論的には異ならないことが考えられる。

第３　設問３について

1　損失補償請求権の成立要件は，①私有財産に対し，②公共のために用いるため，財産権の侵害，規制がなされ，③そのために特別の犠牲が生じたことが必要である。

本件では，本件葬祭場の設置により，公共の安全を確保するためにX社は本件取扱所の移転費用の支出を余儀なくされていることから，①②の要件は充たされるものと解する。

③については，当該制約が一般的か個別的かという形式的基準，及び当該制約が財産権の本質を侵害するほどに強度のものかという実質的基準の両者に照らして判断するという見解があった。しかし，形式的基準は曖昧であり，また一般的であるとしても実質的に重大な侵害が生じているのであれば，補償が必要であるというべきである。

そこで，実質的基準を重視し，当該侵害が，財産権に内在する社会的制約を超えるものか否かを中心に判断すべきである。その際には，現状維持型の制約であるかどうか，積極目的の制約であるかどうか，といった点も考慮し，総合考慮により判断する必要がある。

● 個別事情審査義務について検討できている。

● 出題趣旨記載の「本件基準①及び②を僅かに満たさない場合に，水準以上の防火塀や消火設備の設置を理由に同基準の例外を認めるべきか」という点について，自分なりに検討を加えられている。

● 危険物政令９条１項１号ただし書と23条との関係について，「それぞれの趣旨，要件・効果及び適用範囲を比較して」論じることが求められていたが，本答案では，効果のみに着目して結論を導いている。【法律事務所の会議録】において，両者の立法経緯が詳細に挙げられていたことからすると，趣旨について全く触れていない点は，誘導に従うという姿勢が十分とはいえない。

● 補償の要否について，反対説の摘示やそれに対する批判に言及するよりも，具体的事情に踏み込んで当てはめを充実させる方が，さらなる高評価につながりやすい。

● 判例（最判昭58.2.18／百選Ⅱ［第７版］〔247〕）を意識して規範を定立できており，出題趣旨に合致する論述となっている。

2　これを本件について見れば，規制の対象となっている本件取扱所の特性として，危険物を扱うものであるということが挙げられる。このように物自体に危険が備わっている場合，物の所有者はその危険責任原理に基づき，一定の負担を強いられることになってもやむを得ないと言える。

もっとも，本件の規制の目的については，確かに火災等の危険の排除という点においては消極目的によるものとして，X社にそのための制限を受忍すべきと言えそうにも思える。しかし，本来問題の無かった本件取扱所が移転を余儀なくされたのは，本件都市計画決定によって本件取扱所の所在地が第二種中高層住居専用地域に指定替えされたことに伴うものである。このような事情は，都市計画上の積極目的でると考えられ，損失補償を必要とする要因となる。

また，本件の規制は，現状の利用を固定するにとどまらず，積極的に移転を求めることとなっている。このような場合は，私人に対し強い制約を課すことになり，補償を必要とする要因となる。

3　以上のような事情を総合すれば，本件のX社に対する規制は積極目的による強度の規制であり，これによる損失補償がなされるべきであると言える。

よって，Xの請求は認められると解する。

以　上

● 「公共の安全のための警察規制」であることと「事後的な事情変更」があった場合であることの両方が意識されており，出題趣旨に沿った論述がなされている。

● 規範と評価が一致していない。先に定立した規範に従い，「財産権に内在する社会的制約を超える」旨の認定をすべきであった。

再現答案③　1099～1162位（109.62点，K・Oさん　論文順位461位）

第１［設問１］

１　Ｘが提起しうる抗告訴訟としては，差止訴訟（行政事件訴訟法３条７項）が考えられる。その訴訟要件は，重大な損害が生ずる恐れがあること，その損害を避けるため他に適当な方法がないこと（同法３７条の４第１項），訴え提起について法律上の利益があること（同条３項）である。このうち，Ｘが本件命令の名宛人であることから法律上の利益があることは明らかであるが，重大な損害があると言えるかが問題となる。

２　差止訴訟は，処分があってから争ったのでは当該処分により生じる損害を十分に救済できない場合に認められるものである。したがって，重大な損害とは，取消訴訟の提起及び執行停止の申立てによっては防ぐことのできない損害を指す。

本問では，本件命令によって生じる損害としては，命令に従って本件取扱所を移転する際に生じる費用と，移転命令が発せられたことをウェブサイトで公表されることにより信用が毀損されること，がある。このうち前者は，取消訴訟及び執行停止によって防止できるので重大な損害とはならないが，ウェブサイトにおける公表は，命令を発した場合直ちに公表されることになっているのだから，上記手段では生じる損害を防止することができない。そして，一旦顧客の信用が失われた場合，仮に後で取消訴訟により命令が取り消されたとしても，容易には回復できないものと考えられる（同法３７条の４第２項参照）。

したがって，重大な損害が生じると言える。また，他にかかる損害を防止するための適当な方法はない。

３　よって，Ｘの提起する差止訴訟は訴訟要件を充足する。

第２［設問２］

１　違法とする法律論

本件命令は消防法１２条２項に基づいて発せられたものであるが，その要件として，取扱所が同法１０条４項の基準を充たしていることが要求されている。そして，それを受けて危険物政令１９条，９条１項１号ロが保安物件との距離要件を定めているところ，本件取扱所が本件葬祭場との距離が１８メートルとなっており，同規定に違反するようにも思える。しかし，同令９条１項１号ただし書の趣旨に照らせば，こちらの規定が優先的に適用されるべきであり，更にこの規定によって保安距離は１８メートル未満とされるべきであるから，本件命令は要件を欠き，違法である。

２　検討

⑴　まず，危険物政令９条１項１号ロを適用する前に，９条１項１号ただし書を適用すべきであると言えるかについて検討する。

同規定の趣旨は，取扱所の設置後，取扱所の周辺に新たに保安物件が設置された場合に，取扱所の移転等の措置を取らなければならなくなることを回避する点にある。したがって，このように後発的に保安物件が存在するようになった場合には，保安距離要件を適用する前に，同令９条１項１号ただし書により，保安距離が短縮されるべきである。

本問でも，本件取扱所が設置された後に本件葬祭場が建築されて

●　出題趣旨で求められている差止訴訟の要件のうち，処分性の要件，及び「一定の処分……がされようとしている」（処分の蓋然性。行訴３Ⅶ）の要件についての検討を落としてしまっている。設問が「その訴えが訴訟要件を満たすか否かについて検討しなさい」となっている以上，これらの要件を検討する必要がある。

●　「本件命令後直ちにウェブサイトで公表されて顧客の信用を失うおそれがあること」を検討すべきとする出題趣旨及び問題の誘導と合致している。

●　補充性の要件について簡単に説明した上で，補充性の要件を満たす旨の論述をする方が説得力がある。

●　消防法12条２項の命令を発するための要件は「第10条第４項の技術上の基準に適合していない」ことであり，「取扱所が同法10条４項の基準を充たしている」場合，同法12条２項の命令を発することはできない。事案に対する理解が不十分である。

●　危険物政令９条１項１号ロと，９条１項１号ただし書の適用順序について論じられているが，この点については出題趣旨で問われていない。一般に，ただし書に該当するときは，本文の適用がないことは当然であり，誘導もない以上，論じる必要はなかったものと思われる。

いるので，まず保安距離の短縮が検討されるべきである。

⑵　では，同規定により保安距離を１８メートル未満にすべきであると言えるか。本件基準の法的性質が問題となる。

同令９条１項１号ただし書は，その要件を「市町村長等が安全であると認めた場合」とだけしており，具体的な要件を特に定めていないので，文言は市町村長の裁量を認めるものとなっている。また，取扱所が周囲に対してどの程度危険を有しているのかは，保管している燃料等に関する知識などを前提とした専門技術的判断が必要である。

したがって，同規定に基づいて保安距離を短縮する処分には要件裁量が認められ，本件基準は裁量基準としての性質を有すると解される。裁量基準がある場合，当該基準が合理的であり裁量の範囲内にある場合には原則としてその基準に従って処分すべきであるが，基準に従った処分をするとかえって法の目的を没却するような例外的な場合には，基準から外れた処分をするべきである。

まず，基準の合理性について検討すると，本件基準は取扱所の倍数に応じ，短縮条件及び短縮限界距離を定め，取扱所の高さや保安物件の高さ等から防火塀の高さを算出することとしている。一般に，取り扱っている危険物の量が増えれば出火等の危険も増大するので，倍数に応じて保安距離の短縮に条件をかけること自体は合理的であり，本件基準も合理性が認められ裁量の範囲内であると言える。

しかし，本問では，本件基準に従った場合，①を充たさず，また②についても短縮限界距離が２０メートルであるから，本件取扱所について保安距離を確保することはできないことになる。しかしながら，このような結論では，本件取扱所は移転を余儀なくされ，上記の趣旨に反することとなってしまう。本件基準では保安物件との距離等により防火塀の高さを定めることとなっているが，反対に防火塀を高め耐火性を高めることで，保安距離を短縮することは可能であるから，本問においては法の趣旨を貫徹すべく，より高度な防火塀等の消火設備を用意させることで保安距離の短縮を認めるべきである。

したがって，同令９条１項１号ただし書によって保安距離は１８メートル未満とされるべきであり，上述の違法とする法律論は認められる。

３　同令２３条について

同令２３条の趣旨は，予想し難い事態について，一般的基準のみにとらわれず実態に応じた運用を可能にすることにある。この趣旨は，同令９条１項１号ただし書によって保安距離の短縮が可能であっても，なお妥当するから，同規定の存在にもかかわらず，更に同令２３条が適用される余地はある。

第３［設問３］

１　憲法２９条３項によって損失補償が要求されるか否かは，特別の犠牲があったか否かにより判断される。そして，特別の犠牲の有無は，損害の個別性と，財産権に対する制約がその本質に対する制約といえる程度に強度かどうかを総合して判断する。このうち，本件命令はX

●　処分の根拠法令の文言等から，本件基準が裁量基準としての性質を有することが述べられている。もっとも，出題趣旨によれば，市町村長に裁量権限を認める理由として，上記危険物政令９条１項１号の趣旨を用いることが要求されていた。

●　一般的に，裁量基準に従ってなされる行政処分の適法性については，法令の趣旨・目的に照らした裁量基準の合理性の有無を検討した上で，裁量基準に合理性があることを前提とした個別事情審査義務の有無を検討する。本答案は，本件基準の合理性について検討している点で，出題趣旨にも合致するが，その際には，一般的な価値判断ではなく，「法令の関係規定の趣旨に照らし」，その合理性を検討することを要する。

●　「移転を余儀なくされ」ることをもって，危険物政令９条１項１号の「趣旨に反する」とすると，消防法12条２項による移転命令を発する余地がなくなりかねず，疑問の余地がある。また，どうして「趣旨に反する」のかについても，その説明が不十分である。

●　９条１項１号ただし書及び23条の相互関係を論じている点は良いが，一般的な検討にとどまっており，本問の事案において適用される余地があるかどうかについて，具体的に検討する必要があった。

という特定の会社を名宛人としているから，損害が個別的であることは明らかである。では，財産権に対する制約の程度はどうか。

2　ここで，消防法１２条１項は取扱所が同法１０条４項の基準に適合するよう要求しているが，その趣旨は，取扱所は危険物を保管しており出火等の危険があるため，その危険の発生や拡大を防止するための設備等を備えることを要求する点にある。

　すなわち，取扱所がこのような危険を内在している以上，この危険を防止するために必要な措置は内在的制約として許容されうる。

　しかし，本問の場合，もともと葬祭場を本件取扱所の保安距離内に設置することはできなかったのであるから，事後的にそのような制約が解かれ本件葬祭場が設置されたとしても，本件葬祭場に対する危険は本件取扱所に内在する危険ではないのではないかが問題となる。

　この点については，仮に本件取扱所設置当初は保安物件に対する危険がなかったとしても，それは危険が潜在化していただけであって，保安物件が設置されるようになってその危険が顕在化したにすぎないと考えられる。つまり，本件取扱所の本件葬祭場に対する危険を防止するための措置も，なお内在的制約として許容される。

3　よって，本件命令は財産権の本質に対して制約を加えているとは言えず，Ｘは移転費用についてＹ市から損失補償を受けることはできない。

以　上

● 消防法12条１項の維持義務の性質及び判例（最判昭58.2.18／百選Ⅱ［第７版］〔247〕）の趣旨を踏まえた検討がなされている点は，出題趣旨に合致する。

● 保安物件の新設が本件取扱所に内在する危険かどうかについて着目できている点は良い。もっとも，その際には，平成26年都市計画決定による用途地域の指定替えについて明確に論述した上で，「危険が顕在化した」という抽象的な論述に終始するのではなく，Ｘにとって，平成26年都市計画決定による用途地域の指定替えがありうることが予測可能な事情であったかどうか，第１種中高層住居専用地域でも学校・病院の建設が可能であることから，後に近隣に建物が建築されうることは予測可能な事情といえるのではないか，という点に着目できれば，さらに高く評価されたものと思われる。

再現答案④　2072～2160位（97.92点，Y・Sさん　論文順位858位）

第１　設問１
１　Ｘは，本件命令が発せられることを事前に阻止するために，差止めの訴え（行訴法３条７項）を提起する。
２　「一定の処分又は裁決」が「されようとしている」といえるためには，裁判所の判断が可能な程度に特定されていればいい。本件では，本件命令が発せられることは予定されているので，判断が可能な程度に特定されているといえる。
「重大な損害を生ずるおそれ」（行訴法３７条の４第１項）とは，取消訴訟等を提起して執行停止の決定を受けることなどにより容易に救済を受けることができるものではなく，処分がされる前に差止めを命じる方法によらなければ救済が困難なものをいう。判断にあたっては，３７条の４第２項の事由を考慮する。
本件で，ウェブサイトで移転命令を発されたことを公表された場合，それにより顧客の信用を失う。それは，容易に回復することができないものなので，処分がされる前に差止めを命じる方法によらなければ救済が困難である。
よって，「重大な損害を生ずるおそれ」がある。
また，「その損害を避けるために他に適当な方法」（行訴法３７条の４第１項但書）もない。
Ｘは処分の名宛人なので，「法律上の利益を有する者」（行訴法３７条の４第３項）にあたる。
そして，下記のように，本訴勝訴要件（３７条の４第５項）も認められる。

● 簡潔に本件命令の処分性を検討できれば，訴訟要件の検討として漏れがなかった。

● 「重大な損害」について，判例（最判平24.2.9／百選Ⅱ［第７版］〔207〕）を踏まえた判断基準を定立できており，出題趣旨に沿った論述といえる。

● 補充性の要件の説明がなく，論述として不十分である。

● 本案勝訴要件の検討は設問１で求められていない。

３　以上より，差止めの訴えは適法である。
第２　設問２
１⑴　政令９条１項１号但書の趣旨，内容
政令９条１項１号但書の趣旨，内容は，消防法１２条により，製造所の移転等の措置を講じなければならなくなる事態を避けるためのものであり，既存の製造所の利益を保護するためのものである。よって，政令９条１項１号但書の要件を充足するかの判断においては，既存の製造所の有利になるようにすべきである。
⑵　本件基準の法的性質
本件基準は，いわゆる裁量基準にあたる。危険物の取扱いは専門的な判断が必要であり，行政庁に裁量を認める必要があるからである。
しかし，政令９条１項１号但書の趣旨，内容からして，既存の製造所の利益を不当に害さないように基準の運用はなされるべきである。
⑶　本件基準①について検討する。
本件取扱所で現在取り扱われている倍数は５５である。これは，基準の５０をわずかに超えるにすぎない。また，Ｘは本件基準③の定める高さ以上の防火塀の設置や法令で義務付けられた水準以上の消火設備を増設することができ，高い安全性を確保することができる。そうだとすれば，Ｘについては，倍数が５５であっても安全性を十分に確保することができる。
よって，Ｘは本件基準①の要件を充足していると考えるべきであ

● 既存の製造所（取扱所）の利益保護という趣旨から，既存の製造所に有利になるように要件充足の有無を判断すべきという論述を導くことには無理がある。そもそも，９条１項１号ただし書の趣旨について，防火のための距離制限の制度趣旨を考慮せずに「既存の製造所の利益を保護するためのもの」と短絡的に捉えている点で，検討が不足している。

● 本件基準の法的性質について，本件命令の根拠規定や裁量の対象が特定されておらず，事案に踏み込まない抽象的な一般論の論述にとどまり，具体性に欠ける。

● 本件基準①及び②に関しては，これを満たさないことを前提として，「本件における個別事情を考慮して例外を認める余地がないか，検討することが求められ」ていた。上記のように，無理に既存の製造所に有利になるように要件充足の判断をするとしてしまった結果，客観的な判断・

る。

　つぎに，本件基準②について検討する。

　本件取扱所は本件葬祭場から１８メートル離れている。これは，基準の２０メートルをわずか２メートル満たさないにすぎない。また，本件基準①と同様のことがこの場合もあてはまる。

　よって，Ｘは本件基準②の要件を充足していると考えるべきである。

２　政令２３条を適用する余地

　政令２３条は政令９条１項等の例外規定である。すなわち，政令９条等が適用される場合であっても，製造所の利益保護の見地から，これらの条文の適用を排除するものである。

　本件で，上記のように，Ｘは本件基準③の定める高さ以上の防火塀の設置や法令で義務付けられた水準以上の消火設備を増設することができ，高い安全性を確保することができる。

　よって，「火災の発生及び延焼のおそれが著しく少なく，かつ，火災等の災害による被害を最少限度に止めることができると認めるとき」又は「この章の規定による製造所等の位置，構造及び設備の基準による場合と同等以上の効力があると認めるとき」にあたる。

　よって，政令２３条により，政令９条１項は適用されない。

３　以上より，Ｘに対して本件命令を発する根拠がないので，根拠なく発せられた本件命令は違法である。

第３　設問３

１　損失補償の趣旨は，損失を金銭によって償うことにより，財産権不可侵の原則（憲法２９条１項）を貫き，また，公共の利益のために特定人に加えられる経済上の損失は全体において負担すべきという点にある。

　よって，損失補償が請求できるかは，公平の観点から実際に補償が必要か否かで判断する。

　本件のような危険物を取り扱う施設は，その性質上，安全性の確保のために，常に移転等の制約を受けるものである。消防法１２条はその趣旨を具体的に規定したものである。

　また，後の事情により安全性の確保が必要となる場合が生じることも施設の性質上あり得る。

　よって，移転することは権利に内在するものであるといえる。

２　以上より，Ｘは損失補償を請求することができない。

以　上

認定が求められる場面で，誤った認定をしてしまっている。

● 政令23条の適用の有無について検討している点は，出題趣旨に合致している。もっとも，政令９条１項１号ただし書との比較・相互関係を丁寧に論じる必要があった。また，政令23条は，一般基準に適合しない特殊な危険物施設や予想もしない施設が出現した場合に，市町村長がその実態に応じた運用を可能にするための規定であって，「製造所の利益保護」という単純な目的の規定ではない。

● 損失補償の請求の可否の判断基準が「公平の観点から実際に補償が必要か否か」という抽象的かつ曖昧な基準になってしまっている。

● 「平成26年の都市計画決定で第二種中高層住居専用地域に指定替えがされて建築規制が緩和された」という事情が損失補償と関係するかどうかについて，具体的な検討ができていない。

平成28年

問題文

［公法系科目］

〔第２問〕（配点：１００〔**〔設問１〕**，**〔設問２〕**，**〔設問３〕**，**〔設問４〕**の配点割合は，２５：３０：３０：１５〕）

株式会社Ａは，Ｙ１市において，旧来の銭湯に比して規模の大きな日帰り入浴施設である，いわゆるスーパー銭湯（以下「本件スーパー銭湯」という。）を建築して開業することを計画した。本件スーパー銭湯及びこれに附属する自動車車庫（以下「本件自動車車庫」という。）の建築予定地である一団の敷地（以下「本件敷地」という。）は，都市計画に第一種低層住居専用地域として定められた地域にある。

Ａは，平成２８年３月２０日，近隣住民に対する説明会において，本件スーパー銭湯の建築計画について，大略，以下のとおり，説明した。

「本件スーパー銭湯は，地上２階建て，延べ床面積約１４９０平方メートルであり，本件自動車車庫は，１層２段の自走式自動車車庫であり，その収容台数は１３０台で床面積は約１５００平方メートルである。本件スーパー銭湯及び本件自動車車庫の建築予定地である本件敷地の面積は約４１５０平方メートルである。また，本件スーパー銭湯は，白湯，泡風呂，露天風呂等の各種浴場，サウナ風呂，各種自販機コーナー，休憩コーナー，マッサージコーナーがあるほか，軽食と生ビールが提供される飲食コーナー及び小規模な厨房施設（飲食コーナー及び厨房施設の床面積の合計は約５０平方メートル）を備え，年中無休，午前１０時から午後１２時までの営業で，広範囲の地域から顧客が自動車で来店することを予定しており，来客予想人数は，土日休日は１日当たり約１５００人である。」

ところで，本件自動車車庫の床面積は６００平方メートルを超え，建築基準法（以下「法」という。）第４８条第１項，別表第二（い）項第１０号及び建築基準法施行令第１３０条の５第１号により，第一種低層住居専用地域では原則として建築することができないため，Ａがこれを適法に建築するためには，法第４８条第１項ただし書に基づき，特定行政庁であるＹ１市長の許可（以下「例外許可」という。）を得る必要がある。そこで，Ａは，同年４月５日，Ｙ１市長に対し，本件自動車車庫の建築について，法第４８条第１項ただし書に基づき例外許可の申請をした。

Ｙ１市長は，例外許可の申請を受けて，同年５月６日，利害関係人らの意見を聴取するため，法第４８条第１４項の定める公開による意見の聴取（以下「公聴会」という。）を開催した。公聴会には，本件スーパー銭湯の周辺に居住する５名の住民（以下「Ｘら」という。）が，利害関係人として出席した。Ｘらのうち，Ｘ１ら２名（以下「Ｘ１ら」という。）は，本件自動車車庫に隣接し，本件自動車車庫から直線距離で約６メートル離れた位置の建物に居住している住民であり，Ｘ２ら３名（以下「Ｘ２ら」という。）は，本件敷地から約４５メートル離れた位置で，かつ，幹線道路から本件自動車車庫に通ずる道路沿いの建物に居住する住民である。公聴会において，Ｘ１らは，本件自動車車庫に出入りする多数の自動車のエンジン音，ドアの開閉音などの騒音，ライトグレア（注：光のまぶしさにより物が見えにくくなったり，一過性の盲目状態になったりするような現象）及び排気ガスにより居住環境が悪化し，交通事故が多発するおそれがあることが明白である旨，Ｘ２らは，本件自動車車庫に出入りする多数の自動車の通行による騒音及び排気ガスにより居住環境が悪化し，交通事故が多発するおそれがあることが明白である旨の意見を陳述した。

また，Ｙ１市長は，例外許可の申請を受けて，Ｙ１市建築審査会に対し，法第４８条第１４項本文の定める同意について諮問した。Ｙ１市建築審査会における議決の成立には，出席委員の過半数の賛成を要するところ，Ｙ１市建築審査会は，同年５月３０日，審理の上，出席委員７名のうち５名の委員の賛成をもって，Ｙ１市長が例外許可をすることについて，同意（以下「本件同意」という。）をした。

後日，Ｙ１市建築審査会の本件同意に係る議決には，Ａの代表取締役の実弟Ｂが委員として加わり，賛成票を投じていたことが明らかになったが，本来，Ｂは，Ｙ１市建築審査会の議事から除斥されるべき者であった（法第８２条）。しかし，Ｙ１市建築審査会は，Ｂを除外してもなお議決の成立に必要な過半数の委員の賛成があるとして，本件同意に係る議決をやり直すことなく，そのまま維持した。

Ｙ１市長は，同年６月８日，Ｙ１市建築審査会による本件同意を受けて，本件自動車車庫の建築について，法第４８条第１項ただし書の「第一種低層住居専用地域における良好な住居の環境を害するおそれがない」と認め，例外許可（以下「本件例外許可」という。）をした。Ｙ１市には，例外許可の基準として「建築基準法第４８条ただし書許可に関する要綱」（**【資料２】**。以下「本件要綱」という。）がある。

例外許可については，申請者以外の者に通知することは予定されていないが，Ｘらは，遅くとも，同年６月末日までに本件例外許可がされたことを知った。そこで，Ｘらは，Ｘらが居住する地域は，都市計画法上の第一種低層住居専用地域であり，良好な住居の環境の保護に対する要請が最も強い地域であることを考慮すれば，良好な住居の環境を著しく害するおそれのある本件スーパー銭湯の建築は到底許されないはずであるとして，本件スーパー銭湯の建築を阻止したいと考えた。

他方，Ａは，同年９月１４日，指定確認検査機関（注：国土交通大臣又は都道府県知事の指定を受けて建築確認をする民間の機関）Ｙ２に対し，本件スーパー銭湯及び本件自動車車庫を一体として，法第６条の２第１項に基づく建築確認の申請をした。これに対し，Ｙ２は，法別表第二（い）項第７号によれば，本件スーパー銭湯は，第一種低層住居専用地域内に建築することができる建築物である「公衆浴場」に該当すると判断せざるを得ないとして，同年１０月７日，本件スーパー銭湯及び本件自動車車庫を一体として，建築基準関係規定に適合する旨の建築確認（以下「本件確認」という。）をした。

Ｘらは，本件スーパー銭湯の建築を阻止するため，代理人弁護士に委任することなく，平成２９

年１月１７日，Ｙ１市を被告として本件例外許可の取消しを求める訴え（以下「本件訴訟１」という。）を，Ｙ２を被告として本件確認の取消しを求める訴え（以下「本件訴訟２」という。）をそれぞれ提起した。その後，Ｘらは，Ｙ１市及びＹ２の各答弁書への反論を準備する過程で，今後の訴訟追行に不安を覚えたため，弁護士事務所に相談に訪れ，弁護士に本件訴訟１及び本件訴訟２の訴訟追行を委任した。

以下に示された**【法律事務所の会議録】**を読んだ上で，弁護士Ｃの指示に応じる弁護士Ｄの立場に立って，設問に答えなさい。

なお，建築基準法，都市計画法，風俗営業等の規制及び業務の適正化等に関する法律，公衆浴場法及び建築基準法施行令の抜粋を**【資料１　関係法令】**に，Ｙ１市の建築基準法第４８条ただし書許可に関する要綱（本件要綱）の抜粋を**【資料２　要綱（抜粋）】**に，それぞれ掲げてあるので，適宜参照しなさい。

〔設問１〕

本件訴訟１（本件例外許可の取消訴訟）において，Ｘ１らとＸ２らのそれぞれの原告適格は認められるか。

〔設問２〕

本件訴訟１（本件例外許可の取消訴訟）において，本件例外許可は適法であると認められるか。解答に当たっては，Ｘらによる本件例外許可の違法事由の主張として考えられるものを挙げて論じなさい。

〔設問３〕

Ｘらは，本件訴訟２（本件確認の取消訴訟）において，**〔設問２〕**で挙げた本件例外許可の違法事由を主張することができるか。解答に当たっては，本件訴訟１及び本件訴訟２において，いずれもＸらの原告適格が認められること，**〔設問２〕**で挙げた本件例外許可の違法事由が認められることを前提にしなさい。

〔設問４〕

本件訴訟２（本件確認の取消訴訟）において，本件確認は適法であると認められるか。解答に当たっては，Ｘらによる本件確認の違法事由の主張として考えられるものを挙げて，論じなさい。

【法律事務所の会議録】

弁護士Ｃ：本日は，Ｘらの案件について議論したいと思います。Ｘらは，代理人弁護士に委任することなく，自ら，Ｙ１市を被告として本件訴訟１（本件例外許可の取消訴訟）を，Ｙ２を被告として本件訴訟２（本件確認の取消訴訟）をそれぞれ提起したということですね。

弁護士Ｄ：はい。そうです。

弁護士Ｃ：それでは，本件訴訟１から検討していきましょう。本件訴訟１における本件例外許可の対象となっている本件自動車車庫について，「１層２段の自走式自動車車庫」とはどういうものですか。

弁護士Ｄ：１階建ての１階部分及び屋上部分を自動車の駐車場所として，両部分をスロープで連結させ，自動車で走行して駐車場所まで移動する方式の自動車車庫のことです。本件自動車車庫は，１階部分に屋根があり，柱が基礎に固定されているので，建築基準法上の「建築物」に当たることは間違いありませんが，屋上部分の外周に転落防止用の金属製の網状フェンスが設置されているのみで壁はないため，自動車の騒音，ライトグレア及び排気ガスを防ぐ構造にはなっていません。

弁護士Ｃ：そうすると，近隣住民の被る夜間の自動車の騒音，ライトグレア及び排気ガスによる被害は重大なものになりますね。

弁護士Ｄ：Ｘらもこの点を心配しています。

弁護士Ｃ：本件訴訟１の訴訟要件としては何が問題になりますか。

弁護士Ｄ：原告適格と出訴期間が問題になります。

まず，原告適格については，Ｘ１らは，本件自動車車庫に隣接して居住する者ですが，本件スーパー銭湯は，年中無休，午前１０時から午後１２時までの営業で，来場する自動車が多く，特に，土日休日は１日約５５０台にも及ぶため，自動車のエンジン音，ドアの開閉音などの騒音，ライトグレア及び排気ガスにより居住環境が悪化し，交通事故が多発するおそれがあると主張しています。また，Ｘ２らは，本件自動車車庫から若干離れたところに居住する者ですが，本件自動車車庫から幹線道路に通ずる道路沿いに居住していることから，多数の自動車の通行による騒音及び排気ガスにより居住環境が悪化し，交通事故が多発するおそれがあると主張しています。

弁護士Ｃ：Ｘ１ら及びＸ２らのそれぞれについて，本件訴訟１の原告適格を肯定することはできるのでしょうか。根拠法令及び関係法令を参照し，Ｘ１ら及びＸ２らの個別の事情を考慮しつつ検討してください。

弁護士Ｄ：分かりました。

弁護士Ｃ：Ｘらは，本件訴訟１については，本件例外許可を知った日から６か月を経過して訴えを提起したということですね。Ｘらが出訴期間を徒過したのは，どのような理由からですか。

弁護士D：Xらによれば，Y１市の担当職員に，例外許可の違法を争う方法を尋ねたところ，同職員から，例外許可の違法については，後続の建築確認の取消訴訟の中で主張すれば足りるとの説明を受けたということです。出訴期間の徒過については，行政事件訴訟法第１４条第１項ただし書の「正当な理由」があると主張して争いたいと考えています。

弁護士C：そうですか。出訴期間の徒過につき「正当な理由」があるかどうかについては，既に検討済みということですから，本件訴訟１の訴訟要件の検討対象から外してください。

弁護士D：分かりました。

弁護士C：次に，Xらが，本件訴訟１において主張し得る本件例外許可の違法事由としては，どのようなものが考えられますか。

弁護士D：第１に，除斥事由のあるBが建築審査会の同意に係る議決に加わっていることから，手続上の瑕疵があるという主張が考えられます。第２に，Y１市長による本件例外許可については，裁量権の範囲の逸脱，濫用があったという主張が考えられます。

弁護士C：そうですね。第１については，除斥事由が定められた趣旨等を踏まえて検討してください。第２については，本件要綱の法的性質を踏まえた上で，本件例外許可についてのY１市長の裁量権の内容，範囲を検討し，説得的な主張ができるようにしてください。

弁護士D：検討してみます。

弁護士C：次に，本件訴訟２についての検討に入りましょう。まず，本件訴訟２の原告適格についても問題となりますが，今回は，本件訴訟２については，Xらの原告適格が肯定されることを前提にして，他の問題点を先に検討することにしましょう。

弁護士D：分かりました。

弁護士C：ところで，本件例外許可の違法を主張したいということでしたが，本件訴訟２の中で，その違法を主張することはできるのでしょうか。

弁護士D：うーん。難しいところですね。本件例外許可の違法については，本件訴訟１において主張するのが本筋ですので，許されないような感じもしますが…。

弁護士C：Xらが，本件訴訟２の中で，本件例外許可の違法を主張することができるかという問題は，本件では重要な争点となりますので，この点については，できるだけ多角的な観点から検討してください。

弁護士D：分かりました。たしか，関連する最高裁判所の判例もあったと思いますので，併せて検討してみます。

弁護士C：次に，Xらの言い分の中から，本件確認の違法事由として，どのような主張を構成することができますか。

弁護士D：第１に，旧来の「銭湯」と本件スーパー銭湯とを同一のものと考えて行った本件確認は違法という主張ができるように思います。本件に関し，建築基準法別表第二（い）項第７号の

「公衆浴場」が第一種低層住居専用地域内に建築することができる建築物とされた趣旨について調査したところ，「建築基準法が制定された昭和２５年当時は，住宅に内風呂がない者が相当程度おり，国民の健康，公衆衛生を確保するため住居専用地域（注：「住居専用地域」とは当時の用途地域の区分であり，現在の「第一種低層住居専用地域」を含む地域である。）に公衆浴場を設けることが必要不可欠であった。」と説明されています。また，都市部において，住宅の浴室保有率が急増したのは昭和３０年代からと言われ，住宅の浴室保有率は，統計を取り始めた昭和３８年には５９％であったのに対し，現在は９５．５％となっています。

弁護士Ｃ：本件スーパー銭湯の入浴料金は，どうなっていますか。

弁護士Ｄ：公衆浴場法の適用を受ける「公衆浴場」については，Ｙ１市の属する県の公衆浴場法施行条例で「一般公衆浴場」と「その他の公衆浴場」に区分されており，「一般公衆浴場」とは，公衆浴場法第１条第１項に規定する公衆浴場であって，その利用の目的及び形態が地域住民の日常生活において保健衛生上必要な施設として利用されるものとして，物価統制令の規定に基づき入浴料金が定められているものをいい，「その他の公衆浴場」とは，「一般公衆浴場」以外の公衆浴場をいいます。旧来の「銭湯」は，「一般公衆浴場」に当たり，物価統制令に基づく価格統制の対象となっていますが，スーパー銭湯は「その他の公衆浴場」に当たり，価格統制の対象外となっています。Ｙ１市の属する県の告示により，「一般公衆浴場」の入浴料金の統制額（上限金額）は，「大人（１２歳以上）につき，４００円」等と定められています。これに対し，本件スーパー銭湯の入浴料金は「大人（１２歳以上）につき，平日６００円，土日祝日７００円」等となっています。

弁護士Ｃ：本件スーパー銭湯が「一般公衆浴場」と実態が異なるということは分かりました。これに加えて，本件スーパー銭湯には，飲食コーナー及び厨房があるということですね。この飲食店部分についても，建築基準法別表第二（い）項第７号の「公衆浴場」に当たると考えてよいのでしょうか。第一種低層住居専用地域に建築することができる建築物にはどのようなものがあるかをよく確認した上で，本件スーパー銭湯の建築は到底許されないというＸらの言い分について，法律解釈としてどのように主張を構成することができるかについて，検討してください。

弁護士Ｄ：分かりました。

弁護士Ｃ：ところで，Ｘらから受任してから速やかに，本件確認の効力を停止する執行停止の申立てをしたということですね。

弁護士Ｄ：そうです。建築基準法第６条第１項による確認を受けた建築物の工事が完了したときは，その確認の取消しを求める訴えの利益は失われるというのが最高裁判所の判例ですから，本件訴訟２の係属中に訴えの利益が失われることのないように，速やかに執行停止の申立てを

　　　　してておきました。

弁護士Ｃ：執行停止の件については，既に検討済みとのことですので，今回は，執行停止以外の問題点について検討してください。

弁護士Ｄ：分かりました。

【資料１　関係法令】

○　建築基準法（昭和２５年５月２４日法律第２０１号）（抜粋）

（目的）

第１条　この法律は，建築物の敷地，構造，設備及び用途に関する最低の基準を定めて，国民の生命，健康及び財産の保護を図り，もつて公共の福祉の増進に資することを目的とする。

（建築物の建築等に関する申請及び確認）

第６条　建築主は，第１号から第３号までに掲げる建築物を建築しようとする場合（括弧内略），これらの建築物の大規模の修繕若しくは大規模の模様替をしようとする場合又は第４号に掲げる建築物を建築しようとする場合においては，当該工事に着手する前に，その計画が建築基準関係規定（この法律並びにこれに基づく命令及び条例の規定（以下「建築基準法令の規定」という。）その他建築物の敷地，構造又は建築設備に関する法律並びにこれに基づく命令及び条例の規定で政令で定めるものをいう。以下同じ。）に適合するものであることについて，確認の申請書を提出して建築主事の確認を受け，確認済証の交付を受けなければならない。（以下略）

一～四（略）

２・３　（略）

４　建築主事は，第１項の申請書を受理した場合においては，同項第１号から第３号までに係るものにあつてはその受理した日から３５日以内に，同項第４号に係るものにあつてはその受理した日から７日以内に，申請に係る建築物の計画が建築基準関係規定に適合するかどうかを審査し，審査の結果に基づいて建築基準関係規定に適合することを確認したときは，当該申請者に確認済証を交付しなければならない。

５～９　（略）

（国土交通大臣等の指定を受けた者による確認）

第６条の２　前条第１項各号に掲げる建築物の計画（前条第３項各号のいずれかに該当するものを除く。）が建築基準関係規定に適合するものであることについて，第７７条の１８から第７７条の２１までの規定の定めるところにより国土交通大臣又は都道府県知事が指定した者〔注：「指定確認検査機関」を指す。〕の確認を受け，国土交通省令で定めるところにより確認済証の交付を受けたときは，当該確認は前条第１項の規定による確認と，当該確認済証は同項の確認済証とみなす。

２～７　（略）

（用途地域等）

第４８条　第一種低層住居専用地域内においては，別表第二（い）項に掲げる建築物以外の建築物は，建築してはならない。ただし，特定行政庁が第一種低層住居専用地域における良好な住居の環境を害するおそれがないと認め，又は公益上やむを得ないと認めて許可した場合においては，この限りでない。

２～１３　（略）

１４　特定行政庁は，前各項のただし書の規定による許可をする場合においては，あらかじめ，その許可に利害関係を有する者の出頭を求めて公開による意見の聴取を行い，かつ，建築審査会の同意を得なければならない。ただし，前各項のただし書の規定による許可を受けた建築物の増築，改築又は移転（これらのうち，政令で定める場合に限る。）について許可をする場合においては，この限りでない。

１５　特定行政庁は，前項の規定による意見の聴取を行う場合においては，その許可しようとする建築物の建築の計画並びに意見の聴取の期日及び場所を期日の３日前までに公告しなければならない。

（建築審査会）

第７８条　この法律に規定する同意及び第９４条第１項の審査請求に対する裁決についての議決を行わせるとともに，特定行政庁の諮問に応じて，この法律の施行に関する重要事項を調査審議させるために，建築主事を置く市町村及び都道府県に，建築審査会を置く。

２　建築審査会は，前項に規定する事務を行う外，この法律の施行に関する事項について，関係行政機関に対し建議することができる。

（建築審査会の組織）

第７９条　建築審査会は，委員５人以上をもつて組織する。

２　委員は，法律，経済，建築，都市計画，公衆衛生又は行政に関しすぐれた経験と知識を有し，公共の福祉に関し公正な判断をすることができる者のうちから，市町村長又は都道府県知事が任命する。

（委員の除斥）

第８２条　委員は，自己又は３親等以内の親族の利害に関係のある事件については，この法律に規定する同意又は第９４条第１項の審査請求に対する裁決に関する議事に加わることができない。

別表第二　用途地域等内の建築物の制限（第２７条，第４８条，第６８条の３関係）

（い）第一種低層住居専用地域内に建築することができる建築物

　一　住宅

　二　住宅で事務所，店舗その他これらに類する用途を兼ねるもののうち政令で定めるもの

三　共同住宅，寄宿舎又は下宿

四　学校（大学，高等専門学校，専修学校及び各種学校を除く。），図書館その他これに類するもの

五　神社，寺院，教会その他これらに類するもの

六　老人ホーム，保育所，福祉ホームその他これらに類するもの

七　公衆浴場（風俗営業等の規制及び業務の適正化等に関する法律（昭和２３年法律第１２２号）第２条第６項第１号に該当する営業（以下この表において「個室付浴場業」という。）に係るものを除く。）

八　診療所

九　巡査派出所，公衆電話所その他これらに類する政令で定める公益上必要な建築物

十　前各号の建築物に附属するもの（政令で定めるものを除く。）

〔注：別表第二（い）項中の「政令」とは，後記「建築基準法施行令」を指す。〕

（ろ）～（わ）（略）

○　都市計画法（昭和４３年６月１５日法律第１００号）（抜粋）

（目的）

第１条　この法律は，都市計画の内容及びその決定手続，都市計画制限，都市計画事業その他都市計画に関し必要な事項を定めることにより，都市の健全な発展と秩序ある整備を図り，もつて国土の均衡ある発展と公共の福祉の増進に寄与することを目的とする。

（地域地区）

第８条　都市計画区域については，都市計画に，次に掲げる地域，地区又は街区を定めることができる。

一　第一種低層住居専用地域，第二種低層住居専用地域，第一種中高層住居専用地域，第二種中高層住居専用地域，第一種住居地域，第二種住居地域，準住居地域，近隣商業地域，商業地域，準工業地域，工業地域又は工業専用地域（以下「用途地域」と総称する。）

二～十六　（略）

２　（略）

３　地域地区については，都市計画に，第１号及び第２号に掲げる事項を定めるものとするとともに，第３号に掲げる事項を定めるよう努めるものとする。

一　地域地区の種類（特別用途地区にあつては，その指定により実現を図るべき特別の目的を明らかにした特別用途地区の種類），位置及び区域

二　次に掲げる地域地区については，それぞれ次に定める事項

イ　用途地域　建築基準法第５２条第１項第１号から第４号までに規定する建築物の容積率（延

べ面積の敷地面積に対する割合をいう。以下同じ。）並びに同法第５３条の２第１項及び第２項に規定する建築物の敷地面積の最低限度（建築物の敷地面積の最低限度にあつては，当該地域における市街地の環境を確保するため必要な場合に限る。）

ロ　第一種低層住居専用地域又は第二種低層住居専用地域　建築基準法第５３条第１項第１号に規定する建築物の建ぺい率（建築面積の敷地面積に対する割合をいう。以下同じ。），同法第５４条に規定する外壁の後退距離の限度（低層住宅に係る良好な住居の環境を保護するため必要な場合に限る。）及び同法第５５条第１項に規定する建築物の高さの限度

ハ～リ　（略）

三　（略）

４　（略）

第９条　第一種低層住居専用地域は，低層住宅に係る良好な住居の環境を保護するため定める地域とする。

２～２２　（略）

第１０条　地域地区内における建築物その他の工作物に関する制限については，この法律に特に定めるもののほか，別に法律で定める。

○　風俗営業等の規制及び業務の適正化等に関する法律（昭和２３年７月１０日法律第１２２号）（抜粋）

（用語の意義）

第2条

１～５　（略）

６　この法律において「店舗型性風俗特殊営業」とは，次の各号のいずれかに該当する営業をいう。

一　浴場業（公衆浴場法（昭和２３年法律第１３９号）第１条第１項に規定する公衆浴場を業として経営することをいう。）の施設として個室を設け，当該個室において異性の客に接触する役務を提供する営業

二～六　（略）

７～１１　（略）

○　公衆浴場法（昭和２３年７月１２日法律第１３９号）（抜粋）

第１条　この法律で「公衆浴場」とは，温湯，潮湯又は温泉その他を使用して，公衆を入浴させる施設をいう。

２　（略）

○　建築基準法施行令（昭和２５年１１月１６日政令第３３８号）（抜粋）

（第一種低層住居専用地域内に建築することができる兼用住宅）

第１３０条の３　法〔注：建築基準法〕別表第二（い）項第２号（括弧内略）の規定により政令で定める住宅は，延べ面積の２分の１以上を居住の用に供し，かつ，次の各号の一に掲げる用途を兼ねるもの（これらの用途に供する部分の床面積の合計が５０平方メートルを超えるものを除く。）とする。

一　（略）

二　日用品の販売を主たる目的とする店舗又は食堂若しくは喫茶店

三～七　（略）

（第一種低層住居専用地域及び第二種低層住居専用地域内に建築してはならない附属建築物）

第１３０条の５　法〔注：建築基準法〕別表第二（い）項第１０号（中略）の規定により政令で定める建築物は，次に掲げるものとする。

一　自動車車庫で当該自動車車庫の床面積の合計に同一敷地内にある建築物に附属する自動車車庫の用途に供する工作物の築造面積（括弧内略）を加えた値が６００平方メートル（括弧内略）を超えるもの（以下略）

二～五　（略）

【資料２　要綱（抜粋）】

建築基準法第４８条ただし書許可に関する要綱

（趣旨）

第１　この要綱は，建築基準法第４８条各項ただし書に規定する建築許可（以下「例外許可」という。）の基準及び手続に関して必要な事項を定めるものとする。

（許可基準）

第２　用途地域別の許可基準は，次に定めるものとする。

１　第一種低層住居専用地域，第二種低層住居専用地域

⑴～⑶　（略）

⑷　自動車車庫で別紙「自動車車庫に係る建築基準法第４８条第１項から第３項までの規定に関する許可基準」に適合するもの

⑸　（略）

２～５　（略）

（公開による意見聴取）

第７　公開による意見聴取（以下「公聴会」という。）は，次によるものとする。

(1)　公聴会の案内は，公告を開催日の３日前までに行うほか，次の者に案内書を送付する。

ア　申請建築物の敷地〔注：「敷地」とは，一の建築物又は用途上不可分の関係にある二以上の建築物のある一団の土地をいう。〕から概ね５０ｍの範囲の土地又は建物の所有者

イ　当該敷地が属する地縁による団体（自治会）の代表者

ウ　計画建築物の用途，規模により特に利害が大きいと思われる者

(2)　公聴会には，申請者及び設計者又はそれらの代理人の出席を求める。

２　公聴会において聴取した利害関係を有する者の意見は十分尊重しなければならない。

（別紙）

自動車車庫に係る建築基準法第４８条第１項から第３項までの規定に関する許可基準

第１　許可方針

第一種低層住居専用地域，第二種低層住居専用地域（中略）において良好な住居の環境の確保を図りつつ，居住者等が利用する自動車車庫の建築を促進するため，第２の許可基準の１から３までのいずれかに適合し，住居の環境を害するおそれがないと認められる自動車車庫については，許可制度の積極的活用を図るものとすること。

第２　許可基準

１　建築物に附属する自動車車庫にあっては，次に掲げる条件に該当するものであること。

(1)　当該自動車車庫の床面積の合計及び階が，用途地域に応じて次に掲げるところによること。

イ　第一種低層住居専用地域又は第二種低層住居専用地域にあっては，床面積の合計に同一敷地内にある建築物に附属する自動車車庫の用途に供する工作物の築造面積（中略）を加えた値が１５００㎡以下であり，かつ，１階以下の部分にあること。

ロ・ハ　（略）

(2)・(3)　（略）

(4)　当該自動車車庫の敷地の位置及び道路との関係，構造等が次の条件に該当すること。

イ　騒音

周囲に対する騒音の低減を図るため，敷地内の建築物の配置を踏まえた適切な配置，地階への設置等を行うこと。これらの対応が困難な場合にあっては，遮音壁の設置等を行うこと。

ロ　ライトグレア〔注：光のまぶしさにより物が見えにくくなったり，一過性の盲目状態になったりするような現象〕

光が周囲の建築物に頻繁に当たることのないようにするため，敷地内の建築物の配置を踏まえた適切な配置，地階への設置等を行うこと。これらの対応が困難な場合にあっては，植

栽，目隠し板の設置等を行うこと。

ハ　排気ガス

排気ガスを排出するための換気孔等を設ける場合には，適切な位置に換気孔を設置する等により，周囲に害を及ぼさないよう配慮すること。これらの対応が困難な場合にあっては，植栽，塀の設置等を行うこと。

ニ　接道要件　（略）

ホ　その他　（略）

２・３　（略）

第３　（略）

出題趣旨

【公法系科目】

〔第２問〕

本問は，株式会社Ａが建築しようとしているスーパー銭湯（以下「本件スーパー銭湯」という。）及びこれに附属する自動車車庫（以下「本件自動車車庫」という。）の建築を阻止しようとする周辺住民のＸ１ら及びＸ２らが，特定行政庁Ｙ１市長がした本件自動車車庫の建築に係る建築基準法第４８条第１項ただし書に基づく許可（以下「本件例外許可」という。）の取消しを求める訴訟及び指定確認検査機関Ｙ２がした本件スーパー銭湯及び本件自動車車庫の建築に係る建築確認（以下「本件確認」という。）の取消しを求める訴訟における法的問題について論じさせるものである。論じさせる問題は，本件例外許可の取消訴訟におけるＸ１ら及びＸ２らの原告適格の有無（〔設問１〕），本件例外許可の適法性（〔設問２〕），本件確認の取消訴訟において本件例外許可の違法事由を主張することの可否（いわゆる違法性の承継の問題，〔設問３〕），本件建築確認の適法性（〔設問４〕）である。問題文と資料から基本的な事実関係を把握し，建築基準法及び関係法令の関係規定の趣旨を読み解いた上で，取消訴訟の原告適格，違法性の承継及び本案の違法事由について論じる力を試すものである。

〔設問１〕については，行政処分の名宛人以外の第三者の原告適格が問題となる。行政事件訴訟法第９条第２項と最高裁判所の判例を踏まえて判断枠組みを提示した上で，行政処分の根拠法規の処分要件及び趣旨・目的に着目し，関係法令の趣旨・目的を参酌し，被侵害利益の内容・性質を勘案し，当該根拠法規がＸらの主張する被侵害利益を個別的利益として保護する趣旨を含むか，どの範囲の者が原告適格を有するのかについて論じることが求められる。本件では，Ｘらの主張する「良好な住居の環境下で生活する利益」について，建築基準法が一般に想定していると解される建築物の倒壊，火災，日照被害等による直接的な被害や，都市計画法に基づく用途地域の指定等によって，地域地区に居住する住民が享受する反射的利益と比較して，「法律上保護された利益」といえるかについて検討することが求められる。その上で，Ｘ１ら及びＸ２らが主張する利益の内容・性質に即して，原告適格を肯定することができるかについて論じることが求められる。特に，Ｘ２らについては，本件要綱において，一定の範囲の者に公聴会に参加する機会が付与されていることとの関係についても検討することが期待される。

〔設問２〕は，本件例外許可の違法事由として，第１に，建築審査会の同意に係る議決の手続上の瑕疵が問題となる。まず，建築審査会の同意には処分性が認められず，本件例外許可の取消訴訟の中で同意の違法性を争うことになることを前提とし，建築審査会制度の趣旨や除斥事由が定められた趣旨を踏まえた上で，除斥事由がある者１名の票を除外しても建築審査会の議決の結論が変わらない場合においても，なお，本件例外許可は違法といえるかについて論じる必要がある。第２に，Ｙ１市長による本件例外許可についての裁量権の範囲の逸脱，濫用の有無が問題となる。本件要綱の法的性質について，例外許可は裁量処分であり，本件要綱は裁量基準（行政手続法上の審査基準）に当たることを示した上，例外許可については裁量処分とはいえ，公聴会制度を設けてその判断の適正が担保されていること，本件要綱で挙げられた事情が考慮されていないことを踏まえて，裁量権の範囲の逸脱，濫用があると主張することができないかを論じることが求められる。

〔設問３〕は，いわゆる違法性の承継の問題であるが，取消訴訟の排他的管轄と出訴期間制限の趣旨を重視すれば，違法性の承継は否定されることになるという原則論を踏まえた上で，まず，違法性の承継についての判断枠組みを提示することが求められる。その上で，最高裁判所平成２１年１２月１７日第一小法廷判決（民集６３巻１０号２６３１頁）の判断枠組みによる場合には，違法性の承継が認められるための考慮要素として，実体法的観点（先行処分と後行処分とが結合して一つの目的・効果の実現を目指しているか），手続法的観点（先行処分を争うための手続的保障が十分か）という観点から，本件の具体的事情に即して違法性の承継を肯定することができるかを論じる必要がある。

〔設問４〕は，本件建築確認の違法事由として，第１に，本件スーパー銭湯が建築基準法別表第二（い）項第７号の「公衆浴場」に該当するかが問題となる。条文の文言解釈，公衆浴場が第一種低層住居専用地域に建築できる建築物とされた趣旨，「一般公衆浴場」とスーパー銭湯との異同を踏まえて検討することが求められる。第２に，本件スーパー銭湯の飲食店部分について，建築基準法別表第二（い）項第７号の「公衆浴場」に該当するかが問題となる。第一種低層住居専用地域に建築できる飲食店は兼用住宅に限られ，かつ，面積の制限があること（建築基準法別表第二（い）項第２号，建築基準法施行令第１３０条の３第２号）などに照らして，本件スーパー銭湯の飲食コーナー及び厨房施設の規模等を踏まえて，「公衆浴場」に該当するかを検討することが求められる。

採点実感等に関する意見

1　出題の趣旨

別途公表している「出題の趣旨」を参照いただきたい。

2　採点方針

採点に当たり重視していることは，例年と同じく，問題文及び会議録中の指示に従って基本的な事実関係や関係法令の趣旨・構造を正確に分析･検討し，問いに対して的確に答えることができているか，基本的な判例や概念等の正確な理解に基づいて，相応の言及をすることのできる応用能力を有しているか，事案を解決するに当たっての論理的な思考過程を，端的に分かりやすく整理・構成し，本件の具体的事情を踏まえた多面的で説得力のある法律論を展開することができているか，という点である。決して知識の量に重点を置くものではない。

3　答案に求められる水準

⑴　設問１

・　第三者の原告適格の判断枠組みを適切に提示した上で，根拠法令の趣旨・目的，関連法令の趣旨・目的，被侵害利益の内容・性質等についての一般的な検討を行い，本件事案に即した検討をしている答案は，一応の水準に達しているものと判断した。

・　これに加えて，法律上保護された利益説についての十分な理解を示し，都市計画法が関係法令に当たるとした上で，第一種低層住居専用地域の設定の趣旨・目的について具体的に検討しており，また，Ｘ１とＸ２の利益状況の違いを踏まえた当てはめを的確に行っている答案は，良好な答案と判断した。

・　さらに，原告適格の判断において本件要綱を考慮し得るか否かや，公聴会制度が周辺住民に手続保障を付与したものと解されるか否かについて具体的に検討し，また，被侵害利益の回復困難な性質や距離に応じた被害の程度等についても詳述した上で，全体として論理的かつ説得的な論述をしている答案は，優秀な答案と判断した。

⑵　設問２

・　手続法上の瑕疵につき，除斥事由が定められた趣旨を踏まえ，１名を除外しても人数的には結論が変わらない事案についての考え方を示しており，また，実体法上の瑕疵につき，本件要綱の裁量基準としての性質を踏まえ，本件事案に即して裁量権の逸脱・濫用の有無を検討している答案は，一応の水準に達しているものと判断した。

・　これに加えて，手続法上の瑕疵につき，手続法上の瑕疵と処分の違法性との関係についての検討や，建築審査会制度の趣旨に遡っての検討をしており，また，実体法上の瑕疵につき，本件事案に即した裁量権の逸脱・濫用の有無についての検討を的確に行っている答案は，良好な答案と判断した。

・　さらに，実体法上の瑕疵につき，本件要綱違反と裁量権の逸脱・濫用との関係について理論的に説明した上で，全体として論理的かつ説得的な論述をしている答案は，優秀な答案と判断した。

(3) 設問３

・　違法性の承継についての判断枠組みを適切に提示し，最高裁判所平成２１年１２月１７日第一小法廷判決・民集６３巻１０号２６３１頁（以下「最高裁平成２１年判決」という。）を踏まえた上で，実体法的観点及び手続法的観点の両面からそれなりに本件事案に即した検討をしている答案は，一応の水準に達しているものと判断した。

・　これに加えて，取消訴訟の排他的管轄及び出訴期間制限の趣旨から，違法性の承継の否定という問題が生ずることを指摘しており，また，最高裁平成２１年判決の具体的な内容についても言及し，さらに，本件事案に即した実体法的観点及び手続法的観点の両面からの当てはめを的確に行っている答案は，良好な答案と判断した。

・　さらに，本件例外許可の第三者への通知の有無と本件では原告らがたまたまこれを知っていたこととの関係や市職員による誤教示をどのように評価するかについて，論理的な分析をした上で，全体として論理的かつ説得的な論述をしている答案は，優秀な答案と判断した。

(4) 設問４

・　スーパー銭湯の公衆浴場該当性について，公衆浴場が第一種低層住居専用地域に建築できる建築物とされた趣旨や一般公衆浴場とスーパー銭湯との異同を踏まえた上で，検討している答案は，一応の水準に達しているものと判断した。

・　これに加えて，スーパー銭湯の公衆浴場該当性について，条文の文言解釈を出発点として法解釈を展開し，また，飲食コーナー等の存在による本件建築確認への影響について，結論とその理由が示されている答案は，良好な答案と判断した。

・　さらに，飲食コーナー等の存在による本件建築確認への影響について，建築基準法施行令を踏まえて法的な分析をした上で，全体として論理的かつ説得的な論述ができている答案は，優秀な答案と判断した。

４　採点実感

以下は，考査委員から寄せられた主要な意見をまとめたものである。

(1) 全体的印象

・　例年繰り返し指摘し，また強く改善を求め続けているところであるが，相変わらず判読困難な答案が多数あった。極端に小さい字，極端な癖字，雑に書き殴った字で書かれた答案が少なくなく，中には「適法」か「違法」か判読できないもの，「…である」か「…でない」か判読できないものすらあった。第三者が読むものである以上，読み手を意識した答案作成を心掛けることは当然であり，丁寧に判読できるような文字を書いていただきたい。

・　誤字，脱字，平仮名を多用しすぎる答案も散見された。

・　問題文及び会議録には，どのような視点で書くべきかが具体的に掲げられているにもかかわらず，問題文等の指示に従わない答案が相当数あった。

・　例年指摘しているが，条文の引用が不正確な答案が多く見られた。

・　冗長で文意が分かりにくいものなど，法律論の組立てという以前に，一般的な文章構成能力自体に疑問を抱かざるを得ない答案が少なからず見られた。

・　結論を提示するだけで，理由付けがほとんどない答案，問題文中の事実関係や関係法令の規定を引き写したにとどまり，法的な考察がされていない答案が少なからず見られた。論理の展開とその根拠を丁寧に示さなければ説得力のある答案にはならない。

・　法律解釈による規範の定立と問題文等からの丁寧な事実の拾い出しによる当てはめを行うという基本ができていない答案が少なからず見られた。

・　問題文等から離れて一般論（裁量に関する一般論等）について相当の分量の論述をしている答案が少なからず見られた。問題文等と有機的に関連した記載でなければ無益な記載であり，問題文等に即した応用能力がないことを露呈することになるので，注意しておきたい。

・　例年より設問数が多かったことや時間配分が適切でなかったこと（設問１に必要以上に時間を掛けたと思われる答案が散見された。）などにより，時間不足となり設問４についての論述が十分でない答案が多かった。

⑵　設問1

・　原告適格の判断基準に関する一般論はおおむね良好に記載されていたが，判断基準に即した検討ができていないもの，根拠法規，関係法令や本件要綱の条文を羅列するのみで，それら相互の関連や導こうとする結論との論理的関係が明らかでない答案が多かった。問題のある答案として，例えば，本件要綱につき特段の説明もなく「関係法令」に当たるとするもの，「関係法令」として都市計画法第１条，第９条第１項，第１０条等に言及していないもの，被侵害利益の内容・性質等に触れることなく，建築基準法第１条や本件要綱の規定等から直ちに原告適格を肯定する答案などが多く見られた。

・　Ｘ１とＸ２の利益状況の違いについて十分検討せず，両者を一緒に検討している答案が相当数見られた。

⑶　設問2

・　手続法上の瑕疵が処分の取消事由となるかどうかの判断枠組みを示すことなく，手続法上の瑕疵があるから直ちに違法とする答案が相当数見られた。この点に関しては，審議会手続の瑕疵に関する最高裁判所昭和５０年５月２９日第一小法廷判決・民集２９巻５号６６２頁の判断枠組みが参考になる。

・　本件要綱の法的性質については，過去に繰り返し問われていることもあり，裁量基準（行政手続法上の審査基準）であるという一般論については，おおむね良好に記載されていた。もっとも，本件要綱に違反することから直ちに本件例外許可は違法とする答案が多く，裁量基準に違反する場合にどのような理論的構成により本件例外許可が裁量権の逸脱・濫用となるかについて，説得的に述べている答案はそれほど多くなかった。

⑷　設問3

・　少数ではあるが，違法性の承継の問題であることに気付かなかった答案もあった。

・　違法性の承継については，会議録中に「関連する最高裁判所の判例もあったと思いますので，併せて検討してみます。」との弁護士Ｄの発言が掲げられているにもかかわらず，最高裁平成２１年判決が示した判断枠組みを正しく理解した上で論じている答案が思いのほか少なかったのは残念であった。

・　実体法的観点として，例外許可と建築確認とが同一目的を達成するための一連の処分といえるか又は先決関係にあるといえるかについて，具体的・説得的な理由を挙げていない答案が相当数見られた。

(5) 設問４

・　時間不足のためか，論述が十分でない答案が多かった。

・　本件スーパー銭湯については，条文の文言解釈としては建築基準法別表第二（い）項第７号の「公衆浴場」に当たることは明らかであるが，この点を指摘した答案はごく少数にとどまった。法解釈における条文の文言解釈の重要性については十分に意識してもらいたい。

・　指定確認検査機関Ｙ２の建築確認（建築基準法第６条，第６条の２）を裁量行為と考え，本件確認には裁量権の逸脱・濫用があり違法であるとした答案が少なからず見られた。しかし，建築確認は，計画建築物が建築基準関係規定に適合しているか否かを審査し建築の自由を回復させる許可の性質を有する行政行為であり，裁量性のないき束行為であると解されているから，裁量行為とする見解は妥当でない。

・　本件スーパー銭湯が飲食店部分を有することから直ちに本件スーパー銭湯は第一種低層住居専用地域に建築できないものと結論付ける答案が少なくなかった。

5　今後の法科大学院教育に求めるもの

・　本年は，問題文及び議事録において書くべき論点が丁寧に明示されていたこともあり，例年に比較して平易な問題であった。その分，基本的な判例や概念等についての正確な理解に基づき，本件事案に即した適切な見解を導く応用能力があるか，論理的な思考に基づき説得的な論述ができているかによって，評価に大きな差が出る問題であったといえる。

・　法科大学院には，単に条文上の要件・効果といった要素の抽出やその記憶だけに終始することなく，様々な視点からこれらの要素を分析し，類型化するなどの訓練を通じて，試験などによって与えられた命題に対し，適切な見解を導き出すことができる能力を習得させるという教育にも力を注いでもらいたい。本年も，論点単位で覚えてきた論証をはき出すだけで具体的な事案に即した論述が十分でない答案，条文等を羅列するのみで論理的思考過程を示すことなく結論を導く答案などが散見されたところであり，上記のような論理的な思考過程の訓練の積み重ねを，法律実務家となるための能力養成として法科大学院に期待したい。

・　設問１及び設問３は，最高裁判所の重要判例を理解していれば，容易に解答できる問題であった。しかし，設問１については，一般論として判断基準を挙げることはできても，判断基準の意味を正確に理解した上で当てはめができているものは少数であり，設問３については，会議録中で検討すべきことを明示していたにもかかわらず，最高裁平成２１年判決の正しい理解に基づいて論述した答案は思いのほか少なかった。昨年も指摘したところであるが，行政法について短答式試験が廃止されても，重要判例を読んで理解する学習をおろそかにしてはならないことを，注意しておきたい。

・　昨年と同様，法律的な文章という以前に，日本語の論述能力が劣っている答案が相当数見られた。法律実務家である裁判官，検察官，弁護士のいずれも文章を書くことを基本とする仕事である。受験対策のための授業になってはならないとはいえ，法科大学院においても，論述能力を十分に指導する必要があるのではないか。

再現答案①　A評価　111～122位（139.76点，T・Mさん　論文順位44位）

第1　設問1

1　原告適格が認められるためには，X1，X2らがそれぞれ「法律上の利益を有する者」（行政事件訴訟法（以下，法令名を省略する。）9条1項）にあたることが必要である。「法律上の利益を有する者」とは，当該処分により自己の権利若しくは法律上保護された利益を侵害され又は必然的に侵害されるおそれのある者をいう。そして，ここにいう法律上保護された利益とは，当該処分の根拠法規が，不特定多数者の具体的利益を，専ら一般的公益の中に吸収解消せしめず，それが帰属する個々人の個別的利益としてこれを保護しようという趣旨と解される場合の当該利益をいうものと解される。そして，その判断は，X1，X2らがいずれも本件例外許可処分の名宛人でないことから，9条2項に従い判断する。

2　X1らについて

(1)　まず，本件例外許可は，建築基準法（以下，「法」という。）48条1項但書に基づくものであるところ，同但書は処分要件として，「第一種低層住居専用地域における良好な住居の環境を害するおそれがない」と認めるときと規定している。かかる規定は，第一種低層住居専用地域が良好な住居の環境を保護するべき地域として特に定められたものである（都市計画法9条1項参照）ことに鑑み，当該地域での特定の建築物の建築を原則として禁止し（法48条1項本文），住居環境を害さない範囲で例外的に許容させることで，住民の良好な住居環境を保護しようとする趣旨のものと解される。

そして，かかる良好な住居環境という利益は，通常一般公益として保護される性質ものである。しかし，当該利益は，特定建築物に近づけば近づく程侵害の程度が著しくなり，さらに侵害が継続的に蓄積することで健康被害を生ずるに至るおそれがあるとの性質を有する。かかる健康という利益は人格権と密接な個人的利益ということができる。

かかる利益の性質に鑑み，法は，48条14項において，上記被害を被るおそれのある「利害関係を有する者」の意見聴取手続を定めていると解される。そうだとすれば，法は，第一種低層住居専用地域に居住する住民の中でも，生活環境の著しい被害を直接的に被るおそれのある者の良好な住居環境で居住する利益を，特に個別的利益として保護しようという趣旨と解するべきである。よって，かかる利益が法律上保護された利益にあたる。

(2)　そして，X1は，本件自動車車庫に隣接し，そこから約6メートルという近距離の場所の建物に居住しているものである。本件自動車車庫は収容台数130台という大規模のものであり，その利用に供される本件スーパー銭湯は，年中無休，午前10時から午後12時まで営業される。そうすると，X1は，多数の車の出入りによる騒音，排気ガス等の被害をほぼ一日中被ることになり，被害の程度は著しく，またその被害は距離の短さに鑑みて直接的なものといえる。

(3)　したがって，X1は，生活環境の著しい被害を直接的に被るおそれのある者といえるから，「法律上の利益を有する者」にあたる。よって，原告適格を有する。

3　X2らについて

(1)　X2らは，本件自動車車庫に隣接していないものの，幹線道路から本

● 出題趣旨は，「最高裁判所の判例を踏まえて判断枠組みを提示」することを求めているところ，本答案の「『法律上の利益……当該利益をいう」との記述は，小田急高架訴訟大法廷判決（最大判平17.12.7／百選Ⅱ［第7版］〔165〕）を踏まえた判断枠組みであり，出題趣旨に合致する。

● 「X1，X2らがいずれも本件例外許可処分の名宛人でないことから」と明示的に論述することで，行訴法9条2項が「処分……の相手方以外の者について」規定した条文であるとの理解をアピールできている。

● 出題趣旨は，「被侵害利益の内容・性質を勘案」することを求めているところ，本答案は，「当該利益は……との性質を有する」として，被侵害利益の性質を論じることができており，出題趣旨に合致する。また，前掲判例（最大判平17.12.7）の文言（「事業に起因する騒音，振動等による……被害の程度は，居住地が事業地に接近するにつれて増大する」）と同趣旨の論述がなされており，判例の理解の深さがうかがえる。

● X1の原告適格について，「約6メートルという近距離」，「130台という大規模のもの」，「年中無休，午前10時から午後12時まで営業される」などの事実を挙げた上で，具体的に論じられている。

● 出題趣旨によれば，「X2らにつ

件自動車車庫に通ずる道路沿いの建物に居住しており，本件自動車車庫の利用者が住居の前を通行する可能性が大きく，騒音等の被害を同様に被るおそれがある。また，距離も本件敷地から約４５メートルと近く，Ｘ１らと同様直接的な被害が予想される。

(2) したがって，Ｘ２らもまた，「法律上の利益を有する者」にあたり，原告適格を有する。

第２　設問２

１　手続的違法事由

(1) Ｘらとしては，本来Ｙ１市建築審査会の議事から除斥されるべきであった（法８２条）Ｂが賛成票を投じていることから，本件同意に係る議決は無効であり，よって，本件例外許可は手続瑕疵を理由に違法であると主張することが考えられる。以下，その当否を検討する。

(2) まず，法８２条は，「自己又は3親等以内の親族の利害に関係のある事件」につき，委員が「議事に加わること」を禁止している。これは，当該委員については，自己の親族に有利な議決を得ようという動機が働き，公正な議決が歪められるおそれがあることから，議事から排除することで，決議の公正を確保しようという趣旨である。

そして，決議の公正を確保するためには，当該委員の発言等，決議に不当な影響をもちうるものを可及的に排除すべきといえる。そうだとすれば，当該委員を排除しても結果に影響はなかったといえるか否かを問わず，議決権を行使した以上は，決議に不当な影響を及ぼした可能性があると考え，「議事に加わ」ったとして，８２条に反するとの手続的瑕疵を構成するものと解する。

よって，本件でもＢが賛成票を投じている以上，８２条違反が認められる。

(3) では，かかる手続的瑕疵が本件例外許可の違法事由を構成するか。

この点，当該手続が処分の公正を確保しようという趣旨のものである場合には，その手続を経ることは，当該処分に利害関係を持つものの手続的権利を構成するものと解するべきである。よってそのような手続の違反は，処分の違法事由を構成するものと解する。

そして，法７８条の要求する建築審査会の議決手続の趣旨は，建築の必要性と周辺住民の生活利益との調整につき，専門家の判断を介在させることで（法７９条２項参照），例外許可の公正さを確保する点にある。そうだとすれば，当該議決の公正確保のための８２条についても，究極的には処分の公正さ確保の手続規定であるというべきである。

(4) 以上より，８２条違反という手続的瑕疵は，本件例外許可の違法事由を構成する。

２　実体的違法事由

(1) 次に，Ｘらとしては，本件例外許可についてＹ１市長には，裁量権の逸脱・濫用があるから違法である（３０条）と主張する。

(2) まず，本件例外許可の根拠規定である法４８条１項但書は，処分要件につき「害するおそれがないと認め，又は公益上やむを得ないと認め」るとき，という抽象的な規定をしている。これは，例外許可が，当該建築の必要性と周辺住民の生活環境利益との調整という専門技術的判断を要するものであることに鑑み，裁量判断に委ねようという趣旨である。

いては，本件要綱において，一定の範囲の者に公聴会に参加する機会が付与されていることとの関係についても検討することが期待され」ていた。

● 出題趣旨は，「除斥事由がある者１名の票を除外しても建築審査会の議決の結論が変わらない場合においても，なお，本件例外許可は違法といえるか」という点について論じることを求めているところ，本答案は，「当該委員を排除しても結果に影響はなかったといえるか否かを問わず，議決権を行使した以上は，決議に不当な影響を及ぼした可能性がある」としてこの点を論じており，出題趣旨に合致する。

● 手続上の瑕疵が処分の取消事由となるかどうかの判断枠組みを示した上で，建築審査会制度の趣旨を検討しつつ，法82条違反という手続上の瑕疵が本件例外許可の違法事由に当たるとしており，「建築審査会制度の趣旨……を踏まえた」論述を求める出題趣旨に合致する。

● 出題趣旨は，「本件要綱の法的性質について，例外許可は裁量処分であり，本件要綱は裁量基準（行政手続法上の審査基準）に当たることを示」すことを求めているところ，本答案は，法48条１項の文言を適切そうすると，当該要件の判断につき，行政裁量が認められる。

(3) そして，本件要綱は，法令の委任に基づくものではないから，上記要件に関する，行政規則たる審査基準（行政手続法５条）としての裁量基準であると解される。

裁量処分が違法となるのは，裁量権の逸脱・濫用がある場合，すなわち考慮すべき事項を考慮せず，考慮すべきでない事項を考慮する等その判断過程に不合理な点があり，社会通念上著しく妥当性を欠くといえる場合であると解される。そうすると，上記裁量基準が不合理であるなら，それに基づく処分も，その判断過程が不合理といえる。そこで，まず，本件要綱の合理性を検討する。

本件要綱の別紙許可基準は，第２の１(1)イにおいて「建築物に附属する自動車車庫の用途に供する工作物」が「１階以下の部分にあること」を定めているところ，これは，２階以上の車庫を設けると，利用自動車の転落等により近隣住民の安全が害されるのを防止する趣旨と考えられ，そのような安全の確保も法４８条が保護しようとする利益といえるから，合理的である。

また，第２の１(4)が定める敷地の位置，建築物等の構造も，騒音，排気ガス等の被害を軽減するのに資するものといえ，同条の趣旨にかない，合理的である。

(4) 以上より，本件要綱は合理的といえる。そして，本件処分が本件要綱に従わない場合には，従わないことに正当な理由がない限り，平等原則（憲法１４条）に反し，社会通念上妥当性を欠くとして，違法となるものと解する。

本件では，本件自動車車庫は，屋上部分を自動車の駐車場所とするものであり，実質的にみれば，２階部分に設置されているとみられる。そうすると，本件要綱別紙の第２の１(1)イの「１階以下の部分にあること」という基準を満たしていない。

また，屋上部分の外周に転落防止用の金属製の網状フェンスが設置されているのみで，壁がないため，自動車の騒音，ライトグレア及び排気ガスを防ぐ構造になっていない。よって，同第２の１(4)の構造を満たしているとはいえない。

よって，本件要綱に従ったものとはいえず，従わないことにつき正当な理由を基礎付ける事情も存在しない。

(5) よって，本件処分は，違法である。

第３　設問３

1　まず，本件例外許可は「処分」（３条２項）にあたる。なぜなら，これは，特定行政庁が一方的意思表示としてなすものである点で，公権力の主体としてなされる行為といえ，これにより，許可を受けた者をして，当該建築物を適法に建築しうる地位に立たせるという直接的な法効果を発生させるものだからである。

2　そうすると，本件例外許可は，取消訴訟を通じて取り消されるまでは，適法として扱われるという，取消訴訟の排他的管轄に服する（２５条１項参照）。これは，処分がそれを起点に様々な法律関係を形成するため，その法的安定性を確保しようという趣旨であり，かかる観点から，法は取消訴訟の出訴期間を定めている（１４条１項）。そうだとすると，当該処分の違法事由はその取消訴訟においてのみ主張でき，後続処分の取消訴訟に

に摘示した上，例外許可の趣旨・目的を論述して本件例外許可が裁量処分である旨を丁寧に論じている。また，本件要綱が行手法５条の審査基準に当たることも端的に示すことができている。

● 伊方原発訴訟（最判平4.10.29／百選Ⅰ［第７版］〔77〕）は，専門技術的な調査審議及び判断を基にしてされた行政庁の判断の適法性について，①調査審議において用いられた具体的審査基準が不合理か，②当該具体的審査基準に適合するとした判断過程に看過し難い過誤・欠落があるかの２点から審査しているところ，本答案が本件要綱の合理性を検討しているのは，上記判例の規範①を意識したものであり，適切である。

● 出題趣旨は，「本件要綱で挙げられた事情が考慮されていないことを踏まえて，裁量権の範囲の逸脱，濫用があると主張することができないかを論じること」を求めているところ，本答案は，単に本件要綱で挙げられた事情が考慮されていないから違法であるとするのではなく，「従わないことに正当な理由がない限り……違法となる」と規範を明示して論じている点で，出題趣旨に合致している。

● 本件例外許可に処分性が認められることについて，端的に論述できている。もっとも，本件例外許可に処分性が認められることは設問３の当然の前提であるため，あえて論述する必要はない。

● 出題趣旨で示されている「取消訴訟の排他的管轄と出訴期間制限の趣旨を重視すれば，違法性の承継は否定されることになるという原則論」に言及できている。もっとも，取消訴訟の排他的管轄の根拠条文として

おいて主張することは許されないのが原則というべきである。
3　もっとも，当該先行処分と後続処分とが，その主体，目的等に鑑み，一連の手続を構成するものと解される場合には，例外的に先行処分の違法を後続処分の中で主張することも許されるものと解するべきである。そのような一連の手続が一つの紛争を形成する以上，両者を併せて審理すべきだからである。
　また，取消訴訟が国民の権利救済制度であることに鑑み，当該違法事由を先行処分の取消訴訟の中で主張する機会が与えられていたかという，手続保障の観点も併せて考慮すべきと解する。
4　これを本件につきみると，例外許可は特定行政庁たるＹ１市長が行っているのに対し，建築確認は指定確認検査機関であるＹ２が行っており，主体は形式的には異なる。しかし，建築確認は本来的には建築主事の権限に属するものであり（法６条１項），指定確認検査機関がその権限委譲を受けているにすぎない（法６条の２）。そうだとすれば，実質的には主体は同一とみられる。
　また，法４８条１項但書の例外許可は，建築確認の「建築基準関係規定…に適合する」（法６条１項）という要件の前提を構成するものと解され，両者は一体となって，当該建築物の周辺にかかる良好な生活環境を保持しようという目的の手続であるといえる。
　したがって，両処分は一連の手続を構成するものといえる。
5　また，例外許可については，申請者以外の者に通知することは予定されていないことから，その取消訴訟において違法事由を主張する機会が与えられていたとはいえない。本件でＸらは，処分の存在を６月末までに知っているが，これは偶然の事情にすぎず，これをもって手続保障の存在を基礎付けることはできない。
6　以上より，本件例外許可の違法事由を本件訴訟２において主張することは可能である。
第４　設問４
1　Ｘらとしては，本件スーパー銭湯は，法別表第二（い）７号の「公衆浴場」にあたらず，よって，同表に「掲げる建築物以外の建築物」（法４８条１項本文）にあたるから，本件スーパー銭湯は「建築基準関係規定に適合する」とはいえない（法６条の２第１項）と主張することが考えられる。
2　まず，同別表が「公衆浴場」の建築を許容したのは，立法当時，住居専用地域において，住宅に内風呂がない者が相当程度あったことから，公衆衛生を確保するため，その建築を促そうという趣旨にある。そうだとすれば，そこにいう「公衆浴場」とは，現在９５％にまで普及している住宅の浴室の代替になるような浴場をいうべきで，娯楽施設としての公衆浴場は含まないと解するべきである。
3　本件スーパー銭湯は，マッサージコーナー，飲食コーナーを備えている点で，娯楽施設とみることができ，また，その料金も「一般公衆浴場」よりも２００円程高く設定されていることから，住宅の浴室の代替になるという性質のものとはいえない。
4　以上より，本件スーパー銭湯は，「公衆浴場」には含まれず，本件確認は違法である。

以　上

行訴法25条１項を挙げるのは一般的でない。

●　違法性の承継についての判断枠組みについて，出題趣旨で挙げられている判例（最判平21.12.17／百選Ⅰ［第７版］〔84〕）に従い，「実体法的観点（先行処分と後行処分とが結合して一つの目的・効果の実現を目指しているか）」と「手続法的観点（先行処分を争うための手続的保障が十分か）」を考慮して判断する旨論述されており，出題趣旨に合致する。

●　出題趣旨は，「本件の具体的事情に即して違法性の承継を肯定することができるかを論じる必要がある」としているところ，本答案は，例外許可と建築確認とで主体が異なること，例外許可について申請者以外の者に通知することは予定されていないこと，Ｘらは処分の存在を知っていたこと等の本件の具体的事情や法の仕組みを的確に摘示・論述しており，出題趣旨に合致する。

●　本答案は，単に問題文の誘導に従って「公衆浴場」該当性の論述に入るのではなく，本件確認の違法性を検討する中で，なぜ「公衆浴場」該当性を論じる必要があるのかについて，法の仕組みを明らかにして論述できている。また，本答案は，「公衆浴場が第一種低層住居専用地域に建築できるとされた趣旨」や「一般公衆浴場」とスーパー銭湯との異同を踏まえた検討ができている点で出題趣旨に合致するが，「条文の文言解釈」からは，本件スーパー銭湯は建築基準法別表第二（い）項第７号の「公衆浴場」に当たると解されるから，この点を前提にして検討できると，なお良かった。

●　出題趣旨の求める「本件スーパー銭湯の飲食店部分について……『公衆浴場』に該当するか」についての検討はなされていない。

再現答案② A評価 285～332位（129.62点，T・Tさん 論文順位299位）

第１　設問１
１　Ｘ１らとＸ２らは，「法律上の利益を有する者」（行政事件訴訟法（以下「行訴法」）９条１項）として，原告適格が認められないか。
主観訴訟たる抗告訴訟においては，「法律上の利益を有する者」でなければ原告適格は認められず，被処分者以外の者については「法律上の利益を有する者」といえるかは行訴法９条２項に沿って判断する。
⑴　この点について，「法律上の利益を有する者」とは，当該処分により自己の権利若しくは法律上保護された利益を侵害され，又は必然的に侵害されるおそれのあるものをいう。
そして，当該処分を定めた行政法規が，不特定多数者の具体的利益を専ら一般的公益の中に吸収解消させるにとどめず，それが帰属する個々人の個別的利益としてもこれを保護すべきものとする趣旨を含むと解される場合には，このような利益も「法律上保護された利益」に当たる。
⑵ア　本件では，Ｘ１ら及びＸ２らが主張する利益は自動車のエンジン音，ドアの開閉音などの騒音，ライトグレア及び排気ガスにより居住環境が害されない利益である。
イ　例外許可処分の根拠法令は建築基準法（以下「法」）４８条１項但書である。法は国民の生命，健康及び財産の保護を目的としているが（法１条），ここからただちに上記利益が保護されるとまではいえない。また，法４８条１項は第一種低層住居専用地域における建築を制限しており，第一種低層住居専用地域について規定した都市計画法は建築基準法の「関係法令」といえる。そして，都市計画法は公共の福祉の増進を目的とはしているものの，ここからもただちに上記利益が保護されるとまでは認められない。しかし，法７９条２項は建築審査会に公衆衛生に関する専門家を委員として含めることとしており，住居環境への配慮を払っているといえる。また，法４８条１４項は利害関係人の意見聴取という手続関与を認めており，住居環境が害されないよう住民に参画の機会を与えているといえる。その上，資料２の要綱については後述のように外部法効果を有するものではないが，合理性を有することから法解釈の基準となり，騒音やライトグレア，排気ガスについて許可基準としていることから，これらから住居環境を害されてはならない。
そして，上記利益は生命，身体という重要な利益にかかわるものであり，侵害される程度は建築物に近ければ近いほど大きくなる。
したがって，上記利益が具体的に侵害され又は侵害されるおそれのある場合には，「法律上の利益」があるといえる。
ウ　Ｘ１らについて，まず本件自動車車庫は，年中無休で午前１０時から午後１２時までと長時間にわたり営業する本件スーパー銭湯の駐車場で，多数の自動車が来場することが予想される。そして，屋上部分の外周に転落防止用の金属製の網状フェンスが設置されているものの壁はなく騒音，ライトグレア，排気ガスを防ぐ構造とはなっておらず，多くの車により騒音等排出されることが予想される。そこで本件自動車車庫から直線距

● 行政処分の名宛人以外の第三者の原告適格が問題となることを把握している点で，出題趣旨に合致する。

● 原告適格の判断枠組みについて，行訴法９条２項と最高裁判例を踏まえて判断枠組みを提示している点で，出題趣旨に合致する。

● 出題趣旨によれば，処分の名宛人以外の第三者の原告適格を論じるに当たっては，①処分の根拠法規が，②原告の主張する被侵害利益を，③個別的利益として保護する趣旨を含むか，④どの範囲の者が原告適格を有するかについて論じる必要がある。
本答案は，⑵アにおいて，原告の主張する被侵害利益を適切に示し（②），⑵イにおいて，処分の根拠法規を示している（①）。
また，上記③・④を論じるに当たっては，ⓐ根拠法規の処分要件及び趣旨・目的に着目し，ⓑ関係法令の趣旨・目的を参酌し，ⓒ被侵害利益の内容・性質を勘案して論ずることが必要である。
本答案は，ⓐ法48条１項但書の趣旨のみならず，ⓑ関係法令である都市計画法の趣旨・目的をも参酌し，ⓒ居住環境が害されないという利益の性質をも勘案している点で，適切である。
もっとも，都市計画法を関係法令として検討する際には，目的規定（１条）のみならず，同法９条１項等も参酌すべきであった。また，都市計画法が「関係法令」といえるためには，「当該法令と目的を共通にする」ものでなければならない（行訴９Ⅱ）から，この点にも言及できると良かった。

離で約６メートル離れた位置の建物に居住する住民であるＸ１らは，上記利益について，現に侵害されるおそれがあるとして「法律上の利益」を有する。

また，Ｘ２らについては，たしかにＸ１らと異なり本件自動車車庫から４５メートルとやや離れた位置に居住している。しかしながら，本件スーパー銭湯には多数の自動車の来場が予想されるところ，本件自動車車庫から幹線道路の通ずる道路沿いに居住するＸ２らは本件スーパー銭湯に来場する自動車の騒音等により居住環境を害されるおそれが大きく，上記利益を具体的に侵害されるおそれがあるといえる。

２　よって，Ｘ１らとＸ２らにはともに原告適格が認められる。

第２　設問２

１　手続上の違法について

(1)　除斥事由のあるＢが建築審査会の同意に係る議決に加わったことを理由に，本件例外許可は違法であるといえないか。

ア　この点について，除斥事由を定めた法８２条の趣旨は，自己や親族の利害に関係のある事件については，自己や親族に有利なよう議事を進めるおそれが高く，公平の見地を欠くことにある。そして，除斥事由のある委員が参加した議事についてはその者が他の委員の意見に影響を及ぼすおそれが考えられる。そこで，除斥事由のある委員が関わった議事による同意は，その者なしで出席委員の過半数を獲得できるといえる場合であっても無効と考える。

イ　本件Ｂは，Ａの代表取締役の実弟であり除斥事由がある。よって，Ｂが加わった議事により得られた同意は無効である。

(2)　よって，上記手続上の違法により，本件例外許可は違法である。

２　実体上の違法について

(1)　次に，Ｙ１市長による本件例外許可には裁量権の逸脱・濫用という実体法上の違法が認められないか（行訴法３０条）。まず，そもそも例外許可処分に裁量が認められるか問題となる。

ア　この点について，裁量の有無は法の文言や処分の性質から判断する。

イ　まず，法４８条１項但書は「良好な住居の環境を害するおそれがないと認め，又は公益上やむを得ないと認めて」という抽象的な文言を用いている。そして，いかなる建物の建築を例外的に認めるかは専門的技術的な判断を要する。

ウ　よって，例外許可処分には要件裁量が認められる。そして，授益的行政処分であることから，裁量は広範に認められる。

(2)　それでは，本件では裁量の逸脱・濫用が認められるか。要綱の基準にしたがって処分をしないことが裁量の逸脱・濫用となるか問題となる。

ア　この点について，要綱はＹ市で作成された行政内部の規範であり，外部に対する法的効果性はなく法解釈を拘束することはない。もっとも，合理的な内容であれば裁量基準として機能し，特段の事情なくかかる基準に合致せずになされた処分には裁量の逸脱・濫用が認められる。

● 出題趣旨によれば，「Ｘ２らについては，本件要綱において，一定の範囲の者に公聴会に参加する機会が付与されていることとの関係」についても検討することが期待されていた。

● 出題趣旨によれば，建築審査会の同意に係る議決の手続上の瑕疵を問題とするに当たっては，「除斥事由が定められた趣旨を踏まえた上で」の検討が求められているところ，本答案は，除斥事由が定められた趣旨を示すことができている点で，出題趣旨に合致する。

● 手続上の瑕疵があるからといって，直ちに本件例外許可が違法ということにはならない。手続上の瑕疵が処分の取消事由を構成するかについて，判断枠組み（最判昭50.5.29／百選Ⅰ［第７版］〔118〕等）を提示した上で論じるべきであった。

● 本件例外許可の裁量権の逸脱・濫用を検討するには，本件要綱の法的性質を踏まえる必要があるところ，本答案は，本件要綱の法的性質を論じる前提である本件例外許可の裁量の有無について検討しており，出題趣旨に合致する。

● 合理的な裁量基準がある場合に，それと異なる取扱いをすることは，平等原則及び信義則の観点から，相当と認めるべき特段の事情のない限り，裁量権の逸脱・濫用に当たる。したがって，本答案は，(2)アにおい

イ　本件では，良好な住居環境の保護との関係で，車庫の床面積の合計や階の制限，騒音等からの防止は住居環境保護を具体化した基準として合理性を有する。

そして，本件自動車車庫は１階建てであるが，屋上部分についても自動車の駐車場所とされており，「１階以下の部分にある」（要綱第２．１．⑷，別紙第２．１．⑴イ）とはいえない。また，本件自動車車庫の屋上部分の外周には転落防止用の金属製の網状フェンスが設置されているのみで壁はないため，自動車の騒音，ライトグレア及び排気ガスを防ぐ構造とはなっておらず，別紙第２．１．⑷の基準を満たすとはいえない。そのうえ，本件では裁量基準を満たさなくてもよいと認められる特段の事情はない。

ウ　よって，本件例外許可には裁量の逸脱・濫用が認められる。

⑶　よって，本件例外許可には実体法上の違法が認められる。

第３　設問３

１　本件訴訟２において，本件例外許可の違法事由を主張することは違法性の承継により認められるか。

⑴　この点について，行政処分は，たとえ瑕疵があってもその瑕疵が無効事由に該当しないかぎり，取り消されるまでは仮に有効なものとして扱われるという公定力が認められること，行政法関係の早期安定の見地から，違法性の承継は原則として認められない。

もっとも，違法性の承継を認めないと，国民の権利利益の実効性確保を図ることができない場合があり，かかる場合には例外を認めるべきである。そこで，先行行為と後行行為が同一目的を有し連続して一連の処分を構成し，先行する行為を争う手続保障が十分に与えられていない場合には，違法性が承継されるものと解すべきである。

最高裁判所は平成２１年の判決で，本件とは事案を異にするものの同様の理屈で違法性の承継の理論を採用し，当該事案において違法性の承継を現に認めた。

⑵　本件例外許可と建築確認処分は同じ建築基準法を根拠法令とするものの，別個に規定されていることから同一目的に出たものとまではいえないとも思える。しかし，本件例外許可は第一種低層住居専用地域内における建築物の建築制限を個別に解くものであり，かかる許可を得ても建築確認を得ない限り適法に建築を行うことはできない。そこで，両処分は第一種低層住居専用地域内での建築を可能にするという同一目的に出たものであるといえる。

次に手続保障について，たしかに例外許可については申請者以外の者に通知することは予定されておらず，Ｘらが例外許可の取消訴訟により違法事由を主張することは困難とも思える。しかし，Ｘらは遅くとも同年６月末日までに本件例外許可がされたことを知っており，９月の建築確認申請や１０月の本件確認以前に例外許可の取消訴訟により違法事由を主張することは十分可能であったといえる。そこで，Ｘらについては，本件訴訟１で違法事由を主張することについて手続保障は果たされていたといえる。

２　よって，本件では本件例外許可の違法事由を主張することは違法性

て適切な規範を定立できている。また，本件要綱の合理性について，簡潔ではあるが検討することができている。

●　出題趣旨によれば，①「公聴会制度を設けてその判断の適正が担保されていること」と，②「本件要綱で挙げられた事情が考慮されていないこと」を踏まえて論じることが求められているところ，本答案は，②については比較的詳細に論じられている点で適切であるが，①については論述できていない。

●　違法性の承継は，取消訴訟の排他的管轄と出訴期間制限の趣旨によれば原則として否定されるところ，本答案は，この点に関する論述について，再現答案①と比較して明確な論述がなされているとはいえない。

●　出題趣旨によれば，違法性の承継を認める判断基準について，判例（最判平21.12.17／百選Ⅰ［第７版］〔84〕）の枠組みによる場合は，①実体法的観点（先行処分と後行処分とが結合して一つの目的・効果の実現を目指しているか），及び②手続法的観点（先行処分を争うための手続的保障が十分か）から，本件の具体的事情に即して論じることが求められている。本答案は，①②の両要件について，おおむね適切に規範を定立することができている。また，当てはめについても本件の具体的事情に即して丁寧に論じられており，適切である。

の承継により認められない。
第４　設問４
１　本件スーパー銭湯は別表第二（い）七の「公衆浴場」にあたらないとして，本件確認は違法といえないか。
(1)　この点について，「公衆浴場」について例外的に建築が可能とされた趣旨は，建築基準法の立法当時，住宅に内風呂がない者が相当程度おり，国民の健康，公衆衛生を確保するためであった。しかし，住宅の浴室保有率は統計を取り始めた頃には５９％であったものの，現在は９５．５％とほぼすべての住宅に浴室があり，かかる立法趣旨は必ずしも妥当しない。もっとも，かかる制定当時の趣旨から，単なる健康，公衆衛生確保以上の目的を有する浴場は「公衆浴場」にあたらないと考えることはできる。そこで，価格統制の対象外となっている公衆浴場法１条１項の「一般公衆浴場」はもっぱら健康，公衆衛生確保を目的としているが，それ以外の浴場は「公衆浴場」にあたらない。
(2)　本件スーパー銭湯の入浴料金は統制額である４００円以上の平日６００円，土日祝日７００円という料金を設定しており，「公衆浴場」にあたらない。
(3)　よって，本件確認は違法である。
２　次に，飲食コーナー及び厨房があることから，この部分は「公衆浴場」といえず，本件確認は違法といえないか。
(1)　この点について，別表第二に記載された建築物は住宅や学校といった住民の日常生活のため最低限必要と考えられるものに限られる。そこで，娯楽的要素を含む施設は住民の日常生活のため最低限必要とはいえない以上，「公衆浴場」とはいえない。
(2)　本件では，飲食コーナーで提供されるものは軽食や生ビールといった嗜好品であり，これらを提供する施設は住民の日常生活のため最低限必要とはいえない。
(3)　よって，飲食コーナー及び厨房は「公衆浴場」とはいえず，本件確認は違法となる。

以　上

●　再現答案①のように，「公衆浴場」に当たるか否かがなぜ問題となるのかについて，具体的に言及することができれば，問題の所在をより明確に示すことができた。

●　出題趣旨によれば，本件スーパー銭湯の「公衆浴場」該当性について，①「条文の文言解釈」，②「公衆浴場が第一種低層住居専用地域に建築できる建築物とされた趣旨」，③「『一般公衆浴場』とスーパー銭湯との異同」を踏まえた検討が求められていたところ，本答案は，②については適切に触れられ，③についてもおおむね適切に触れられているが，①については検討されていない。

●　出題趣旨によれば，飲食店部分の「公衆浴場」該当性については，①「第一種低層住宅専用地域に建築できる飲食店は兼用住宅に限られ，かつ，面積の制限があること」などに照らして，②「本件スーパー銭湯の飲食コーナー及び厨房施設の規模等を踏まえて」検討することが求められていた。

●　本件スーパー銭湯と飲食店部分を分けた上で，それぞれの「公衆浴場」の該当性を検討している点では，出題趣旨に合致する。

平成28年・司法

再現答案③　B評価　888～950位（116.37点，M・Sさん　論文順位317位）

第１　設問１

１　Ｘ１らＸ２らは，本件例外許可の相手方以外のものであるところ，原告適格は認められるか。原告適格については行訴法９条１項「法律上の利益を有する者」に認められ，「法律上の利益を有する者」とは，当該処分により自己の権利若しくは法律上保護された利益を侵害され又は必然的に侵害されるおそれのあるものをいう。

そして，法律上保護された利益とは，当該処分を定めた行政法規が不特定多数の具体的利益を専ら一般的公益の中に吸収解消するにとどめず，それが帰属する個々人の個別的利益としてもこれを保護すべきものとする趣旨を含むと解される場合には行訴法９条２項の要素を考慮勘案して，原告適格を決する。

２　Ｘ１らの原告適格

Ｘ１らは，騒音，居住環境の悪化，交通事故が多発するおそれがあるという不利益を受けているところ，まず本件例外許可の根拠法令がかかる利益を保護しているか。

本件例外許可の根拠たる建築基準法４８条によれば，「第一種低層住宅専用地域」において一定の場合に建築を禁止しており，関係法令たる都市計画法９条によれば，「良好な住居の環境を保護する」ための地域であることが明記されている。また，利害関係人に必要的公聴会を設置しており（建築基準法４８条１４項），本件でＸ１らはこれに参加していることから利害関係人に当たるものと思われる。さらに，要綱は建築基準法４８条の例外許可に関する裁量基準の性質を持つから，関係法令に当たる。したがって，かかる要綱についても参照すると，自動車車庫に関する騒音，排気ガスの規制がされており，これらからすれば，Ｘ１の受けている不利益を一般的に保護していると考えられる。

また，Ｘ１らのうける不利益の性質は，交通事故の多発という身体への侵害，住居環境など一度害されれば回復困難なものであり，騒音に関しても，反復継続的になされれば，著しく身体への生理的機能を害するおそれが高い。さらに本件自動車車庫の構造からすれば，騒音，ライトグレア排気ガスを防ぐ構造が全くなく，その営業時間が午後１２時までと長時間，年中にわたり継続的に不利益を受けることが明白である。車庫から６メートルという極めて近距離に居住していることからしても，その不利益の程度は強度であり，一般的公益の中に解消するにとどめない性質のものである。

よって，Ｘ１らの利益は個々人の個別的利益として保護されているものであり，原告適格がある。

３　Ｘ２らの原告適格

Ｘ２らについても，騒音，排気ガスによる居住環境悪化，交通事故多発の危険を主張しており，本件根拠法令はこれを一般的に保護するものと考えられる。

もっとも，以下の点からＸ２の利益に関しては一般的公益の中に吸収解消され，原告適格を有さない。すなわち，Ｘ２らは本件車庫から４５メートル離れている点でＸ１らの現実的な危険と比較すると，不利益の程度が軽微である。本件車庫による騒音等の被害は車庫の性質上強度であったものの，Ｘ２らに関しては，本件車庫による強度の危

●「法律上の利益を有する者」についての定義は正確である。

● 出題趣旨によれば，処分の名宛人以外の第三者の原告適格を論じるに当たっては，①処分の根拠法規が，②原告の主張する被侵害利益を，③個別的利益として保護する趣旨を含むか，④どの範囲の者が原告適格を有するかについて論じる必要があるところ，本答案が②原告の主張する被侵害利益を示している点は適切である。もっとも，①処分の根拠法規は正しく摘示する必要がある（法48条１項ただし書が正しい）。

また，上記③・④を論じるに当たっては，(a)根拠法規の処分要件及び趣旨・目的に着目し，(b)関係法令の趣旨・目的を参酌し，(c)被侵害利益の内容・性質を勘案して論じることが必要である。

本答案は，(a)法48条１項本文の内容について指摘しているものの，例外許可の処分要件を定めた法48条１項ただし書について指摘していない。また，(b)関係法令である都市計画法の趣旨・目的を参酌しているが，どういう点で関係法令といえるのかについても論述していない。さらに，(c)被侵害利益の侵害の程度が「強度」か否かという点に着目した具体的な検討はできているが，Ｘ２らについては出題趣旨で，「本件要綱において，一定の範囲の者に公聴会に参加する機会が付与されていることとの関係についても検討することが期待され」ており，この点の検討ができていない。

険はなく，単に幹線道路沿いという性質から他の道路に比して多少交通量が増える程度である。そうだとすれば，いまだ一般的公益として根拠法令が規定したにすぎず，個々人の個別的法益としては保護してない。

よって，X２には原告適格がない。

第２　設問２

１　手続的瑕疵：除斥事由のあるＢが議決に加わっていること

⑴　除斥事由が定められた趣旨

そもそも，建築基準法８２条の除斥事由が定められた趣旨は，議事に利害関係のあるものが参加することによって不当な審議がなされるのを防止し，もって審議の公正を図る点にある。

⑵　手続的瑕疵の有無

本件では，除斥事由を有するＢが参加しているものの，Ｂを除いてもなお過半数を超えるとして有効な議決と扱えるか。８２条「議事に加わることができない」の意義が問題となる。

前述の８２条の趣旨からすれば，除斥事由を有する者が審議の場にいることによって他のものに影響を及ぼす発言をなし，議事をゆがめる可能性は十分に存在し，議事に参加させる自体が，８２条の趣旨を没却するおそれが高い。そうだとすれば，「議事に加わることができない」とは，審議の場に存在することも許容しないと解する。

よって，Ｂが参加している時点で８２条の法令違反が存在し，手続的瑕疵が存在する。

●　「：」を用いた論述は一般的でない上に，文章として不適切であるから，避けるのが望ましい。

●　建築審査会の同意に係る議決の手続上の瑕疵を問題とするに当たって，除斥事由が定められた趣旨を踏まえた検討ができている点は，出題趣旨に合致する。

●　出題趣旨によると，「除斥事由がある者１名の票を除外しても建築審査会の議決の結論が変わらない場合においても，……違法といえるかについて論じる必要がある」とされているところ，本答案は，その問題点を示した上で検討できており，出題趣旨に合致する。

⑶　違法事由となるか

手続的瑕疵が違法事由になるかについて，正しい手続によってのみ正しい決定が生み出されるため，重大な手続的瑕疵が存在すれば，それのみをもって違法事由となる。

本件では審議の公正という審議の存在の根幹に関する除斥事由について手続的瑕疵があり，重大な手続的違反が存在する。よって，違法事由となる。

２　実体的瑕疵：裁量権の逸脱濫用

⑴　本件要綱の法的性質

４８条ただし書きの例外許可については，『良好な住居の閑居を害するおそれがない』と認めた場合又は「公益上やむを得ない」場合にのみなすことができるが，この判断にはその地域に精通した特定行政庁による個別具体的，専門的判断が要求される。そうであるとすると，かかる判断には裁量が存在する。

一方で，本件要綱においては，本件例外許可について許可基準など詳細な事項が規定されている。本件要綱は行政規則の性質を持つものであり，特定行政庁の裁量的判断の指針となる裁量基準である。そして，いったん裁量基準が定められれば，平等原則，信頼保護の原則から原則として裁量基準に従った判断が求められるものの，裁量を付与した趣旨を没却しない範囲で個別審査義務が存在する。

⑵　違法事由となるか

本件では，以下の点から裁量権の逸脱があり，違法事由が存在

●　手続上の瑕疵が処分の取消事由となるかどうかについて，規範を示して検討できており，適切な論述である。なお，当てはめでは，建築審査会制度の趣旨を踏まえた上で，重大な手続違反を認定できると，なお良かった。

●　出題趣旨によると，本件要綱の法的性質について，①例外許可は裁量処分であり，②本件要綱は裁量基準（行政手続法上の審査基準）に当たることを示す必要があるところ，本答案は，①②ともに示すことができている。

もっとも，①例外許可が裁量処分であることを論じるに当たっては，本答案のように処分の性質のみならず，法の文言が抽象的であることについても言及しておくとより説得的であった。

また，再現答案①のように，本件要綱の合理性についても検討しておくと，より精緻な論理展開となり，説得力が増す。

する。すなわち，本件自動車車庫が本件スーパー銭湯に付属するものとすれば床面積の合計が基準を超えること，および1層2段式の自動車車庫が2階建てに該当する点で要綱に違反している。騒音やライトフレア，および排気ガス等の被害が発生し，これに対する適切な措置がなされていない点でも要綱に違反する。よって，違法事由がある。

さらに，仮に許可基準を満たすとしても，本件において本件自動車車庫が極めて周辺住民の居住環境を悪化させること，その構造上，被害の程度が高度である等の個別の事情を考慮すれば，許可すべきことが裁量権の逸脱・濫用に該当するため違法事由がある。

第3　設問3

1　そもそも，先行処分が出訴期間をさだめ，早期紛争解決を図った趣旨からすれば，先行処分の瑕疵については先行処分の訴訟において争うことが原則である。もっとも，先行処分と後行処分が同一の目的を有し，先行処分を争う機会が実質的に保障されていない場合には例外的に違法性の承継が認められ，本件でも違法性の承継が認められるかが問題となる。

2　本件訴訟1と本件訴訟2は，その判断を異なる機関がそれぞれの権限に基づき行っており，許可にあたっての利害関係人への意見聴取や建築審査会による同意を前提としているため，別個の処分である。もっとも，本件例外許可を前提に本件スーパー銭湯の建設が予定されていることからすれば，本件例外許可が本件確認の前提行為ないし準備行為にあたり，先行処分と後行処分とが連続した一連の手続をなして，ひとつの効果を実現すべく存在しているものである。そうだとすれば，先行処分と後行処分が同一の目的を有しているといえる。また，例外許可について申請者以外の者に通知する仕組みはとられていないのであるから，先行処分を争う機会が実質的に保障されていなかったともいえる。

3　よって，違法性の承継が認められ，本件訴訟2の中で主張可能である。

第4　設問4

1　違法事由として，本件スーパー銭湯が，建築基準法別表第二（い）第7号の，第一種低層住居専用地域内に建築することができる建築物としての「公衆浴場」に該当しないことを主張する。

2　そもそも，「公衆浴場」とは地域住民の日常生活において保健衛生上必要な施設である「一般公衆浴場」のみを指すものである。また，都市部における浴場建設の必要は低くなっている上，単独では第一種低層住居専用地域内に建設できない飲食施設等を完備しており，大規模な駐車場の建設によって，周辺地域のみならずより広範囲な集客を想定しているため，本来的な公衆浴場の目的を逸脱した遊興娯楽施設である。風営法の対象施設に該当しないとしても，そのことから直ちに本件スーパー銭湯が「公衆浴場」であるとはいえず，法の趣旨目的を逸脱した施設であるため，「公衆浴場」には当たらない。

以　上

●　「2階建てに該当する点で要綱に違反」するとの指摘や，騒音等に対する適切な措置がなされていないとの指摘は適切であるが，要綱のどの基準に反するのかを具体的に示すべきである。

●　出題趣旨によれば，違法性の承継が原則として否定されるのは，①取消訴訟の排他的管轄と②出訴期間制限の趣旨によるところ，本答案は，②については言及できているが，①については言及できていない。

●　違法性の承継が認められるかどうかについて検討されているが，再現答案①のように，建築基準法の仕組みについて具体的な条文の摘示がなされているわけでもなく，また，Xらが処分の存在を知っていたことについては言及もなされておらず，全体的に検討が不十分である。

●　〔設問4〕においては，①本件スーパー銭湯と，②飲食店部分の両方について，建築基準法別表第二（い）項第7号の「公衆浴場」に該当するかの検討をすることが求められていた。本答案は，②について論じられていない。

●　出題趣旨によると，本件スーパー銭湯が「公衆浴場」に該当するかについて論じるに当たっては，(a)条文の文言解釈，(b)公衆浴場が第一種低層住居専用地域に建築できる建築物とされた趣旨，(c)「一般公衆浴場」とスーパー銭湯との異同を踏まえて検討することが求められていた。本答案は，(a)については言及できておらず，(b)については，「『公衆浴場』とは地域住民の日常生活において保健衛生上必要な施設である『一般公衆浴場』のみを指す」と指摘するのみで，具体的な検討がなされていない。また，(c)については，会議録で言及されている入浴料金の異同についての指摘がない。

再現答案④　C評価　1471～1542位（108.74点，K・Yさん　論文順位656位）

第１　設問１
１　Ｘ１らとＸ２らに原告適格は認められるか，「法律上の利益を有する者」（行政事件訴訟法（以下略）９条１項）の解釈が問題となる。
(1)　まず，「法律上の利益を有する者」とは，自己の権利若しくは法律上保護された利益を侵害され，又は必然的に侵害されるおそれのある者をいう。法律上保護された利益か否かは，当該処分の根拠法規が，不特定多数者の具体的利益を専ら一般的公益の中に吸収解消させるにとどめず，それが帰属する個々人の個別的利益としてもこれを保護すべきものとする趣旨を含むか否かにより決する。その際には，９条２項の事項を考慮する。
(2)　第一種低層住居専用地域内においては，公衆浴場は原則として建築できず（法４８条１項本文），本件例外許可により，例外的に，建築が可能となるという仕組みとなっている。また，法は国民の生命，健康及び財産の保護を図ることを目的としており（法１条），関係法令たる都市計画法においては，第一種低層住居専用地域内に居住する者の生活環境に配慮した規定がある（都市計画法８条１号，９条１項）。このような仕組みや規定は，例外許可に係る建築物の周辺住民の利益を保護する趣旨の表れといえる。そして，例外許可の際には，「利害関係を有する者」に向けた公開による意見の聴取を行わなければならず，本件では，現実に周辺住民たるＸらが参加しているので，利害関係人には周辺住民が含まれるとの運用がなされていると考えられる。
　このように，根拠規定及び関係法令の趣旨目的を考慮すると，法４８条１項ただし書は，例外許可に係る建物の周辺に居住する者の生活環境や身体の安全を保護する趣旨といえる。
　また，法に違反した公衆浴場や車庫が建築された場合には，騒音，ライトグレア，排気ガス，交通事故により，周辺住民の生命・健康，良好な生活環境が害されるおそれがある。
　したがって，被侵害利益を考慮すると，法４８条１項ただし書は，違法建築物が建てられることにより，上記騒音などによって，直接生命・健康や良好な生活環境を侵害される者の利益を個別的利益として保護する趣旨といえる。
２　それではＸ１ら及びＸ２らは上記個別的利益を有するか。
(1)　Ｘ１らは，本件自動車車庫に隣接して居住する者であるところ，本件スーパー銭湯が年中無休で深夜まで営業しており，来場する自動車が多いことから，夜間の騒音により生活環境が直接害されるおそれがあり，また排気ガスによる健康被害や，交通事故により生命が害される危険もある。
　したがって，Ｘ１らは「法律上の利益を有する者」といえ，原告適格が認められる。
(2)　Ｘ２らは，本件自動車車庫から若干離れたところに居住する者であるが，本件自動車車庫から幹線道路に通ずる道路沿いに居住していることから，本件銭湯に行き来する車の通行による騒音，排気ガス等による生活環境の悪化や健康被害，また，交通事故による生命侵害を直接被るおそれがある。
　したがって，Ｘ２らは「法律上の利益を有する者」といえ，原

●　行訴法９条２項は，「処分又は裁決の相手方以外の者」についての規定であるため，「行政処分の名宛人以外の第三者の原告適格」が問題となっていることを明示すべきである。

●　都市計画法を「関係法令」（行訴９Ⅱ）としてその趣旨及び目的を考慮する場合，都市計画法が「当該法令と目的を共通にする」（同Ⅱ）ことを論述する必要がある。本答案は，都市計画法が「関係法令」であることを当然の前提としており，論述としての丁寧さに欠ける。

●　全体的に，やや抽象的な事実摘示となっている。Ｘ１・Ｘ２の原告適格に関しては，再現答案①が具体的に論述できており，参考になる。

●　出題趣旨によれば，「Ｘ２らについては，本件要綱において，一定の範囲の者に公聴会に参加する機会が付与されていることとの関係についても検討すること」を求めているが，本答案はこの点について検討できていない。

告適格が認められる。
第２　設問２
１　まず，Ｘらとしては，除斥事由のあるＢが建築審査会の同意に係る議決に加わっていることから，手続上の瑕疵があるという主張が考えられる。
本件においては，Ｂが議決に加わっているので，法８２条違反があり，手続上の瑕疵が認められるが，Ｂを除外してもなお議決の成立に必要な過半数の委員の賛成があることから，例外許可の判断に影響はなく，許可の違法事由にはならないとも思え，問題となる。
そもそも，法８２条は，除斥事由を設け，申請者自身やその親族を議決から排除することにより，建築審査会の同意（法４８条１４項）の公正さを担保する趣旨の規定である。
このような趣旨に鑑みると，申請者と利害関係のある親族を議決から排除すること自体が，外観上の公正さを担保するために重要といえる。また，本件ではＢを除いてもなお過半数の賛成があるとするが，Ｂが審議に加わることで，他の委員の判断に影響を及ぼしていることも考えられるので，手続上の瑕疵といえども，例外許可の違法性に影響するものと解すべきである。
したがって，本件では法８２条違反が認められ，法４８条１４項及び同条１項ただし書に基づく例外許可は違法である。
２　次に，Ｘらとしては，Ｙ１市長による本件例外許可については，裁量権の範囲の逸脱，濫用（３０条）があったという主張が考えられる。

● 本答案は，手続上の瑕疵と処分の違法事由との関係について論じることができているが，手続上の瑕疵が認められる理由については，単に「法82条違反」があるとするのみであり，「除斥事由が定められた趣旨」を踏まえた検討まではなされておらず，出題趣旨に十分に合致するとはいえない（再現答案①参照）。
● 出題趣旨によれば，「建築審査会制度の趣旨」を踏まえた論述が求められていた（再現答案①参照）。

⑴　まず，裁量の有無が問題となる。
例外許可は，「良好な住居の環境を害するおそれがないと認め，又は公益上やむを得ないと認め」られる場合に行われるものである。法がこのような抽象的な文言を用いているのは，例外許可が専門技術的な判断を要することから，特定行政庁に裁量を認める趣旨であると解される。
ゆえに，例外許可の要件該当性の判断につき，Ｙ１市長に裁量が認められる。
⑵　そして，例外許可は申請に対する裁量処分であるところ，本件要綱の法的性質は裁量基準（審査基準，行手法２条８号ロ）と解される。このような裁量基準の内容が合理的である場合，基準に従った処分は原則として適法である。ただし，個別事情を考慮せず，基準を機械的に適用した結果，判断過程が不合理であるとして，違法となる場合がある。
まず，本件自動車車庫は，車庫の屋上部分の外周に転落防止用の金属製の網状フェンスが設置されているのみで壁はないため，自動車の騒音，ライトグレア及び排気ガスを防ぐ構造となっていないので，要綱の許可基準第２．１（４）イロハの条件に適合せず，審査基準の違反がある。もっとも，審査基準に法規範性はないから審査基準に適合しなくとも，例外許可が直ちに違法となるわけではなく，個別事情を考慮し，なお許可することが合理的といえるならば，適法となると考える。
しかし，本件においては，個別事情を考慮しても，他に周辺住

● 本件例外許可の裁量の有無を判断する場合，法律の文言と処分の性質の双方を考慮すべきである。この点，本答案は，法律の文言を検討しているが，処分の性質については，具体的に検討できていない。
● 「裁量基準の内容が合理的である場合，基準に従った処分は原則として適法である」とした以上，本件要綱の内容が裁量基準として合理的かについて言及すべきであるが，本答案ではこの点について言及していない。

民の生活環境等に配慮した措置がなされているわけではないので，本件要綱の基準に従わずに許可すべき特別の事情はない。

したがって，判断過程が不合理であって社会観念上妥当性を欠くので，裁量を逸脱濫用しているといえる。

よって，本件例外許可は違法である。

第３　設問３

１　本件例外許可と本件確認とは先行処分と後行処分の関係にあるところ，本件確認に係る訴訟２の中で，本件例外許可の違法を主張することはできるか。いわゆる違法性の承継が問題となる。

そもそも，処分についての取消訴訟の提訴期間を制限し，法的安定性を図るという出訴期間（１４条１項）の趣旨から，先行処分の違法性は当該処分の取消訴訟において争うべきであるといえる。ゆえに，原則として，先行処分の違法を後行処分において主張することは許されないと解される。

もっとも，国民の実効的な権利救済の観点から，例外的に違法性の承継を認めるべき場合がある。まず，実体法的観点から，①先行処分と後行処分の目的が同一であり，両者が同一の法的効果を目指すものといえ，密接に関連すること，また手続保障の観点から，②先行行為の違法性を争うための手続保障の機会が十分でなかったこと，という要件を充足した場合には，違法性の承継を認めるべきである。

２　本件例外許可と本件確認とは，銭湯や車庫といった建築物の建築のための処分であるので目的の共通性が認められ，また，両処分がなされることにより，当該建築物を適法に建築しうる地位を申請者に与えるという点で，同一の法的効果を目指すものといえる（①）。そして，本件例外許可の取消訴訟（第１訴訟）が提起されていることから，当該訴訟で例外許可の違法性を主張すれば十分とも思われるが，第１訴訟の提起の時点で出訴期間は経過しており，「正当な理由」（１４条１項ただし書）が認められない限り，第１訴訟は却下されるおそれがある。しかも，出訴期間の経過は，Ｙ１市職員の不注意に起因するものであるから，手続保障が十分でなく，Ｘらを保護すべき必要性が高い（②）。

したがって，本件では違法性の承継を肯定すべきである。

よって，Ｘらは，訴訟２の中で，本件例外許可の違法を主張することができる。

第４　設問４

そもそも，建築基準法別表第二（い）項第７号の「公衆浴場」が第一種低層住居専用地域内に建築することができる建築物とされた趣旨は，制定当時は，国民の健康，公衆衛生の確保のために公衆浴場が不可欠であったことにある。

このような趣旨から，公衆浴場法及び建築基準法における「公衆浴場」とは保健衛生上必要な施設であり，物価統制の対象となるものをいうものと解される。

本件スーパー銭湯は，物価統制令の対象外であって，しかも飲食コーナー及び厨房があることから，娯楽施設としての性質が強いので，上記「公衆浴場」には当たらず，建築は許されない。

したがって，本件確認は違法である。　以　上

● 「社会観念上妥当性を欠く」という結論部分に対応する規範が述べられておらず，答案の論理展開として適切とはいえない。

● 違法性の承継が原則として否定される理由のうち，「取消訴訟の排他的管轄」について言及できていない。

● 出題趣旨で述べられている違法性の承継の可否を判断する枠組み（「実体法的観点（先行処分と後行処分とが結合して一つの目的・効果の実現を目指しているか），手続法的観点（先行処分を争うための手続的保障が十分か）という観点」）が適切に提示できている。

● 本答案の「第１訴訟の提起の時点で出訴期間は経過しており，……第１訴訟は却下されるおそれがある」との論述は，違法性の承継が問題となる当然の前提を説明したものにすぎず，問いに答えられていない。手続法的観点では，例外許可について申請者以外の者に通知することは予定されていないこと，Ｘらは処分の存在を知っていたこと等の本件の具体的事情や法の仕組みを摘示・評価して検討することが求められていた。

● 出題趣旨は，①本件スーパー銭湯と，②飲食店部分の両方について，建築基準法別表第二（い）項第７号の「公衆浴場」に該当するかを検討することが求められていたところ，本答案は，②について論じることができていない。

平成29年

問題文

［公法系科目］

〔第２問〕（配点：１００〔〔設問１〕(1)，〔設問１〕(2)，〔設問２〕(1)，〔設問２〕(2)の配点割合は，３５：２０：２０：２５〕）

Ｙ市に所在し，社会福祉法人Ａが運営する保育園（以下「本件保育園」という。）の敷地（南北約２００メートル，東西約１００メートルのほぼ長方形）は，その西側境界線の全部が，幅員約１メートル，全長約２００メートルの南北方向に通る市道（以下「本件市道」という。）に接している。本件市道は，その北端及び南端（それぞれ本件保育園の敷地の北西端及び南西端に接する部分）で，それぞれ東西方向に通る別の公道に接続している。本件市道は，古くからその敷地をＹ市が所有し，市道として道路法第８条第１項に基づく路線の認定を受けた道路（以下「認定道路」という。）であるが，幅員が狭いため，歩行者，自転車及び原動機付自転車の通行は可能であるものの，普通乗用自動車の通行はできない。

本件市道を挟んで本件保育園の敷地と向かい合う位置には，Ａが所有する畑（以下「本件畑」という。）があるほか，数戸の住宅が立ち並んでいる。これらの本件畑及び住宅の敷地は，いずれも，その東側で本件市道に接し，その西側で，南北方向に通る幅員５メートルの別の認定道路である市道（Ｂ通り）に接している。

本件保育園においては，保育活動の一環として，本件畑が園児の農業体験等に頻繁に利用されており，本件市道も，農業体験等の際に園児が自由に横断するなど，本件保育園の敷地及び本件畑と事実上一体的に利用されていた。そのため，本件市道を通行する原動機付自転車が園児と接触しかける事件が年数回発生しており，保護者らもＡに対し園児の安全確保を申し入れることがしばしばあった。このような状況の下で，園児が本件市道を通行する原動機付自転車に接触して負傷する事故が実際に発生したことから，Ａは，園児の安全を確保するための緊急措置として，本件市道の北端と南端に簡易フェンス（以下「本件フェンス」という。）を設置し，一般通行者が本件市道に立ち入ることができないようにした。同時にＡは，抜本的解決のためには本件市道を買い取るしかないと考え，本件市道を管理するＹ市との間で，本件市道の路線の廃止及び売渡しについて事前相談を開始した。

Ｙ市長は，Ａからの相談の内容を踏まえ，(ア)本件保育園の関係者以外の者による本件市道の利用は乏しいと思われること，(イ)現に本件市道上で園児と原動機付自転車との接触事故が発生しており，現場の状況等からすると同種事故が発生しかねないこと，(ウ)Ａが本件市道の路線の廃止及び売渡しを希望しており，いずれ路線の廃止が見込まれることから，本件フェンスの設置は道路法第４３条第２号に違反しないと判断し，Ａに対してその撤去を求めるなどの道路法に基づく監督処分の措置を執らなかった。

また，Ｙ市長は，職員に命じて，本件フェンスにより本件市道が閉鎖された状況の下において本件市道の調査を行わせ，上記職員から，①本件市道の幅員は約１メートルしかなく，普通乗用自動車が通行できないこと，②本件保育園の関係者以外の者による本件市道の利用は乏しいと思われること，③本件市道の近くには認定道路であるＢ通りがあること等から，道路法第１０条第１項に基づき本件市道の路線を全部廃止しても支障がないと考えられる旨の報告書の提出を受けた。なお，上記調査のうち聞き取り調査は，Ａに対してのみ行われた。Ｙ市長は，上記報告書を踏まえ，本件市道は一般交通の用に供する必要性がなくなったと判断し，Ａに対し，本件市道に隣接する全ての土地（本件市道の西側に立ち並んでいる前記の数戸の住宅の敷地）の所有者から本件市道の路線の廃止に関する同意を得た上で売渡しに向けた手続を進めるよう回答した。

Ａは，Ｙ市長からの回答を受けて，上記隣接土地所有者と交渉を進め，そのほとんどの者から本件市道の路線の廃止に関する同意を得たが，本件畑の南側に隣接する土地（以下「本件土地」という。）を所有するＸ１だけは強く反対し，同意を得ることができなかった。

Ｘ１及びその子Ｘ２（以下，併せて「Ｘら」という。）は，本件土地上の住宅に居住し，Ｘ２は，Ｃ小学校への通学路として本件市道を利用してきた。Ｃ小学校まではＢ通りを通っても行くことができるが，周辺の道路状況から，本件市道を通る方が，Ｃ小学校までの距離は約４００メートル短い。また，普通乗用自動車が通行できず交通量が少ない点で，Ｂ通りよりも本件市道の方がＸ２にとって安全であるとＸ１は考えている。さらに，Ｃ小学校は，災害時の避難場所として指定されており，Ｘらとしては，災害時にＣ小学校に行くための緊急避難路として，本件市道を利用する予定であった。

Ｙ市のウェブサイトには，市道の路線を廃止するためには当該市道に隣接する全ての土地の所有者から同意を得る必要がある旨の記載がある。しかし，Ｘ１がＹ市に問い合わせたところ，隣接する全ての土地の所有者から同意を得ることは法律上の要件ではなく，Ｘ１の同意が得られなくても本件市道の路線の廃止は認められる旨の回答があった。

ＸらはＹ市に対して訴訟を提起しようと考え，知り合いの弁護士Ｄに相談した。

以下に示された**【法律事務所の会議録】**を読んだ上で，弁護士Ｄの指示に応じる弁護士Ｅの立場に立って，設問に答えなさい。

なお，道路法の抜粋を**【資料１　関係法令】**に，関連判例の抜粋を**【資料２　参考判例】**に掲げてあるので，適宜参照しなさい。

〔設問１〕

Ｘらは，現時点において，Ｙ市を被告として，本件フェンスを撤去させるための抗告訴訟を提起したいと考えている。

⑴　抗告訴訟として最も適切と考えられる訴えを具体的に一つ挙げ，その訴えが訴訟要件を満たすか否かについて検討しなさい。なお，仮の救済については検討する必要はない。

⑵　⑴の訴えの本案において，Ｘらはどのような主張をすべきか。解答に当たっては，当該訴えが訴訟要件を満たすことを前提にしなさい。

〔設問２〕

仮に，Ｙ市長が，道路法第１０条第１項に基づき，本件市道の路線を廃止したとする。

⑴　本件市道の路線の廃止は，取消訴訟の対象となる処分に当たるか。

⑵　本件市道の路線の廃止の取消訴訟において，Ｘらはどのような違法事由の主張をすべきか。解答に当たっては，当該取消訴訟が訴訟要件を満たすことを前提にしなさい。

【法律事務所の会議録】

弁護士Ｄ：本日は，Ｘらの案件について議論したいと思います。Ｘらは，本件市道をＸ２のＣ小学校までの通学路として利用していること，また，災害時の緊急避難路として利用したいと考えていることから，本件フェンスによって本件市道を通行できなくなっている状態を解消するための行政訴訟の提起を検討しています。そこで，まず，本件市道の路線がまだ廃止されていない現時点の状態において，Ｙ市を被告として，本件フェンスを撤去させるための抗告訴訟を提起することができないかを検討したいと思います。今回は抗告訴訟に絞って検討し，当事者訴訟や住民訴訟については検討しないことにしましょう。

弁護士Ｅ：通行妨害を排除するためには，本件フェンスの設置者であるＡに対する民事訴訟の提起も考えられますね。この点については，村道を利用して生活及び農業を営んでいると主張する原告が，その村道上に建物を建築するなどして排他的に占有しているとされる被告に対し，通行妨害の排除を求めた事案についての最高裁判所の判例（**【資料２　参考判例】**参照）があるようです。

弁護士Ｄ：そうですね。本件でそのような民事訴訟をＡに対して提起して勝訴できるかどうかは分かりませんが，当該民事訴訟の可能性が，Ｙ市を被告とする抗告訴訟の訴訟要件の充足の有無に影響を及ぼすかという点は，落とさずに検討してください。また，訴訟要件の検討に当たっては，選択した訴訟類型を定める条文の規定に即して，全般的に検討をしてください。

弁護士Ｅ：分かりました。

弁護士Ｄ：Ｙ市長は，本件フェンスの設置は道路法第４３条第２号に違反していないと判断し，道路法に基づく監督処分の措置を執らないこととしています。我々としては，道路法の規定に即して，Ｙ市長のこのような判断に誤りがないかどうかを検討し，仮に誤りがある場合には，さらに，本件フェンスに関する監督処分の措置を執らないことが違法といえるかどうかを検討しなければなりませんね。

弁護士Ｅ：分かりました。次に，Ｙ市は道路法第１０条第１項に基づき本件市道の路線を廃止してＡに売り渡すことを検討していますから，路線が廃止された場合の対応についても検討しておかなければならないと思います。

弁護士Ｄ：なるほど。本件市道の路線の廃止前にそれを阻止するための訴訟を提起することも考えられますが，今回は，路線が廃止された場合を前提として，それに対して取消訴訟を適法に提起できるかに絞って検討しましょう。

弁護士Ｅ：本件市道の路線の廃止が取消訴訟の対象となる処分に当たるか否かが問題となりますね。

弁護士Ｄ：そうですね。この問題を検討するに当たっては，市町村道の路線の廃止が道路敷地の所有者及び通行者の法的地位にどのような影響を及ぼすかを検討して，それが処分に当たるか否かを明らかにする必要があります。市町村道は，路線の認定，そして道路の区域の決定とい

平成29年・司法

う過程を経た上で供用が開始されます。また，Ｙ市が検討している路線の廃止は，道路自体の消滅を意味するものであって，これにより，当該路線について定められていた道路の区域や，当該道路についてされていた供用行為も自動的に消滅することとなると理解されています。ですから，本件市道の路線の廃止に係る処分性の有無を検討するためには，道路の区域の決定及び供用の開始が，道路敷地の所有者及び通行者の法的地位に対してどのような影響を及ぼすかについても検討する必要がありそうです。

弁護士Ｅ：道路敷地の所有者とおっしゃいましたが，本件市道の敷地の所有権は，古くから，私人ではなくＹ市にあります。道路の区域の決定及び供用開始や路線の廃止がＹ市の法的地位に与える影響を検討する必要があるのでしょうか。

弁護士Ｄ：そうですね。そのような疑問も生じ得るでしょうが，道路法は，私人が所有する敷地が道路の区域とされる場合があり得ることを前提とした規定を置いていますので，処分性の検討に当たっては，そのような規定も踏まえ，道路の区域の決定及び供用開始や路線の廃止が道路敷地の所有者の法的地位に及ぼす影響を検討する必要があります。また，それに加えて，これらの行政上の行為が道路の通行者の法的地位にどのような影響を及ぼすかも検討しておくべきでしょう。なお，Ｘらの原告適格については，これまで検討をお願いした点とかなりの程度重なるように思われますので，本件市道の路線の廃止の取消訴訟との関係では，差し当たり検討しなくて結構ですし，その他の訴訟要件についても，今は検討しないで構いません。

弁護士Ｅ：分かりました。

弁護士Ｄ：次に，訴えの適法性が認められた場合，本件市道の路線の廃止の違法性についてどのような主張をすべきか検討してください。

弁護士Ｅ：そもそもＸ２が通学路に利用していて本件市道の機能が失われていない以上，路線の廃止は許されないのではないかと思うのですが。

弁護士Ｄ：道路法の規定に即してそのような解釈が可能かどうか検討してください。また，我々としては，Ｙ市長が，本件市道の路線の廃止の適法性をどのような理由付けで主張してくるかを想定し，そのようなＹ市長の主張を前提としても本件市道の路線の廃止が違法といえるかについても，検討する必要があります。

弁護士Ｅ：分かりました。

弁護士Ｄ：本件市道を利用していた人は，Ｘらと本件保育園の関係者以外に誰かいますか。

弁護士Ｅ：現に本件市道上で，園児と原動機付自転車の接触事故が起こっていますし，それ以前にも時折原動機付自転車が通行して園児と接触しかけたことがあったようですから，利用されていたことは確かですが，どの程度の頻度で利用されていたのかはよく分かりません。Ｙ市長は，本件フェンスにより本件市道が閉鎖された状況の下においてＹ市の職員がＡに対してのみ行った聞き取り調査に専ら依拠した上で，「本件保育園の関係者以外の者による本件市道の利用は乏しい」としています。しかし，Ｘ１としては，Ｙ市長が十分な調査をしていないのではないかとの不満を持っています。

弁護士Ｄ：ところで，Ｙ市は，市道の路線を廃止するには当該市道に隣接する全ての土地の所有者の同意を必要とする旨の内部基準を設け，その旨をウェブサイトで公表しています。この内部基準の法的性質や，道路法の規定との関係を検討した上で，本件市道の路線の廃止の違法性とこの内部基準がどう関係するかについても検討しなければなりませんね。

弁護士Ｅ：分かりました。

【資料１　関係法令】

○　道路法（昭和２７年６月１０日法律第１８０号）（抜粋）

（この法律の目的）

第１条　この法律は，道路網の整備を図るため，道路に関して，路線の指定及び認定，管理，構造，保全，費用の負担区分等に関する事項を定め，もつて交通の発達に寄与し，公共の福祉を増進することを目的とする。

（用語の定義）

第２条　この法律において「道路」とは，一般交通の用に供する道で次条各号に掲げるものをいい，トンネル，橋，渡船施設，道路用エレベーター等道路と一体となつてその効用を全うする施設又は工作物及び道路の附属物で当該道路に附属して設けられているものを含むものとする。

２～５　（略）

（道路の種類）

第３条　道路の種類は，左に掲げるものとする。

一　高速自動車国道

二　一般国道

三　都道府県道

四　市町村道

（私権の制限）

第４条　道路を構成する敷地，支壁その他の物件については，私権を行使することができない。但し，所有権を移転し，又は抵当権を設定し，若しくは移転することを妨げない。

（市町村道の意義及びその路線の認定）

第８条　第３条第４号の市町村道とは，市町村の区域内に存する道路で，市町村長がその路線を認定したものをいう。

２～５　（略）

（路線の認定の公示）

第９条　（前略）市町村長は,（中略）前条の規定により路線を認定した場合においては，その路線名，起点，終点，重要な経過地その他必要な事項を，国土交通省令で定めるところにより，公示しなければならない。

（路線の廃止又は変更）

第１０条　（前略）市町村長は，（中略）市町村道について，一般交通の用に供する必要がなくなつたと認める場合においては，当該路線の全部又は一部を廃止することができる。（以下略）

２　（略）

３　（前略）前条の規定は前２項の規定による市町村道の路線の廃止又は変更について（中略）準用する。

（市町村道の管理）

第１６条　市町村道の管理は，その路線の存する市町村が行う。

２～５　（略）

（道路の区域の決定及び供用の開始等）

第１８条　（前略）第１６条（中略）の規定によつて道路を管理する者（（中略）以下「道路管理者」という。）は，路線が指定され，又は路線の認定若しくは変更が公示された場合においては，遅滞なく，道路の区域を決定して，国土交通省令で定めるところにより，これを公示し，かつ，これを表示した図面を（中略）道路管理者の事務所（中略）において一般の縦覧に供しなければならない。（以下略）

２　道路管理者は，道路の供用を開始し，又は廃止しようとする場合においては，国土交通省令で定めるところにより，その旨を公示し，かつ，これを表示した図面を道路管理者の事務所において一般の縦覧に供しなければならない。（以下略）

（道路に関する禁止行為）

第４３条　何人も道路に関し，左に掲げる行為をしてはならない。

一　（略）

二　みだりに道路に土石，竹木等の物件をたい積し，その他道路の構造又は交通に支障を及ぼす虞のある行為をすること。

（道路管理者等の監督処分）

第７１条　道路管理者は，次の各号のいずれかに該当する者に対して，この法律若しくはこの法律に基づく命令の規定によつて与えた許可，承認若しくは認定を取り消し，その効力を停止し，若しくはその条件を変更し，又は行為若しくは工事の中止，道路（中略）に存する工作物その他の物件の改築，移転，除却若しくは当該工作物その他の物件により生ずべき損害を予防するために必要な施設をすること若しくは道路を原状に回復することを命ずることができる。

一　この法律若しくはこの法律に基づく命令の規定又はこれらの規定に基づく処分に違反している者

二，三　（略）

２～７　（略）

（道路予定区域）

第９１条　第１８条第１項の規定により道路の区域が決定された後道路の供用が開始されるまでの間は，何人も，道路管理者（中略）が当該区域についての土地に関する権原を取得する前においても，道路管理者の許可を受けなければ，当該区域内において土地の形質を変更し，工作物を新築し，改築し，増築し，若しくは大修繕し，又は物件を付加増置してはならない。

２　道路の区域が決定された後道路の供用が開始されるまでの間においても，道路管理者が当該区域についての土地に関する権原を取得した後においては，当該区域又は当該区域内に設置された道路の附属物となるべきもの（以下「道路予定区域」という。）については，第４条，（中略）第４３条，（中略）第７１条（中略）の規定を準用する。

３　第１項の規定による制限により損失を受ける者がある場合においては，道路管理者は，その者に対して通常受けるべき損失を補償しなければならない。

４　（略）

第１０２条　次の各号のいずれかに該当する者は，１年以下の懲役又は５０万円以下の罰金に処する。

一，二　（略）

三　第４３条（中略）の規定に違反した者

四　（略）

第１０４条　次の各号のいずれかに該当する者は，１００万円以下の罰金に処する。

一～三　（略）

四　第７１条第１項（中略）の規定による道路管理者の命令に違反した者

五　（略）

【資料２　参考判例】

○　最高裁判所昭和３９年１月１６日第一小法廷判決（民集１８巻１号１頁）（抜粋）

「地方公共団体の開設している村道に対しては村民各自は他の村民がその道路に対して有する利益ないし自由を侵害しない程度において，自己の生活上必須の行動を自由に行い得べきところの使用の自由権（民法７１０条参照）を有するものと解するを相当とする。勿論，この通行の自由権は公法関係から由来するものであるけれども，各自が日常生活上諸般の権利を行使するについて欠くことのできない要具であるから，これに対しては民法上の保護を与うべきは当然の筋合である。故に一村民がこの権利を妨害されたときは民法上不法行為の問題の生ずるのは当然であり，この妨害が継続するときは，これが排除を求める権利を有することは，また言を俟たないところである。」

MEMO

出題趣旨

【公法系科目】

〔第２問〕

本問は，道路法第８条により市町村道としての認定を受けていた道路（以下「本件市道」という。）に，本件市道に隣接する保育園（以下「本件保育園」という。）を経営する社会福祉法人Ａが簡易フェンス（以下「本件フェンス」という。）を設置し，さらに，本件市道を管理するＹ市が同法第１０条第１項に基づき本件市道の路線を廃止してＡに売り渡すことを検討しているという事案における法的問題について論じさせるものである。論じさせる問題は，本件市道の路線がまだ廃止されていない状態における本件フェンスを撤去させるための抗告訴訟（〔設問１〕）及びＹ市長が本件市道を廃止した場合を想定した取消訴訟（〔設問２〕）である。問題文と資料から基本的な事実関係を把握し，同法の関係規定の趣旨を読み解いた上で，非申請型義務付け訴訟における訴訟要件及び一定の処分がされないことの違法事由並びに取消訴訟における処分性及び本案の違法事由について論じることを求めるものである。

〔設問１⑴〕は非申請型義務付け訴訟の訴訟要件に関する基本的な理解を問うものである。行政事件訴訟法第３条第６項第１号及び第３７条の２の規定に従って，本件フェンスを撤去させるために道路管理者Ｙ市長が道路法第７１条第１項の規定に基づき行うべき処分を「一定の処分」として具体的に特定した上で，当該処分がされないことにより重大な損害を生ずるおそれがあるか，また，その損害を避けるため他に適当な方法がないか，そして原告適格の有無について論じなければならない。

重大な損害を生ずるおそれの検討に当たっては，損害の回復の困難の程度を考慮し，損害の性質及び程度並びに処分の内容及び性質を勘案した上で，本件市道を，Ｘ２が小学校への通学路として利用できないこと及びＸらが災害時の避難路として利用ができないこと（以下「本件被侵害利益」という。）がそれぞれ「重大な損害」に当たるかどうかについて論じることが求められる。

損害を避けるための他に適当な方法の検討に当たっては，参考判例に示されているように「通行の自由権」を主張して民事訴訟によるＡに対する妨害排除請求の可能性があることを指摘し，それが「他に適当な方法」に当たるかどうかを検討することが求められる。

原告適格の検討に当たっては，行政事件訴訟法第３７条の２第４項で準用されている同法第９条第２項の規定に基づき，道路法第７１条第１項及び第４３条第２号の規定の趣旨・目的を踏まえ，本件被侵害利益がこれらの規定によって考慮されているか，また本件被侵害利益の内容・性質及びそれが害される態様・程度を勘案しなければならない。

〔設問１⑵〕は，道路管理者による「一定の処分」がなされないことが違法であるかどうかを論じさせるものである。道路法第７１条第１項第１号は「この法律（中略）に違反している者」に対して監督処分が可能としているため，まず，Ａによる本件フェンスの設置行為が同法第４３条第２号に違反しているかどうかを，道路管理者の要件裁量の有無も含めて検討しなければならない。その上で，Ａの行為が同法第４３条第２号に違反していると評価された場合でも，同法第７１条第１項第１号は，監督処分を行うかどうか，いかなる監督処分を行うかについて道路管理者の効果裁量を認めていることを指摘した上で，一方ではＸらが受ける本件被侵害利益，他方でＹ市側が主張するような諸事情が，裁量権を行使するに当たって考慮すべき事項に当たるか，考慮に当たってどの程度重視されるべきかについて検討することが求められる。

〔設問２⑴〕は，取消訴訟の訴訟要件である処分性に関する理解を問う問題である。Ｙ市長が道路法第１０条第１項に基づき行うことが想定される本件市道の路線の廃止が，行政事件訴訟法第３条第２項に定める「行政庁の処分その他公権力の行使」に当たるかどうかを検討することが求められている。

設問に示されているＤ弁護士の指示に従って道路法の規定を分析して，道路の区域決定・供用開始が敷地所有者及び道路通行者に対してそれぞれどのような法効果を及ぼすかを検討し，道路法第１０条第１項に基づくＹ市長による本件市道の路線の廃止が，それらの法効果を一方的に消滅させるものであることについて論じること，道路通行者については，当該市道を生活上不可欠な道路として利用していた通行者の生活に著しい支障が生ずる場合があることを踏まえた上で論じることが求められる。

〔設問２⑵〕は，Ｙ市長が道路法第１０条第１項に基づき行うことが想定される本件市道の路線の廃止の違法性の有無について論じさせるものである。本件市道の路線の廃止は，同法第１０条第１項「一般交通の用に供する必要がなくなつた」ことを要件にしていることを指摘した上で，まず，現に通行者による利用が存在して道路としての機能が喪失していない以上は同条の要件を満たさないといえるのか，それとも，現に利用が存在しても，通行者による利用の程度の乏しさ，代替的な交通路の存在などに鑑みて一般交通の用に供するに適さない状況があれば「必要がなくなつた」として廃止できるのかを検討し，更に上記の要件該当性の判断について行政庁に裁量権が認められるのかを検討しなければならない。また，同法第１０条第１項が「廃止することができる」という文言を用いていること，廃止するかどうかの判断に当たって考慮される事項などの性質に着目して，要件が充足されている場合において廃止するかどうかの判断についても行政庁に裁量権が認められるのかを検討することが期待される。

その上で，要件裁量又は効果裁量が認められる場合は，裁量権の範囲の逸脱濫用の有無を検討しなければならない。Ｙ市による調査が通行の実態を適切に調査できていないのではないか，Ｘらが主張する本件被侵害利益が適切に考慮されていないのではないかなどの点について検討することが求められる。

また，Ｙ市は道路法第１０条第１項の路線廃止について，隣接土地所有者の同意を必要とする内部基準を定め，これをウェブサイトで公表しているが，本件において，当該内部基準の法的性質及び，本件において隣接土地所有者であるＸ１の同意が得られていないことが，裁量権の範囲の逸脱濫用の有無とどのように関係するかを検討することが求められる。

採点実感

1　出題の趣旨

別途公表している「出題の趣旨」を参照いただきたい。

2　採点方針

採点に当たり重視していることは，例年と同じく，問題文及び会議録中の指示に従って基本的な事実関係や関係法令の趣旨・構造を正確に分析・検討し，問いに対して的確に答えることができているか，基本的な判例や概念等の正確な理解に基づいて，相応の言及をすることのできる応用能力を有しているか，事案を解決するに当たっての論理的な思考過程を，端的に分かりやすく整理・構成し，本件の具体的事情を踏まえた多面的で説得力のある法律論を展開することができているか，という点である。決して知識の量に重点を置くものではない。

3　答案に求められる水準

(1)　〔設問１〕(1)

・　訴訟類型として非申請型義務付け訴訟（行政事件訴訟法第３条第６項第１号，第３７条の２）を選択し，訴訟要件として，①処分の一定性を検討し，②原告適格について，第三者の原告適格の判断枠組みを適切に提示した上で，根拠法令の趣旨・目的，考慮される利益の内容・性質についての一般的な検討及び本件事案に即した検討を行い，③重大な損害について，上記②の考慮される利益の内容・性質と同様の検討を行い，④補充性について，社会福祉法人Ａに対する民事上の妨害排除請求の可能性を指摘して検討している答案は，一応の水準に達しているものと判断した。

・　これに加えて，上記②の根拠法令の趣旨・目的に関し，監督処分（道路法第７１条第１項）の趣旨・目的，及び，違反行為である同法第４３条第２号（道路の構造又は交通に支障を及ぼす虞のある行為をすることの禁止）の趣旨・目的を十分具体的に検討し，上記②の考慮される利益の内容・性質及び上記③の重大な損害に関し，Ｘ２の小学校への通学路（距離の増大，交通量の増加）及びＸらの緊急避難路としての利用について十分具体的に検討し，上記④に関し，社会福祉法人Ａに対する民事上の妨害排除請求の可能性を補充性の要件に関連して十分に論じている答案は，良好な答案と判断した。

・　さらに，上記①に関し，本件フェンスの除却に加えて原状回復まで求めることなどが述べられており，上記②に関し，里道の近くに居住する者が当該里道の用途廃止処分の取消しを求めるにつき原告適格を有しないと判断した最高裁判所昭和６２年１１月２４日判決（集民１５２号２４７頁）に言及して適切に論じている答案は，優秀な答案と判断した。

(2)　〔設問１〕(2)

・　道路法第７１条第１項第１号及び第４３条第２号の規定に即して，要件裁量の有無を検討し，同法第７１条第１項第１号所定の監督処分をするかどうか，いかなる監督処分をするかについて，道路管理者の効果裁量が認められていることを指摘した上で，裁量権行使の合理性の検討を具体的に行っている答案は，一応の水準に達しているものと判断した。

・　これに加えて，上記の各規定の趣旨を具体的に検討して要件裁量及び効果裁量の有無の検討を行い，具体的な裁量権行使の合理性に関し，Ｙ側が主張する，本件保育園の関係者以外の者による本件市道の利用が乏しいことや，Ａが本件市道の路線廃止及び売渡しの相談をしておりいずれ路線廃止が予想されること，Ｘらにとっての通行上の利益の重要性等の事情を具体的に検討し，行政事件訴訟法第３７条の２第５項「行政庁がその処分をしないことがその裁量権の範囲を超え若しくはその濫用となる」に該当することを指摘している答案は，良好な答案と判断した。

(3)　〔設問２〕(1)

・　処分性の定義を適切に提示した上で，道路区域の決定及び供用開始の法的効果についての検討を行い，路線廃止はこれらの行為が道路敷地所有者に対して有する法的効果を解除するという法的効果があることについて検討し，路線廃止の道路通行者の法的地位に対する影響を検討している答案は，一応の水準に達しているものと判断した。

・　上記の区域決定・供用開始の法的効果に関し，道路区域が決定されると，道路敷地の所有者の法的地位に関し，道路管理者による権原取得前でも，土地の形質変更や工作物の新築等につき，道路管理者の許可を要することとなること（道路法第９１条），道路が供用開始されれば，道路敷地の所有者に対して，私権が行使できなくなる法的効果があること（同法第４条）を具体的に論じ，加えて，路線廃止の道路通行者の法的地位に対する影響に関し，当該市道を生活上不可欠な道路として利用していた通行者の生活に著しい支障が生ずる場合があることについて検討している答案は，良好な答案と判断した。

・　さらに，本件市道を生活上不可欠な道路として利用していた通行者の生活に著しい支障が生ずる場合があるという観点から，前記(1)の最高裁昭和６２年判決に言及している答案は，優秀な答案と判断した。

(4)　〔設問２〕(2)

・　「一般交通の用に供する必要がなくなった」という道路法第１０条第１項の要件を検討し，これに関する要件裁量の有無及び廃止することについての効果裁量の有無を検討した上で，本件における裁量権の逸脱濫用の有無に関し，調査不足及び考慮事項の不足について具体的な検討を行い，更に本件内部基準の法的性質（裁量基準）についての見解を示し，その合理性と基準から逸脱していることについての合理的理由の有無を検討している答案は，一応の水準に達しているものと判断した。

・　これに加えて，上記の道路法第１０条第１項の要件に関し，現に通行者による利用が存在し，道路としての機能が喪失していない以上は，同条の要件を満たさないといえるか否かについて具体的に検討し，同条項の趣旨を具体的に考慮して上記の要件裁量及び効果裁量の有無を検討し，調査不足がなぜ裁量権の逸脱濫用を導き得るのかを的確に説明し，上記の考慮事項の不足について，Ｘらの生活上の不利益，本件市道の利用状況，付近の代替的交通路の存在を具体的に検討し，裁量基準としての本件内部基準の合理性を十分具体的に検討している答案は，良好な答案と判断した。

・　さらに，本件内部基準の合理性に関し，その趣旨が，同意を得る過程で，利害関係のある者の意見を聴取し，道路の使用実態等に関し，より的確な認定に資する資料を幅広く収集すると

平成29年・司法

ころにあると解されることを検討している答案は，優秀な答案と判断した。

4 採点実感

以下は，考査委員から寄せられた主要な意見をまとめたものである。

(1) 全体的印象

・ 例年繰り返し指摘し，また強く改善を求め続けているところであるが，相変わらず判読困難な答案が多数あった。極端に小さい字，極端な癖字，雑に書き殴った字で書かれた答案が少なくなく，中には「適法」か「違法」か判読できないもの，「…である」か「…でない」か判読できないものすらあった。第三者が読むものである以上，読み手を意識した答案作成を心掛けることは当然であり，採点者が努力を払っても解読できない文字は，何も書かれていないに等しいことを肝に銘じ，丁寧に判読できるような文字を書いていただきたい。また，癖字であるとの自覚がある者は，大きめの文字で空間を空けて書くことを推奨したい。

・ 脱字，平仮名を多用しすぎる答案も散見され，誤字（例えば，検当する，概当性，多事考慮，通交する等）も少なくなかった。

・ 問題文では，Ｘらの相談を受けた弁護士の立場に立って論じることが求められているにもかかわらず，各論点の検討において，問題文に記されているＹ側の主張を単に書き写してＸに不利な結論を導いたり，ほとんど説得力がないＹやＡの立場に立つ議論を案出したり，Ｘの側に有利となるべき事情を全く無視して議論したりする答案が相当数見られた。原告代理人としては，もちろん訴訟の客観的な見通しを示すことは重要であるが，まずは依頼人の事情と主張に真摯に耳を傾けることこそが，実務家としての出発点であろう。

・ 例年指摘しているが，条文の引用が不正確又は誤っている答案が多く見られた。行政事件訴訟法や道路法の条文を引用していない答案も見られた。

・ 冗長で文意が分かりにくいものなど，法律論の組立てという以前に，一般的な文章構成能力自体に疑問を抱かざるを得ない答案が少なからず見られた。

・ どの論点を論じているのか段落の最後まで読まないと分からない答案や，どの小問についての解答かが明示されていない答案が見られた。

・ 結論を提示するだけで，理由付けがほとんどない答案，問題文中の事実関係や関係法令の規定を引き写したにとどまり，法的な考察がされていない答案が少なからず見られた。論理の展開とその根拠を丁寧に示さなければ説得力のある答案にはならない。

・ 法律解釈による規範の定立と問題文等からの丁寧な事実の拾い出しによる当てはめを行うという基本ができていない答案が少なからず見られた。

・ 問題文等から離れて一般論について相当の分量の論述をしている答案（設問１(1)において処分性の判断基準を長々と論述するものなど）が少なからず見られた。問題文等と有機的に関連した記載でなければ無益な記載であり，問題文等に即した応用能力がないことを露呈することになるので，注意しておきたい。

・ 一般的な規範については一応記載されているが（例えば，原告適格や処分性の判断基準），それに対する当てはめがなされていない答案や，あるいは，提示した一般的な規範とは全く別個の根拠で結論を出している答案が見受けられた。これでは一般的な規範が何のために記載されているのか不明であるし，その内容を正確に理解していないのではないかという疑念を生じさせるものである。

・　問題文の指示を十分に把握せずに答案作成をしているのではないかと思われる答案も少なからず見られた。例えば，設問２⑴において，路線の廃止に係る処分性を検討するに当たり，その前提として道路の区域の決定及び供用の開始の法的効果を論ずべきことが会議録に明記されているにもかかわらず，その検討を行っていない答案が少なからず見受けられた。

・　小問が４問あったことも一因と思われるが，時間が足りず，最後まで書ききれていない答案が相当数あり，時間配分にも気を配る必要がある。

⑵　〔設問１〕⑴

・　訴訟類型の選択及び処分の一定性に関しては，ほとんどの答案が，提起すべき訴訟類型として，非申請型義務付け訴訟を正しく選択していた。ただし，道路管理者Ｙ市長が行うべき「一定の処分」について，「本件フェンスの撤去を義務付ける」と述べ，処分と事実行為の区別に関する理解が不十分と思われる答案や，誰に何を命ずるのかが明確でない答案が一定数見られた。また，ごく少数ではあるが，路線廃止に対する差止訴訟を誤って選択したものもあった。

・　非申請型義務付け訴訟の訴訟要件は行政事件訴訟法第３７条の２第１項及び第２項に尽きているとの誤解からか，原告適格の有無について全く触れていない答案が一定数見られた。

・　原告適格の判断基準に関しては，多くの答案が行政事件訴訟法第９条第２項や最高裁判例の一般的な判断基準を示すことができていた。

・　原告適格の有無の判断における法令の趣旨・目的の検討については，道路法第７１条第１項及び同法第４３条第２号の規定の趣旨・目的の分析が行われておらず，単に被侵害利益の重要性等のみを示して原告適格の有無を判断している答案が少なからず見られた。また，道路法の条文を挙げていても第１条の目的規定のみという答案も少なくなかった。さらに，単に上記の条文を列挙するのみで，何らの媒介的論理もなく，個別的利益としての保護に関する結論を導いている答案も多く見られた。

・　原告適格の有無の判断における考慮される利益の内容・性質に関しては，そもそもこれを検討していない答案が目立った。また，これを検討するとしても，単に問題文に現れた㈠ないし㈢の事情を引用するのみで十分な分析が加えられていない答案が多く見られた。特に，Ｘらが本件市道の近隣に居住していることは，原告適格を肯定する方向に働く事情になる一方で，迂回を余儀なくされることが生活上どの程度の損害に結び付くのかという検討を要するものと解されるところ，この点を指摘する答案は少数にとどまった。市道に設置された障害物の除却命令をすることの義務付け訴訟という事案の性質や障害物の設置により侵害されている利益が通行利益であるという利益の性質上，原告適格が認められる第三者の範囲がそれほど広いものではないという点を指摘する答案はほとんど見られなかった。

・　重大な損害の要件に関しては，本案で検討すべきと思われる内容を当該訴訟要件において検討している答案が一定数見られた。また，ごく少数ではあるが，行政事件訴訟法第３７条の２第２項に定める考慮事項の一つである「損害の回復の困難の程度」について，そこで検討されるべき内容を誤解している答案があった。さらに，上記の原告適格の有無の判断において考慮される利益の内容・性質と同様，単に問題文に現れた㈠ないし㈢の事情を引用するのみで十分な分析が加えられていない答案が目立った。

・　補充性の要件に関しては，民事訴訟（Ａに対する妨害排除請求）の可能性を，この要件との関連において丁寧に論じている答案が極端に少なかった。また，会議録における指示は，当該民事訴訟の可能性が訴訟要件の充足の有無に影響を及ぼすか否かの検討を求めるものであったにもかかわらず，上記民事訴訟を提起して勝訴することができるか否かを検討する答案が少数ながら見られた。さらに，民事訴訟と異なり，義務付け判決には第三者効が認められることを根拠としている答案が少数ながら見られた（法改正に当たって様々な議論があったのは事実だが，少なくとも現在の行政事件訴訟法上は，義務付け判決に第三者効は準用されていない。）。

(3)　〔設問１〕(2)

・　要件裁量及び効果裁量については，多くの答案が論じていたが，両者の区別を十分に意識しない答案が少なからず見られた。

・　裁量の有無を検討する答案でも，単に法律の文言のみに依拠して判断している答案が多く見られた。裁量が肯定される実質的な理由についても併せて検討することが重要である。

・　効果裁量については，道路法第４３条第２号違反該当性と同法第７１条第１項の監督処分との関係の理解が不十分と思われる答案が一定数見られた。前者が認定されて初めて後者に関する効果裁量が問題になることを理解した上での論述が望まれる。

・　道路法第７１条第１項の命令違反に対して罰則が規定されていること（同法第１０４条第４号）を根拠に監督処分を発動しない効果裁量が存在しないと論じた答案が一定数見られたが，そのような推論に説得力があるか，慎重な検討が求められよう。

・　問題文にはＹ市が監督処分をしなかった判断根拠が列挙されており，それらの吟味を行うことが求められていたところ，それには触れずに，国家賠償法における規制権限不行使の合理性の判断と同様の検討を行った答案が相当数見られた。また，上記の判断根拠についても，単に問題文に記載された事実を書き写すだけの答案も少なくなかった。これらがなぜ，どのように考慮されるべきかを各考慮事項ごとに丁寧に分析するのでなければ，法的論証とは言い難い。

(4)　〔設問２〕(1)

・　処分性の定義は，ほとんどの答案が適切に論じていたが，公権力性についての当てはめの検討（路線廃止が道路管理者の道路法に基づく管理権限行使としてされたこと）を行っていない答案が多く見られた。

・「道路の区域の決定及び供用開始や路線の廃止が道路敷地の所有者の法的地位に与える影響」について，関係する規定（道路法第９１条第１項・第２項，第４条）を指摘した上で正確に論じることができていない答案が少なくなかった。道路法の条文がほとんど初見のためか，誤読や読み落としが少なくなく，特に，区域決定・供用開始それぞれの法的効果が十分区別されていない答案が多く見られた。また，ごく少数ではあるが，会議録中の弁護士Ｄの発言にあるように，本件市道の敷地の所有権がＹ市にあることを理由として処分性を否定した答案も見られた。

・　敷地所有者の法的地位はほぼ全ての答案で論じられていたが，通行者の法的地位については，会議録の誘導があったにもかかわらず，検討されていない答案が少なからず見られた。通行者の法的地位について論じるとしても，単に通行できなくなる効果がある又は通行権を失うとするにとどまるものが圧倒的に多く，通行者にとって本件道路が日常不可欠なものであるか否かや通行できなくなることによる日常生活上の影響の程度について検討している答案はごく少数にとどまった。単に通行者というだけで通行し得る法的地位が保障されているといえるのか，当該道路の通行を日常生活上不可欠とする者等に対してしか，通行し得る法的地位は保障されていないのではないかについても考察することが期待される。

・　路線廃止が，道路敷地所有者の法的地位に対する制限・禁止を解除する法的効果を有することについては，おおむねよく記載されていた。

(5)　〔設問２〕(2)

・　道路法第１０条第１項の「一般交通の用に供する必要がなくなった」という要件について，現に通行者による利用が存在して道路としての機能が喪失していない以上は同条の要件を満たさないといえるのか，それとも，現に利用が存在しても諸般の事情に鑑みて「必要がなくなった」として廃止できるのかという点を分析した答案は少数にとどまった。

・　道路法第１０条第１項の判断における要件裁量・効果裁量の有無について，両者の区別（効果裁量は，同項の要件が充足されている場合であっても裁量権を認めることができるか否かという問題である。）ができていない答案が少なからず見られた。また，裁量が肯定される実質的な理由を検討することなく，法律の文言のみから裁量の有無を論じる答案も多く見られた。特に，同項の「認める」という文言のみから要件裁量が認められるとの解釈が説得力を有するか否かについては，慎重な検討を要しよう。

・　本問における裁量権の逸脱濫用には，調査不足と考慮事項の不足の問題及び内部基準からの逸脱の問題が含まれるが，両者を共に適切に論じている答案は少なく，そのいずれかを十分に論じつつも他方の論述がなく又は粗雑なものが多数見られた。

・　調査不足と考慮事項の不足の問題については，本件フェンスにより本件市道が閉鎖された状況の下で調査をしていることを指摘する答案は少なく，それがなぜ裁量権の逸脱濫用という評価を受けるのかについて論じている答案は更に少数にとどまった。調査不足であることについて，手続的な瑕疵という側面と，実体的な考慮要素の不足という側面の区別がついていないと見受けられる答案も散見された。

・　裁量権の逸脱濫用の有無については，どのような事実がどのように具体的に考慮されたのか，考慮すべきなのに考慮しなかった事実はあるか，その上で考慮した事実を踏まえた判断は合理的か否かという観点からの検討が求められるところ，このような考慮事項の検討を十分に行っている答案は極端に少なかった。

・　本件内部基準の性格について，処分基準，審査基準などとする答案が少なからず見られた。市道の路線の廃止は，「特定の者を名あて人と」するものではないため，行政手続法上の不利益処分（同法第２条第４号）に当たらないことに留意すべきである。

・　本件内部基準の法的性格を整理していないためか，同基準の合理性につき検討することなく，同基準に反すると直ちに違法とするという答案や，内部基準であっても公表されることにより信義則上拘束を受けるといった表面的な分析にとどまるものが大多数であった。本件内部基準の拘束力の検討においては，前提として，道路法第１０条第１項の定める路線の廃止の要件に照らし，内部基準の合理性を検討すべきであるが，この点の検討を十分に行った答案はほとんど見られなかった。また，本件内部基準自体の合理性の検討と当該基準から逸脱することの合理性の検討とを混同する答案が一定数見られた。

5　今後の法科大学院教育に求めるもの

・　本年の出題も，昨年と同様に，書くべき論点が問題文及び議事録において丁寧に明示されていたこともあり，論ずべき問題点の検討・把握という点では，比較的平易な問題であった。それだけに，基本的な判例や概念等についての正確な理解に基づき，本件事案に即した適切な見解を導く応用能力があるか，特に問題文において指摘されている事案固有の考慮要素（原告適格や重大な損害を基礎付ける個別的事情，裁量権の逸脱濫用の判断の基礎となる事情等）についての法的評価を適切に行う能力，多くの受験生にとってなじみのない道路法の具体的な規定において考慮されている様々な利益・事情等を読み解く能力があるか，これらの問題点につき論理的な思考に基づき説得的な論述ができているかによって，評価に大きな差が出る問題であったといえる。

・　行政手続法上の不利益処分の概念を正しく理解できていないため，ウェブサイトの記載を処分基準と誤解する答案が目立ったことなどに鑑みると，法科大学院においては，行政法学（行政法総論）の基礎的な概念・知識がおろそかにならないような教育を期待したい。

・　法科大学院には，単に条文上の要件・効果といった要素の抽出，法的概念の定義や最高裁判例の判断基準の記憶だけに終始することなく，様々な視点からこれらの要素を分析し，類型化するなどの訓練を通じて，試験などによって与えられた命題に対し，適切な見解を導き出すことができる能力を習得させるという教育にも，より一層力を注いでもらいたい。本年も，論点単位で覚えてきた論証を吐き出すだけで具体的な事案に即した論述が十分でない答案，条文等を羅列するのみで論理的思考過程を示すことなく結論を導く答案のほか，提示した一般的な規範とは全く別個の根拠で結論を出している答案すら散見されたところであり，これでは一般的な規範が何のために記載されているのか，そもそもその内容を正確に理解しているのかについて疑念を抱かざるを得ない。法律実務家を志す以上，論述のスタートは飽くまで条文であり，そこから法律解釈をして規範を定立し，具体的事実を当てはめるというプロセスが基本であるが，そのような基本さえできていない答案が少なからず見られた。上記のような論理的な思考過程の訓練の積み重ねを，法律実務家となるための能力養成として法科大学院に期待したい。

・　各小問に即して，上記のような観点からの能力の不十分さを感じさせる答案として特に目に付いたものとしては，原告適格，重大な損害，裁量権の逸脱濫用の判断に当たり，単に問題文に記載された事実を書き写すだけで，これを，問題文に指定された立場から法的に評価していない答案（設問１⑴，１⑵，２⑵），裁量が肯定される実質的な理由を検討することなく，単に法律の文言のみによって判断する答案（設問１⑵，２⑵），法的論拠を全く示すことなく，突如として本件内部基準の法的性質やその合理性の有無についての結論を述べる答案（設問２⑵）等が挙げられる。

・　法律実務家は，裁判官，検察官，弁護士のいずれにせよ，自己の見解とは異なる立場に立っても柔軟にその立場に即した法的検討，論述を展開し得る能力を身に付けることが期待されているものである。問題文に，Ｘらの依頼を受けた弁護士の立場で解答することを求める指示があるにもかかわらず，Ｘらの主張は認められないとの結論を導く答案や，Ｙ側の主張を十分に理解した上でこれに法的評価を加えようという姿勢が見られない答案，ほとんど説得力を感じさせない主張の展開を試みる答案などが少なからず見られたのは，法科大学院教育又は学生の学習態度が，前記のような条文解釈に関する学説・判例の暗記に終始してしまっているところに一因があるのではないかとの懸念を生じさせるものである。

・　前記4(1)に記載したとおり，法律的な文章という以前に，日本語の論述能力が劣っている答案も相当数見られた。法律実務家である裁判官，検察官，弁護士のいずれも文章を書くことを基本とする仕事である。受験対策のための授業になってはならないとはいえ，法科大学院においても，論述能力を十分に指導する必要があると思われる。

・　法科大学院教育において，一般的な判断基準や主要な最高裁の判例を学習し覚えることが重要であることはいうまでもないが，更に進んで，これらの基準を具体的な事案に当てはめるとどのようになるかを学ぶ機会をより一層増やすことが求められているのではないか。

再現答案① A評価 98～109位（133.16点，R・Hさん 論文順位445位）

第１ 設問１ 小問(1)

１ Ｘらは，監督処分（法７１条１項）として，本件フェンスの撤去命令をすべき旨を命ずることを求めるために，非申請型義務付け訴訟（行政事件訴訟法（以下「行訴法」という）３条６項１号）を提起すべきである。以下，行訴法３７条の２で定める訴訟要件を満たすか検討する。

２(1) 「一定の処分」を満たすか。

(2) 「処分」とは，公権力の主体である国又は公共団体の行う行為のうち，その行為によって直接国民の権利義務を形成し又はその範囲を確定させせることが法律上認められているものをいう。

法７１条に基づく監督処分は，道路管理者たるＹ市長が，道路に存する物件の除却等を命じ，Ａに対し除却義務を負わせるものである。そのため，公権力性及び権利変動性が認められる行為である。

したがって，「処分」に当たる。

(3) 「一定の」とは，裁判所が審理判断できる程度に特定されていることをいう。

Ｘとしては，本件フェンスの撤去命令の発令を求めているのであるから，裁判所が審理判断できる程度に特定されているといえる。

したがって，「一定の」に当たる。

(4) よって，「一定の処分」を満たす。

３(1) 「重大な損害を生ずるおそれ」を満たすか。

(2) 重大な損害とは，処分を行わなければ容易に回復できない損害をいい，行訴法３７条の２第２項で定める考慮要素をもとに，判断する。

(3) 本件フェンスが撤去されなければ，Ｘ２がＣ小学校に通うためにＢ通りを通らなければならなくなる。Ｂ通りは，本件市道とは違い，普通乗用自動車が通行でき，交通量も多い。そのため，Ｂ通りを通学路として利用することになると，登校中に交通事故などに巻き込まれる可能性が大きい。交通事故に巻き込まれれば，最悪の場合，命を落とす危険がある。そのため，本件フェンスが撤去されなければ，回復できない損害が生じるおそれがある。

(4) よって，「重大な損害を生ずるおそれ」を満たす。

４(1) 「他に適当な方法がない」を満たすか。

(2) 「他に適当な方法がない」とは，法律上特別に規定された救済手段があるにもかかわらずその手段を採っていないことをいい，一般法である民事訴訟に基づいて請求できるか否かは考慮すべきでない。なぜなら，民事訴訟が提起できるからといってこの要件に該当しないとすることは，義務付け訴訟による救済可能性を狭めることになり，妥当でないからである。

(3) 参考判例では，村道を利用して生活及び農業を営んでいる原告が，その村道上に建物を建築するなどして排他的に占有している被告に対し，通行妨害の排除を求めた事案について，民事訴訟に基づく排除の請求を認めている。もっとも，道路法には，道路利用者が，通路妨害の除去を求める特別の救済手段は規定されていない。

● 訴訟類型の選択について，非申請型義務付け訴訟を正しく選択できており，出題趣旨に合致する。

● 出題趣旨によれば，「本件フェンスを撤去させるために道路管理者Ｙ市長が道路法第71条第１項の規定に基づき行うべき処分を『一定の処分』として具体的に特定」することが求められている。本答案は，まず，「処分」について，判例（最判昭39.10.29／百選Ⅱ［第７版］〔148〕）の定義を正確に示した上で，端的に当てはめをしている。その上で，「一定の」の意義を示しつつ，本件で行うべき処分を具体的に特定できており，出題趣旨に合致する論述である。

● 出題趣旨によれば，重大な損害を生ずるおそれを検討するに当たっては，「本件市道を，Ｘ２が小学校への通学路として利用できないこと及びＸらが災害時の避難路として利用ができないこと」について論じる必要がある。本答案は，通学路については適切に指摘・検討できているが，避難路については指摘できていない。

● 出題趣旨によれば，「参考判例に示されているように『通行の自由権』を主張して民事訴訟によるＡに対する妨害排除請求の可能性があることを指摘し，それが『他に適当な方法』に当たるか」を検討しなければなら

(4) よって，「他に適当な方法がない」を満たす。
5(1) Xらが「法律上の利益を有する者」に当たるか。
(2) 「法律上の利益を有する者」とは，処分によって自己の権利もしくは法律上保護された利益が侵害され，または必然的に侵害されるおそれのある者をいう。そして，処分を定めた行政法規が，不特定多数者の具体的利益を，専ら一般的公益の中に吸収解消させるにとどめず，それが帰属する個々人の個別的利益としてもこれを保護すべきとする趣旨を含むと解すことができる場合には，このような利益も法律上保護された利益に当たる。
Xらは，本件フェンスの撤去命令の名あて人ではないから，行訴法３７条の２第４項が準用する９条２項の考慮要素に従い，判断する。
(3) 道路に物件をたい積し，交通に支障を及ぼす虞のある行為は，法４３条２号によって禁止されている。これに違反した者に対して，法７１条１項は，物件を除却する等の命令ができると定めている。これによって，国民は道路を自由に使用することができるようになり，交通の発達及び公共の福祉を増進する法の目的（法１条）を達することができる。そして，物件のたい積によって道路の自由な利用が直接的に妨げられてしまうのは，日常的にその道路を使用している周辺住民である。したがって，法は，単に道路の自由な利用を国民に対し一般的に保護するのみならず，物件のたい積などによって直接的に当該道路の利用に支障を来たすことになる周辺住民の自由な道路利用という利益を，個々人の個別的利益としても保護していると解することができる。そして，直接的に道路利用に支障を来たす範囲の住民かどうかは，位置関係を中心に，社会通念に照らし合理的に判断する。
(4) Ｃ小学校は，災害時の避難場所として指定されており，Xらとしては，災害時にＣ小学校へ行くための緊急避難路として，本件市道を利用する予定であったことから，Xらは，本件フェンスが存在することにより，本件市道の自由な利用に支障を来たすことになる。そして，Ｘ１の所有する本件土地は本件畑の南側に隣接しており，Xらは，本件土地上の住宅に居住しているから，本件フェンスの存在が，Xらの本件市道の自由な利用に直接支障を来すことになるといえる。
(5) よって，Xらは「法律上の利益を有する者」に当たる。
6 以上から，Xらの訴えは，訴訟要件を満たす。
第２ 設問１ 小問(2)
1(1) 法４３条２号は，「交通に支障を及ぼす虞」と定め，一般的概括的に規定されている。交通に支障を及ぼすか否かは，行政の専門的な判断に委ねられるべき事項である。したがって，Xらとしては，「交通に支障を及ぼす虞」がないと判断したことが著しく不合理であり，裁量権の逸脱・濫用がある，と主張しなければならない（行訴法３７条の２第５項後段）。
(2) 具体的には，Xらのように，本件保育園の関係者以外の者が本件市道を利用している実態があることから，本件フェンスの存在がXらの交通に支障を及ぼしていることを主張するべきである。

ないところ，本答案は，出題趣旨に合致する論述になっている。

● 「法律上の利益を有する者」に当たるかについて，判例（最大判平17.12.7／百選Ⅱ［第７版］〔165〕）を踏まえた上で，第三者の原告適格が問題となる場合の一般的な判断枠組みを適切に示すことができている。

● 出題趣旨によれば，原告適格の検討に当たっては，「道路法第71条第１項第１号及び第43条第２号の規定の趣旨・目的を踏まえ，本件被侵害利益がこれらの規定によって考慮されているか，また本件被侵害利益の内容・性質及びそれが害される態様・程度を勘案しなければならない」ところ，本答案は，被侵害利益の内容について，一応の論述はできているが，被侵害利益の性質（通行利益にすぎない点）にも着目して論じられるとなお良かった。また，法71条１項１号及び43条２号の趣旨・目的についても，十分な分析・検討はできていない。

● 一応の論述はできているが，本件フェンスの存在がXらの生活にどの程度の影響を及ぼすのかなどに着目して論じられるとなお良かった。

● 出題趣旨によれば，「まず，Ａによる本件フェンスの設置行為が同法第43条第２号に違反しているかどうかを，道路管理者の要件裁量の有無も含めて検討しなければならない」としており，本答案は，出題趣旨に沿う論述ができている。

2(1)　また，法７１条に基づく監督処分は「できる」と定められ，一般的概括的に規定されている。交通の発達と公共の福祉の増進という法の目的（法１条）に照らすと，監督処分をするか否かは行政の専門技術的判断に委ねられるべき事項であるといえる。そのため，本件フェンスの撤去命令を行うか否かは，行政の裁量が認められる。したがって，Ｘらとしては，本件フェンスの撤去命令を行わないと判断したことが著しく不合理であり，裁量権の逸脱・濫用がある，と主張しなければならならない（行訴法３７条の２第５項後段）。

(2)　具体的には，本件フェンスがなくても，本件市道において原動機付自転車のみ通行止めにすれば園児との接触事故を防ぐことができること，ＸらはＡと違い本件市道の路線の廃止及び売渡しを希望していないことから，本件フェンスの撤去命令をしないことは著しく不合理である，と主張すべきである。

第３　設問２　小問(1)

1　本件市道の路線の廃止は「処分」（行訴法３条２項）に当たるか。

2　「処分」の定義は上述の通りである。処分に当たるか否かは，市町村道の路線の廃止が道路敷地の所有者及び通行者の法的地位に直接変動するか否かの観点から判断する。

3(1)　市町村道（法３条４号）は，路線の認定（法８条），道路区域の決定（法１８条１項）の過程を経て供用が開始される。道路区域が決定されると，敷地所有者は，許可を得なければ土地の形質変更等をすることができなくなる（法９１条１項）。また，法９１条２項により，道路予定区域についての私権が制限される（法４条）。さらに，法４３条の禁止行為に違反すると，罰則規定（法１０２条３号）の適用がある。加えて，法７１条の監督処分がなされる可能性が生じ，これに違反した場合にも罰則規定（法１０４条４号）の適用がある。そのため，道路区域の決定は，敷地所有者の法的地位を直接変動させる行為といえる。

(2)　供用が開始されると，通行者は道路を自由に通行することができるようになる。そのため，供用行為は通行者の法的地位を直接変動させる行為といえる。

(3)　路線の廃止（法１０条１項）は，道路自体の消滅を意味し，当該路線について定められていた道路の区域や，当該道路についてされていた供用行為も自動的に消滅することになる。そのため，敷地の所有者に対する私権制限等の適用がなくなる。反面，通行者は，廃止された路線を自由に通行することができなくなる。したがって，路線の廃止は，敷地所有者及び通行者の法的地位を直接変動させる行為といえる。

4　よって，本件市道の路線の廃止は「処分」に当たる。

第４　設問２　小問(2)

1(1)　Ｘ２が通学路に利用していて本件市道の機能が失われていない以上，本件路線の廃止は許されないのではないか。

(2)　本件市道の路線の廃止は，法１０条１項に基づきなされている。法１０条１項は，「必要がなくなったと認める場合」「できる」と抽象的概括的に廃止の要件を規定している。また，交通の発達と公共の福祉の増進という法の目的（法１条）に照らすと，路線を廃止

●　出題趣旨によれば，「同法第71条第１項第１号は，監督処分を行うかどうか，いかなる監督処分を行うかについて道路管理者の効果裁量を認めていることを指摘」すべきところ，本答案は出題趣旨に沿った記述ができている。

●　Ｘらの主張を述べるにとどまらず，「一方ではＸらが受ける本件被侵害利益，他方でＹ市側が主張するような諸事情が，裁量権を行使するに当たって考慮すべき事項に当たるか，考慮に当たってどの程度重視されるべきかについて」まで踏み込んだ検討が必要である。

●　公権力性についての当てはめの検討も必要である。

●　出題趣旨によれば，路線の廃止が「処分」に当たるかについては，「道路の区域決定・供用開始が敷地所有者及び道路通行者に対してそれぞれどのような法効果を及ぼすか」を検討した上で，「本件市道の路線の廃止が，それらの法効果を一方的に消滅させるものであること」や，「当該市道を生活上不可欠な道路として利用していた通行者の生活に著しい支障が生ずる場合があること」等を踏まえた論述が必要であるとしている。本答案は，関連条文を指摘しつつ，これらの要素を検討できており，おおむね出題趣旨に沿った論述ができている。この点，通行者に生じる生活上の支障について具体的に考察できれば，なお良かった。

●　出題趣旨によれば，「必要がなくなつた」という要件を指摘し，要件裁量の有無を検討する必要があるところ，本答案は，この点を一応論じることができている。もっとも，「現

するか否かは行政の専門技術的判断に委ねられるべき事項である。そのため，本件市道の路線の廃止は，Ｙ市長の裁量行為といえる。

(3) したがって，本件市道をＸ２が通学路として利用していることをもって，直ちに本件路線の廃止が違法であるということはできない。

2(1) Ｘらとしては，本件市道の路線を廃止するとした判断が，他事考慮・考慮不尽などにより著しく不合理であり，裁量権の逸脱・濫用であると主張しなければならない（行訴法３０条）。

(2) Ｙ市長としては，①本件市道の幅員は約１メートルしかなく，普通乗用車が通行できないこと，②本件保育園の関係者以外の者による本件市道の利用は乏しいと思われること，③本件市道の近くには認定道路であるＢ通りがあること等から，廃止の判断に不合理はないと主張することが想定される。

(3) これに対し，Ｘらとしては，①普通乗用車が通行できるか否かは本件市道の路線の廃止には無関係であり，考慮すべきでない事項を考慮していると主張すべきである。

また，②現に本件市道上で，園児と原動機付自転車の接触事故が起こっており，それ以前にも時折原動機付自転車が通行して園児と接触しかけたことがあったから，本件保育園の関係者以外の者による本件市道の利用があったと主張すべきである。

さらに，③Ｂ通りを通るとＸ２のＣ小学校までの距離が約４００メートル長くなってしまい，Ｘ２には大きな負担となること，交通量が多いＢ通りを通るとＸ２が事故に巻き込まれやすく危険であること，を考慮していないと主張すべきである。

加えて，Ｘらとしては，本件市道の調査のうち，聞き取り調査はAに対してのみ行われたにすぎず，十分な調査がなされていない点で不合理であると主張すべきである。

(4) ところで，Ｙ市は，市道の路線を廃止するには当該市道に隣接するすべての土地の所有者の同意を必要とする旨の内部基準を設け，その旨をウェブサイトで公表している。この内部基準は，法の委任によって定められたものではなく，裁量行為である路線の廃止の基準であるから，裁量基準としての法的性質を有する。裁量基準が定められ公表されている場合，行政の公正の確保や透明性の向上の見地から，その内容が合理的であり，かつ，特段の事情のない限り，裁量基準に従わない行為は裁量権の逸脱・濫用として違法となる。

上記内部基準は，交通の発展及び公共の福祉の増進という法の目的（法１条）に沿うものであるから，合理的といえる。そして，Ｘ１の同意が得られなくても本件市道の路線を廃止すべき緊急の必要性も認められないから，特段の事情も認められない。

したがって，Ｘらとしては，Ｘ１の同意を得ていないことを違法事由として主張すべきである。

以　上

に利用が存在しても，通行者による利用の程度の乏しさ，代替的な交通路の存在などに鑑みて一般交通の用に供するに適さない状況があれば『必要がなくなつた』として廃止できるのか」まで分析・検討することが求められていた。

● 出題趣旨によれば，裁量権の逸脱濫用の有無の検討においては，「Ｙ市による調査が通行の実態を適切に調査できていないのではないか」(調査不足)，「Ｘらが主張する本件被侵害利益が適切に考慮されていないのではないか」（考慮事項の不足）について検討することが求められている。本答案は，出題趣旨に沿った論述ができている。ただし，ＸＹの主張をそれぞれ挙げるだけではなく，Ｘの主張が認められるとの結論に至るまでの思考プロセスを論述すべきである。

● 出題趣旨によれば，「内部基準の法的性質及び，本件において隣接土地所有者であるＸ１の同意が得られていないことが，裁量権の範囲の逸脱濫用の有無とどのように関係するかを検討」することが求められている。すなわち，内部基準の法的性質を指摘した上で，①内部基準の合理性の検討及び，②当該基準から逸脱することの合理性の検討を行う必要があるところ，本答案は，おおむね出題趣旨に合致する論述ができている。

再現答案②　A評価　399～439位（118.50点，M・Kさん　論文順位358位）

第１　設問１
１　⑴について
　Ｘらとしては，本件フェンスを撤去させるため監督処分（道路法（以下「法」という。）７１条）の義務付け訴訟（行政事件訴訟法（以下「行訴法」という。）３条６項第１号）を提起することが考えられる。以下，訴訟要件について検討する。
⑴　まず，「一定の処分」にあたるといえるか。
　この点につき，一定の処分にあたるためには，裁判所の判断が可能な程度に特定されている必要がある。
　本件においては，７１条の文言において改築，移転，除却等が規定されていることから，裁判所の判断が可能な程度に特定されているといえ，「一定の処分」にあたる。
⑵　次に，「重大な損害を生ずるおそれ」があるといえるか。このとき，３７条の２第２項の考慮要素を参考に判断する。
　本件についてみると，本件フェンスが設置されたことによりＸ２は本件市道を通学路として利用できなくなっている。Ｂ通りを通ることも可能であるが，本件市道を通る方がＣ小学校までの距離が４００メートル短く，かかる距離は小学生にとっては大きな負担であり学業にも支障がでかねない。さらに本件市道の方が交通量が少ないため，Ｘ２の安全にも資する。またＣ小学校は災害時の避難場所であるため，本件市道を利用できないと災害時の避難に支障をきたすことになる。これらの損害の性質，程度を勘案すると，「重大な損害を生ずるおそれ」があるといえる。

● 訴訟類型の選択について，非申請型義務付け訴訟を正しく選択できており，出題趣旨に合致する。

● 処分の一定性について，判断基準を示した上で，端的に検討できており，出題趣旨に合致する。

● 重大な損害を生ずるおそれを検討するに当たっては，「本件市道を，Ｘ２が小学校への通学路として利用できないこと及びＸらが災害時の避難路として利用ができないこと」を論じる必要があるところ，本答案は，それぞれについて論じることができており，出題趣旨に合致する。

⑶　次に「他に適当な方法がない」といえるか。
　この点につき，民事訴訟は他に適当な方法にはあたらないと解する。なぜなら，民事訴訟がこれに含まれるとすると，行政事件訴訟を利用することが難しくなり，規定した意味が失われることになるからである。
　本件についてみると，Ａに対する民事訴訟の提起も可能であるが，このことはかかる要件を満たすことにはならない。
　よって，「他に適当な方法がない」といえる。
⑷　次に，「法律上の利益」を有するか。
　法律上の利益を有する者とは，当該処分がされないことにより自己の権利もしくは法律上保護された利益を侵害され，または必然的に侵害されるおそれのある者をいう。
　本件についてみると，法の目的は交通の発達に寄与することにあり，そのため禁止行為や監督処分を規定していることから，道路を通行する権利は法律上保護されているといえる。そして，Ｘ２が本件市道を利用できないと学業に支障をきたすことになり，かかる損害は回復困難な性質のものであり，本件フェンスが設置され続けることにより継続的に侵害されることになる。また，緊急避難路として利用することが予定されていたのだから，本件市道が利用できないことにより，生命・身体の安全が侵害されることになる。
　よって，Ｘらは法律上の利益を有する者にあたる。
２　⑵について

● 「他に適当な方法」に当たるかについて，本答案は，民事訴訟の可能性は，訴訟要件充足の有無に影響を及ぼさないとの見解を示している点で，出題趣旨に沿う一応の論述はできている。

● 条文の摘示をおそろかにしてはならない。

● 本答案は，第三者の原告適格が問題となる場合について，９条２項や判例（最大判平17.12.7／百選Ⅱ［第７版］〔165〕）の一般的な判断枠組みを示さないまま具体的検討を行っており，不適切な論述である。
　また，具体的検討においても，出題趣旨に沿った検討はなされていない。また，表面的な検討にとどまり，なぜそう評価できるのかまで踏み込んだ論述はできておらず，説得力に欠ける。

Xらとしては，監督処分の措置を執らないことは裁量権の逸脱濫用として違法であると主張することが考えられる。

法４３条２号において，「交通に支障を及ぼすおそれのある行為をすること」と抽象的な文言を規定していること，禁止行為の該当の判断については，道路に関する専門技術的判断を要することから，Ｙ市長は要件の該当性について裁量を有する。

そこで，裁量権の逸脱濫用について検討すると，本件フェンスの設置によりＸ２は通学路として利用できなくなり，Ｘらは緊急避難路としても本件市道を利用できなくなっている。また，いずれ路線の廃止が見込まれているとはいえ，現在道路として利用されていることから，本件フェンスは交通に支障を及ぼしているといえる。よって，４３条２号に該当する。

したがって，４３条２号に違反しないとした判断も誤りが認められる。

もっとも，誤りがある場合であっても，本件フェンスに関する監督処分の措置を執らないことが違法といえるか。

７１条は，その文言において「できる」と規定し，監督処分をするに際しては専門技術的知識が要求されることから，監督処分をするかどうかについてＹ市長は裁量を有する。

そこで，裁量権の逸脱濫用について検討すると，本件フェンスが設置されることになったのは，本件保育園の園児が本件市道を通行する原動機付自転車に接触して負傷する事故が発生したことから，園児の安全を確保するための措置として行われたものであった。そうだとすると，本件フェンスを設置する必要性が認められ，除却命令等の監督処分をしなかったことには裁量権の逸脱濫用は認められないとも思える。もっとも，法は交通の発達に寄与することを目的としている以上，他の利用者の交通を妨げるような本件フェンスの設置はかかる目的に反する。また，現に本件フェンスが設置されることにより，不便となる利用者がいる以上，何らかの監督処分を実施すべきであったといえる。よって，監督処分の措置を執らないとしたＹ市長の判断は裁量権を逸脱濫用したものとして，違法である。

第２　設問２

１　⑴について

処分（行訴法３条２項）とは，公権力の主体たる国または公共団体が行う行為のうち，その行為によって直接国民の権利義務を形成しまたはその範囲を確定することが法律上認められているものをいう。

これを本件についてみると，道路の区域の決定及び供用の開始がなされるとこれを表示した図面が公示される（法１８条）。また，道路に関して一定の行為が禁止され（法４３条），禁止行為に違反すると監督処分（法７１条）や，罰金（法１０２条，１０４条）が科されることになる。さらに，道路管理者の許可を受けなければ，区域内において土地の形質の変更や工作物の新築等ができなくなる。そして，道路を構成する敷地については所有権等の私権を行使することも認められない（法４条）。そうだとすると，路線の廃止により上記のような禁止行為がなくなり所有権を行使できるようになるなど，道路敷地所有者の法的地位に影響を及ぼすことになる。

● 要件裁量の有無につき，文言及び性質から認定できており，出題趣旨に沿った論述ができている。

● 裁量権の逸脱濫用についても，表面的な指摘にとどまり，なぜそう評価できるのかまで踏み込んだ論述はできていない。

● 効果裁量の有無につき，文言及び処分の性質から認定できており出題趣旨に合致する。

● 出題趣旨によれば，裁量権の逸脱濫用について，「一方ではＸらが受ける本件被侵害利益，他方でＹ市側が主張するような諸事情が，裁量権を行使するに当たって考慮すべき事項に当たるか，考慮に当たってどの程度重視されるべきか」につき検討すべきとしている。本答案は，Ｙ市側が主張する事情などにも配慮した具体的な検討がなされている点で，出題趣旨に沿った一応の論述はできている。

● 「処分」につき，判例（最判昭39.10.29／百選Ⅱ［第７版］〔148〕）の定義を示せている。

● 公権力性についての当てはめの検討も必要である。

● 本答案は，「道路の区域決定・供用開始が敷地所有者及び道路通行者に対してそれぞれどのような法効果を及ぼすか」を検討し，「本件市道の路線の廃止が，それらの法効果を一方的に消滅させるものであること」を論じた上で，「当該市道を生活上不可欠な道路として利用していた通行者の生活に著しい支障が生ず

平成29年・司法

また，道路通行者についても，道路の区域の決定及び供用の開始がなされると，私人の所有地であっても，道路として自由に利用できていたが，路線の廃止により所有者が私権を行使できるようになると所有者から損害賠償等を受けるべき地位に立たされることになる。

よって，路線の廃止は，所有者及び通行者の法的地位に影響を及ぼすものであるから，処分性が認められる。

2 (2)について

(1) 路線の廃止をしたことは，法１０条１項に反し違法であると主張することが考えられる。そこで，本件市道が「一般交通の用に供する必要がなくなった」といえるかが問題となる。

これを本件についてみると，本件市道はＸらが通学路や緊急避難路として利用しており，実際に利用者は存在する。そうだとすると，Ｙ市職員がＡに対してのみ行った調査は不十分であるといえる。また，Ｙ市長としては，本件市道は普通乗用自動車が通行できないということを主張することが考えられるが，原動機付自転車や自転車，歩行者が通行できれば道路として十分機能しうる。さらに，本件市道の近くにはＢ道路があるものの，Ｂ道路を利用するよりも本件市道を利用する方が利便性が高いということもあることから，Ｂ道路があったとしても本件市道の必要性がないということにはならない。これらの事情からすると，本件市道は「一般交通の用に供する必要がなくなった」とはいえない。

よって，法１０条１項に反し違法である。

(2) 次に，Ｘ１の同意を得ずに路線の廃止を行ったことは，裁量権の逸脱濫用として違法ではないか。

法１０条１項は，路線の廃止について「一般交通の用に供する必要がなくなった」という抽象的文言を定めていることから，かかる要件の該当性についてＹ市長に裁量を認めている。そうだとすると，隣接地の所有者の同意を必要とする旨定めた内部基準は，裁量基準としての性質を有することになる。

もっとも，裁量基準は法規ではない以上，これに従わない処分であっても当然に違法とはならない。もっとも，かかる基準が公開されている場合には，信頼保護の観点から，合理的な理由なく裁量基準に従わない処分をすることは違法となると解する。

これを本件についてみると，Ｙ市は内部基準をウェブサイトで公表しているにもかかわらず，Ｘ１の同意が得られなくても本件市道の路線の廃止は認められるとしている。そして，Ｘ１の同意を得なかったのは，単にＸ１が路線の廃止に反対しているという理由だけであり，Ｘ１と協議を重ね，説得するなどはしていない。そうだとすると，Ｘ１の同意を得ずに路線の廃止を行ったことについては合理的な理由がないといえる。よって，路線を廃止したことは裁量権を逸脱濫用したものとして違法である。

以　上

る場合があること」を踏まえた論述ができており，出題趣旨に沿った論述ができている。

● 出題趣旨によれば，「必要がなくなつた」という要件を指摘し，要件裁量の有無を検討する必要があるところ，本答案は裁量権の行使が問題となる点を指摘しておらず，不適切な論述である。

● 裁量権の逸脱濫用の有無の検討において，本答案は，「Ｙ市による調査が通行の実態を適切に調査できていないのではないか」（調査不足）を検討できている点で出題趣旨に沿うが，「Ｘらが主張する本件被侵害利益が適切に考慮されていないのではないか」（考慮事項の不足）についても検討することが求められている。

● 「必要がなくなつた」という要件について，ここで要件裁量が認められることを論述しているが，論理的には本答案５頁目の「２(1)」において論述すべきである。

● 出題趣旨によれば，内部基準の法的性質を指摘した上で，①内部基準の合理性の検討及び，②当該基準から逸脱することの合理性の検討を行う必要がある（再現答案①コメント参照）。本答案は，当該内部基準が裁量基準であることを指摘した上で，②の検討を行っている点では出題趣旨に沿うが，①内部基準の合理性については十分な検討をしておらず，不適切である。

MEMO

再現答案③　B評価　1497～1563位（97.37点，T・Nさん　論文順位1672位）

第１　設問１
１　小問⑴
⑴　Ｘらとしては本件フェンス撤去処分について行訴法（以下略）３条６項１号の直接型義務付け訴訟を提起すべきである。
⑵　訴訟要件
ア　「一定の処分」
これは処分の特定性をいう。
本件では本件フェンス撤去処分と処分が特定されているので，これを満たす。
イ　「重大な損害を生ずるおそれ」（３７条の２第１項）
これは，同２項に従って判断する。
本件では，フェンスが撤去されないと，Ｘ２は交通量の多いＢ通りを通らざるをえず，事故に遭う危険が増大する。そして事故に遭うとＸ２は身体・生命という損害を負うおそれがあり，これは一度損なわれると回復の困難なものである。したがって，重大な損害を生ずるおそれが認められる。
ウ　「他に適当な方法がないとき」
これは補充性をいう。もっとも，民事訴訟が提起可能でも補充性は満たされると考える。なぜなら法が抗告訴訟を設けた法改正の趣旨に鑑みれば，民事訴訟ができるだけで補充性が認められないと解するのでは国民の実効的な権利救済という抗告訴訟の趣旨が没却されるからである。
本件では，民事訴訟は提起できるものの，他に方法がないので本要件を満たす。
エ　原告適格（３７条の２第４項）
これは９条２項を準用している。そして「法律上の利益を有する者」（９条１項）とは，当該処分により自己の権利もしくは法律上保護された利益を侵害され，または必然的に侵害されるおそれのある者をいうと解する。当該処分の根拠法規が不特定多数者の具体的利益を専ら一般的公益の中に吸収解消させるにとどめず，個々人の個別的利益としてもこれを保護すべき趣旨が読み取れる場合には，かかる利益も法律上保護された利益に含まれると解する。
本件ではＸらは処分の名宛人以外の者であるので，９条２項に従って判断する。法は交通の発達と公共の福祉増進を法目的とし（１条），４３条２号は交通の支障をもたらす行為を防止しこれに反した場合には１０２条３号より罰則をもって規制していることを考えれば，法は周辺住民の身体の安全をも保護する趣旨であるといえるので，Ｘらの身体生命の安全という利益も法律上保護された利益に含まれる。
以上より，すべての訴訟要件を満たす。
２　小問⑵
Ｘらは，Ｙが本件フェンス設置が４３条２号に反していないとした判断に裁量の逸脱濫用がある（３７条の２第５項）と主張する。
Ｙは，本件フェンスの設置はいずれ路線の廃止が見込まれることや，Ａが売渡しを希望していることから，４３条２号に当たらないと

● 訴訟類型の選択について，非申請型（直接型）義務付け訴訟を選択できているが，Ｙ市長が本件フェンスの撤去を行うわけではないため，本件で特定されるべき処分とは，本件フェンスの撤去を命じる監督処分である。

● 「重大な損害を生ずるおそれ」につき，「本件市道を，Ｘ２が小学校への通学路として利用できないこと及びＸらが災害時の避難路として利用ができないこと」に関しての明確な指摘はなされていない。

● 「他に適当な方法」に当たるかについて，本答案は，民事訴訟の可能性は，訴訟要件充足の有無に影響を及ぼさないとの見解を示している点で，出題趣旨に沿う一応の論述はできている。

● 「法律上の利益を有する者」について，判例（最大判平17.12.7／百選Ⅱ［第７版］〔165〕）を踏まえた上で，判断枠組みを適切に示すことができている点で出題趣旨に沿う論述である。

● 具体的検討においては，法令の趣旨及び目的は一応の検討ができているものの，被侵害利益についての検討を欠いており，不十分な論述である。

● ここでは，最低限，法43条２号の規定に即した要件裁量の有無の検討及び法71条１項１号に則した効果裁量の有無を検討した上で，裁量権行使の合理性を判断すべきであっ

判断しているものであるが，実際に廃止されるまでは住民の通行の用に供されるべきであるから，Ｙは考慮すべきでない事項を考慮し，考慮すべき事項を考慮していない点で裁量の逸脱濫用が認められる。
第２　設問２
１　小問⑴
⑴　「処分」（３条２項）とは，公権力の主体たる国または公共団体の行為のうち，その行為によって直接国民の権利義務を形成し，またはその範囲を確定することが法律上認められているものをいう（昭和３９年判例）。具体的には，公権力性と直接具体的法効果性に分けられる。
　本件で，１０条１項の処分はＹ市長が行っているので公権力性は認められる。
　次に，１０条１項の廃止処分がされると，通行者は従前通行できていたのに，これができないことになる。そうすると廃止処分により周辺住民は通行権を失うことになる。他方，法は９１条３項により損失補償規定を置き，供用開始により損失を受ける者について補償をする旨の規定を置いており，これは私人が所有する敷地が道路の区域とされる場合がありえることを前提とした規定であるといえる。そして，所有者は供用によって自らの土地を周辺住民の通行に供しなければいけないという周辺住民の土地利用を受忍しなければならない。そうすると路線廃止されると，所有者は周辺住民の土地利用を受忍しなくてもよいという法的効果を得ることになる。

⑵　以上より，処分性が認められる。
２　小問⑵
⑴　Ｘらとしては，本件市道はＸ２の通学路としての利用に供されており，市道の機能が失われていない以上路線廃止は許されず，廃止の判断には裁量権の逸脱濫用（３０条）が認められ，違法であると主張する。
⑵　裁量の逸脱濫用は，判断が重要な事実の基礎を欠いたり，著しく不合理な場合に認められる。そして，裁量基準がある場合には基準が合理的であれば，個別的審査をすべき特段の事情がない限り，裁量基準を適用しないことは平等原則（憲法１４条）に反し裁量の逸脱濫用となると解する。
⑶　本件では，ウェブサイト上の内部基準は行政規則であり，裁量基準にあたる。そして隣接する土地所有者は利害関係を有するから，全員の同意を要するとした本基準の内容は合理的である。したがって，かかる基準を今回適用しなかったことは，平等原則に反し裁量の逸脱濫用が認められる。また，ＹはＡに対してしか聞き取り調査をしていないが，Ａは路線廃止に関して土地を譲り受けようとしている者であり，Ａ以外の者にも意見を聞くべきであったし，園児と原動機付自転車の事故が起こっている以上他の者にも利用されていたことは明らかだったのであるから，判断が重要な事実の基礎を欠くといえ，裁量の逸脱濫用がある。

以　上

たところ，本答案は法43条２号に関する論述が不十分であり，法71条１項１号については言及すらされていない。

● 「処分」について，判例（最判昭39.10.29／百選Ⅱ［第７版］〔148〕）の定義を示せている。

● 公権力性が認められるのは，単にＹ市長が行っているからではなく，路線の廃止が，法10条１項に基づく管理権限行使として一方的に行われるものであるからである。

● 最低限の必要な要素を論述できているが，もう少し文章構成や表現を丁寧に行う必要がある。

● 私人が所有する敷地が道路の区域とされる場合がありえることを前提とした規定としては，法91条３項ではなく，法91条１項を引用すべきである。

● 裁量権の逸脱濫用が問題となる場合とは，法令の規定が裁量を認める趣旨であることが前提となる。したがって，まずは，法10条１項の条文に即して，要件裁量及び効果裁量の有無を検討しなければならなかった。

● 内部基準の法的性質を指摘した上で，①内部基準の合理性の一応の検討ができている点は良いが，②当該基準から逸脱することの合理性の検討も行う必要がある。

● 内部基準からの逸脱の問題と調査不足及び考慮事項の不足の問題を区別してそれぞれ論じている点は良い。

再現答案④　C評価　2643〜2693位（80.56点，S・Sさん　論文順位3106位）

第1　設問1

1　小問(1)

(1)　義務付けの訴え（行政事件訴訟法（以下，「行訴法」という。）３条６項１号）を提起する。

(2)　訴訟要件について

ア　「一定の処分がされないことにより重大な損害を生ずるおそれ」があることと「その損害を避けるため他に適当な方法がない」ことである（行訴法３７条の２第１項）。

（ア）　そして，「重大な損害を生ずるか否かを判断するに当たっては，損害の回復の困難の程度を考慮するものと」する。そのためには，「損害の性質及び程度並びに処分の内容及び性質をも勘案」して，判断する（行訴法３７条の２第２項）。

（イ）　本件での「損害の性質及び程度」については，一つは，Ｘ２が安全に４００メートル短い距離で通学できることである。すなわち，小学生であるＸ２にとって交通事故等の危険が損害であり，生命・身体に関わるので，一度損なわれたら，回復することができない損害であるので，重大である。もう一つは，Ｘらにとって，災害時の緊急避難路になっているので，本件市道が通れないことは，緊急時にＸらの生命を危険にさらすことになるので，その損害は重大である。

反対に処分の内容及び性質は，本件フェンスを移動して，本件市道を通れるようにするだけであるから，容易に実現でき，特別な人員や予算を必要とするものでもない。

（ウ）　以上より，損害の回復は困難であり，重大な損害を生じるといえる。

（エ）　「その損害を避けるため他に適当な方法」があるかについては，当該民事訴訟の可能性があることが，「他に適当な方法」にあたるかが問題となる。すなわち，当該民事訴訟で解決ができれば，訴訟要件が充足されないこととなってしまう。

（オ）　たしかに，Ａに対して民事訴訟を提起すれば，最高裁判例から，本件フェンスをＡに撤去させることは可能になるとも考えられる。しかし，本件フェンスを撤去させられたとしても，Ａはまた別の障害物を本件市道上に設置する可能性が高い。そのため，Ｙ市長に対して本件フェンスを撤去するという処分をすべき義務があることについて判決を得て，以降，本件市道上に障害物を設置された場合に，Ｙ市長に撤去させる義務を負わせる必要はある。

（カ）　以上より，「他に適当な方法」はない。

イ　原告適格は，「法律上の利益を有する者」に限られる（行訴法３７条の２第３項）。そして，「法律上の利益の有無の判断については，第９条第２項の規定を準用する」（行訴法３７条の２第４項）。

（ア）　Ｘらは，本件フェンスの撤去という処分の相手方ではな

● 訴訟類型の選択について，非申請型義務付け訴訟（行訴３Ⅵ①）を選択できているが，「一定の処分」として，誰に何を命ずるのかについて具体的に特定しなければならない。

● 重大な損害を生ずるおそれを検討するに当たっては，「本件市道を，Ｘ２が小学校への通学路として利用できないこと及びＸらが災害時の避難路として利用ができないこと」について論じる必要があるところ，本答案は，通学路及び緊急避難路について指摘できており，一応の検討はできている。

● 出題趣旨によれば，「民事訴訟によるＡに対する妨害排除請求の可能性があることを指摘し，それが『他に適当な方法』に当たるか」を検討する必要がある。本答案は，(エ)(オ)の論述からも明らかなように，「その損害を避けるため他に適当な方法がない」こと（補充性）の要件について正しく理解できていないため，論旨が不明瞭な論述に終始している。

● 「法律上の利益を有する者」の定義を示していない。

● 「法律上の利益を有する者」とはどのような者であるのかについて，

いので，法律上の利益について，「当該法令の趣旨及び目的並びに当該処分において考慮されるべき利益の内容及び性質を考慮する」必要がある（行訴法９条２項）。

すなわち，当該処分を定めた行政法規が，不特定多数者の具体的利益を専ら一般的な公益の中に吸収解消させるにとどまらず，それが帰属する個々人の個別的利益として，これを保護すべきとする趣旨を含むと解される場合の，当該利益にあたるかが問題となる。

（イ）　本件フェンスの設置は，本件市道の「交通に支障を及ぼす虞のある行為」（道路法４３条２号）にあたり，撤去処分の相手方は，設置したＡであり，Ｘらは当該処分の相手方ではない。そこで，道路法の規定は，Ｘらの個人的利益の保護も図っているかを検討すると，道路法の目的は，「交通の発達」と「公共の福祉」（道路法１条）である。そして，「交通に支障を及ぼす虞のある行為」（道路法４３条２号）を禁止（道路法４３条柱書）しているので，道路を通行する者の通行を保障しているといえる。したがって，道路法上Ｘらの個人的利益も図っているので，Ｘらには，法律上の利益が認められる。

ウ　以上より，Ｘらは訴訟要件を満たす。

２　小問(2)

(1)　Ｘらの主張としては，Ｙ市長が，本件フェンスに関する監督処分の措置を執らないことが違法であると主張する必要がある。

本答案は明らかにしていない（再現答案①と対比）。そのため，第三者の原告適格が問題となる場合の判断枠組みについての論証が整理されておらず，流れが悪い。

● 自らの定立した規範とどのような関係にあるのか，論旨不明な論述である。

● 「法令の趣旨及び目的」の分析が不十分である。また，「考慮されるべき利益の内容及び性質」についても検討できていない。

(2)　「交通に支障を及ぼす虞のある行為」（道路法４３条２号）「をしてはならない」（道路法４３条柱書）と規定されている。

当該規定は，裁量権の余地がない羈束行為である。したがって，当該規定に該当する行為は道路法に違反しているといえる。

Ａは，本件フェンスを本件市道上に設置して，交通に支障を及ぼしているので，道路法に違反している。

(3)　「この法律」「に違反している者」（道路法７１条１項１号）に対して，「道路管理者は」「道路」「に存する」「工作物その他の物件により生ずべき損害を予防するために」「道路を原状に回復することを命ずることができる」（道路法７１条柱書）と規定されている。

(4)　道路管理者とは，市道の場合，「その路線の存する市」「が行う」（道路法１６条１項）と規定されているので，本件市道については，Ｙ市長となる。

(5)　監督処分については，「できる」との文言から，市長に処分をするか否かの裁量権が認められている。しかしこの裁量権は，命令が発せられる条件が「この法律……損害を予防……命じることができる」と，いろいろな状況を含むために裁量権が認められており，違法な状況に対する場合には，その裁量権の幅は狭いと考えられる。そして，違法行為に対して，市長が監督処分の措置を執らない場合は，裁量権を逸脱することになり，監督処分の措置を執らないことが違法となる。

(6)　Ｙ市長は，本件フェンスを撤去していないので，違法行為に対し

● 出題趣旨によれば，「Ａによる本件フェンスの設置行為が同法第43条第２号に違反しているかどうかを，道路管理者の要件裁量の有無も含めて検討しなければならない」ところ，本答案は，何らの理由もなく「裁量権の余地がない羈束行為である」として要件裁量を否定しており，著しく不当である。

● (3)と(4)で条文を長々と書き写しているが，(5)の論証に条文を引用すれば足りる。

● 本答案は，法71条１項１号に関して，効果裁量の有無を検討しているが，法律の文言のみから簡単に認めており，裁量が肯定される実質的理由（処分の性質）の検討ができていない。

● 裁量権の逸脱濫用の具体的検討においては，「Ｘらが受ける本件被侵害利益」や「Ｙ市側が主張するような諸事情」を考慮して検討する必要

て監督処分の措置を執っていないので，違法となると主張すべきである。

第２　設問２

１　小問⑴

⑴　取消処分の対象になるためには，当該行為が処分に該当しなければならない。

「処分」とは，一般に，公権力の主体たる国又は公共団体が行う行為のうち，その行為によって，直接国民の法律関係を形成し，又はその範囲を確定するものをいう。

ア　市町村の路線の廃止は，「市町村長」が「市町村道について，一般交通の用に供する必要がなくなつたと認める場合に」できる（道路法１０条１項）。

イ　本件市道の廃止については，Ｙ市長が行うので，公権力性は認められる。

また，本件市道の交通ができなくなることから，外部性・直接性も認められる。

しかし，廃止に当たっては，「市町村長は，……公示」することを必要としている（道路法１０条３項，１０条１項，９条）が，これは事実を提示するだけであり，法規範性を有しない。

ウ　以上から，本件市道の廃止は，処分に当たらないとも考えられる。

⑵　そこで，私人が所有する敷地が道路の区域とされ，道路の区域の決定及び供用の開始が，道路敷地の所有者及び通行者の法的地位に対して及ぼす影響を検討する。

なぜならば，道路の廃止が出口だとしたら，道路の決定及び供用の開始が入口となる。そして，入口にあたる行為について処分性が認められた場合は，出口にあたる行為についても，表裏の関係なので，処分性が認められることになるからである。

ア　私人が所有する土地が道路の区域として決定されると，「何人も」「道路管理者の許可を受けなければ，当該区域内において土地の形質を変更し，……付加増置してはならない」（道路法９１条１項）とされ，供用開始までにおいても，土地の所有者は，「私権を行使することができない」（道路法９１条２項，４条本文）。

イ　本来，土地の所有者は，所有する土地を自由に使用収益することができるはずが，その私権の行使を制限される。したがって，法規範性を有することになる。

ウ　以上より，道路の区域の決定及び供用の開始は，処分にあたるので，路線の廃止も処分に当たる。

したがって，本件市道の路線の廃止は，取消訴訟の対象となる処分に当たる。

２　小問⑵

⑴　道路法上，路線を廃止できるのは，「一般交通の用に供する必要がなくなつたと認める場合」（道路法１０条１項）である。当該規定は，「市町村長は，……廃止することができる」となっていて，

があったところ，本答案は，理由もなく裁量権の逸脱濫用という結論を導いている点で不適切である。

● 「処分」について，判例（最判昭39.10.29／百選Ⅱ［第７版］〔148〕）の定義を正確に示す必要がある。

● 公権力性が認められるのは，単にＹ市長が行うからではない（再現答案③コメント参照）。

● 本答案は，「表裏の関係なので，処分性が認められる」などとしているが，論旨不明である。ここでは，路線の廃止によって，道路の区域決定・供用開始による道路敷地所有者に対する制限・禁止を解除する法的効果があることを指摘すべきである。

そもそも，比喩を答案で用いること自体が誤りである。比喩に対しては反論可能性がないため，当該比喩が論理的に正しい文章であるかが検証できない上，自分の理解が不十分であることをアピールするようなものだからである。判示事項である場合等の例外的な場合でない限り，比喩は用いるべきではない。

● 「必要がなくなつた」という要件を指摘し，裁量の有無を検討している点は出題趣旨に沿うが，要件裁量と効果裁量の区別がなされていない。

文言上，市長の裁量権が認められる。

また，実質上も通行量が全くない場合しか，路線の廃止が認められないとすると，「市町村道の管理は，その路線の存する市町村が行う」（道路法１６条１項）ことから，路線が存在する市の財政等を圧迫することになってしまう。したがって，どのくらいの通行量をもって，「一般交通の用に供する必要がなくなつたと認め」られるかについては，市長に裁量権が認められる必要がある。

(2) Ｙ市の内部基準については，本来は，道路法が市長に与えている裁量権について，行政内部での基準にすぎないので，法規範性は有さない。しかし，ウェブサイトで公表することで，透明性や比例原則が働き，内部基準にしたがって処分がされることが必要となる。

(3) Ｙ市の内部基準では，「市道の路線を廃止するためには当該市道に隣接するすべての土地の所有者から同意を得る必要がある」とされている。

Ｘ１が所有する本件土地も本件市道に隣接しているが，本件市道の廃止に同意していない。すなわち，本件市道に隣接するすべての土地の所有者の同意が得られているわけではないので，Ｙ市長による本件市道の廃止は，透明性や比例原則に反し，裁量権の逸脱がある。

(4) また，本件市道の利用の調査は，Ａのみに聞き取り調査を行っただけであり，本件フェンスを撤去した上での利用状況調査など，容易にできる調査や，Ａ以外に本件市道に隣接する住民についての聞き取り調査もしていないので，裁量権の濫用がある。

(5) 以上のように，Ｙ市長には，裁量権の逸脱・濫用があり，違法となる。

以　上

● 裁量基準の合理性についての検討ができていない（再現答案①コメント参照）。また，ウェブサイト上で内部基準が公表されるとどうして「透明性」「比例原則」が働くのかについて，その理由が明らかでなく論旨不明瞭である。

● Ｘ１の同意を得ていないことと裁量権の範囲の逸脱濫用との関係を検討できている。

● 本件フェンスにより市道が閉鎖された状況下での調査だった点を論述できている点は良い。もっとも，調査を怠った点がなぜ裁量権の逸脱濫用につながるのか，その理由が明らかでなく，不十分である。

平成30年

問題文

［公法系科目］

〔第２問〕（配点：１００〔**〔設問１〕**(1)，**〔設問１〕**(2)，**〔設問２〕**の配点割合は，３５：４０：２５〕）

宗教法人Ａは，宗教法人法に規定された宗教法人で，同法の規定により登記された事務所を，約１０年前からＢ市の区域内に有している。Ａは，以前から墓地用石材の販売等を扱う株式会社Ｃと取引関係にあったが，Ｃから，Ｂ市内に適当な広さの土地（以下「本件土地」という。）を見付けたので，大規模な墓地の経営を始めないかとの提案を持ち掛けられた。Ｃがこのような提案をしたのは，Ｂ市においては，「Ｂ市墓地等の経営の許可等に関する条例」（以下「本件条例」という。）第３条の定めにより，株式会社であるＣは墓地の経営許可を受けることができず，墓地経営のために宗教法人であるＡの協力が必要であったという事情による。Ａは，大規模な墓地の経営に乗り出すことは財政的に困難であると考えたが，Ｃから，用地買収や造成工事に必要な費用を全額無利息で融資するとの申出を受けたため，Ｃの提案を受け入れ，本件土地において墓地（以下「本件墓地」という。）の経営を行うことを承諾した。そこで，Ａは，Ｃから融資を受けて，平成２９年９月２５日に本件土地を購入した（なお，本件土地に所有権以外の権利は設定されていない。）。さらに，Ａは，「墓地，埋葬等に関する法律」（以下「法」という。）第１０条第１項に基づき，本件墓地の経営許可を得るため，本件条例に基づく必要な手続を開始した。なお，Ｂ市においては，法に基づく墓地経営許可の権限は，法第２条第５項に基づき，Ｂ市長が有している。

Ａは，平成２９年１１月１７日，周辺住民らに対して，本件条例第６条に基づく説明会（以下「本件説明会」という。）を開催した。本件説明会は，Ａが主催したが，Ｃの従業員が数名出席し，住民に対する説明は，Ａの担当者だけではなくＣの従業員も行った。本件土地の周囲１００メートル以内に住宅の敷地はなかったが，本件土地から１００メートルを超える場所に位置する住宅に居住する周辺住民らが，本件説明会に出席し，本件土地周辺の道路の幅員はそれほど広いものではないため，墓参に来た者の自動車によって渋滞が引き起こされること，供物等の放置による悪臭の発生並びにカラス，ネズミ及び蚊の発生又は増加のおそれがあることなど，生活環境及び衛生環境の悪化への懸念を示した。しかし，Ａは，その後も本件墓地の開設準備を進め，平成３０年３月１６日，Ｂ市長に対して本件墓地の経営許可の申請（以下「本件申請」という。）をした。

他方，本件土地から約３００メートル離れた位置にある土地には宗教法人Ｄの事務所が存在し，Ｄは，同所で約１０年前から小規模な墓地を経営していた。Ｄは，本件説明会の開催後，本件土地において大規模な墓地の経営が始まることを知り，自己が経営する墓地の経営悪化や廃業のおそれがあると考えた。Ｄの代表者は，その親族にＢ市内で障害福祉サービス事業を営む法人Ｅの代表者がいたことから，これを利用して，本件申請に対するＢ市長の許可処分を阻止しようと考えた。Ｄの代表者は，Ｅの代表者と相談し，本件土地から約８０メートル離れた位置にあるＤの所有する土地（以下「Ｄ所有土地」という。）に，Ｅの障害福祉サービスの事業所を移転するよう求めた。Ｅは，これを受けて，特に移転の必要性はなかったにもかかわらず，Ｄ所有土地を借り受けて事業所（以下「本件事業所」という。）を設置し，平成３０年３月２３日，Ｄ所有土地に事業所を移転した。本件事業所は，「障害者の日常生活及び社会生活を総合的に支援するための法律」に定められた要件に適合する事業所で，短期入所用の入所施設を有しており，本件条例第１３条第１項第２号の「障害福祉サービスを行う施設（入所施設を有するものに限る。）」に該当する。本件事業所は，従来のＥの施設の利用者を引き継いでいたことから，定員に近い利用者が日常的に利用し，また，数日間連続して入所する利用者も見られた。

Ｂ市は，本件事業所の移転やＤの代表者とＥの代表者に親族関係があるという事情を把握していなかったが，Ｄ及びＥがＢ市長に対して平成３０年４月１６日，本件申請に対して許可をしないよう求める旨の申入れを行ったことにより，上記事情を把握するに至った。Ｄ及びＥの申入れの内容は，①本件墓地が大規模であるため，Ｂ市内の墓地の供給が過剰となり，Ｄの墓地経営が悪化し，廃業せざるを得ないこともあり得る，②本件事業所が本件土地から約８０メートル離れた位置にあり，本件条例第１３条第１項の距離制限規定に違反する，③本件墓地の経営が始まることにより，本件事業所周辺において，本件説明会で周辺住民が指摘したのと同様の生活環境及び衛生環境の悪化が生じ，本件事業所の業務に無視できない影響を与える懸念がある，④本件墓地の実質的経営者は，ＡではなくＣである，⑤仮にＢ市長が本件申請に対して許可をした場合には，Ｄ，Ｅ共に取消訴訟の提起も辞さない，というものであった。

Ｂ市長は，本件墓地の設置に対する周辺住民の反対運動が激しくなったことも踏まえ，本件申請に対して何らかの処分を行うこととし，平成３０年５月１６日，法務を担当する総務部長に対し，法に関する許可等を所管する環境部長及びＢ市の顧問弁護士Ｆを集めて検討会議を行い，本件申請に対して，許可処分（以下「本件許可処分」という。）を行うのか，あるいは不許可処分（以下「本件不許可処分」という。）を行うのか，また，それぞれの場合にどのような法的な問題があるのかを検討するよう指示した。

以下に示された**【検討会議の会議録】**を読んだ上で，弁護士Ｆの立場に立って，設問に答えなさい。ただし，検討に当たっては，本件条例は適法であるとの前提に立つものとする。

なお，関係法令の抜粋を**【資料　関係法令】**に掲げてあるので，適宜参照しなさい。

〔設問１〕

Ｂ市長が本件申請に対して本件許可処分を行い，Ｄ及びＥが本件許可処分の取消しを求めて取消訴訟を提起した場合について，以下の点を検討しなさい。

(1)　Ｄ及びＥは，上記取消訴訟の原告適格があるとして，それぞれどのような主張を行うと考えられるか。また，これらの主張は認められるか。Ｂ市が行う反論を踏まえて，検討しなさい。

⑵ 仮に，Ｅが上記取消訴訟を適法に提起できるとした場合，Ｅは，本件許可処分が違法であるとして，どのような主張を行うと考えられるか。また，これに対してＢ市はどのような反論をすべきか，検討しなさい。

〔設問２〕

Ｂ市長が本件申請に対して本件不許可処分を行い，Ａが本件不許可処分の取消しを求めて取消訴訟を提起した場合，Ａは，本件不許可処分が違法であるとして，どのような主張を行うと考えられるか。また，これに対してＢ市はどのような反論をすべきか，検討しなさい。

【検討会議の会議録】

総務部長：市長からの指示は，本件申請に対して本件許可処分を行った場合と本件不許可処分を行った場合それぞれに生じる法的な問題について，考えられる訴訟への対応も含めて検討してほしいというものです。法第１０条第１項は，墓地経営許可の具体的な要件をほとんど定めておらず，本件条例が墓地経営許可の要件や手続を具体的に定めているのですが，本件条例の法的性質についてはどのように考えるべきでしょうか。

弁護士Ｆ：法第１０条第１項の具体的な許可要件や手続を定める条例の法的性質については，様々な見解があり，また，地方公共団体によっても扱いが異なるようです。本日の検討では，本件条例は法第１０条第１項の許可要件や手続につき，少なくとも最低限遵守しなければならない事項を具体的に定めたものであるという前提で検討することにしましょう。

総務部長：分かりました。では，まず，本市が本件申請に対して本件許可処分を行った場合の法的問題について検討しましょう。この場合，Ｄ及びＥが原告となって本件許可処分の取消しを求めて取消訴訟を提起することが考えられます。このような訴訟は，法的に可能なのでしょうか。

弁護士Ｆ：Ｄ及びＥに取消訴訟を提起する原告適格が認められるかどうかが争点となります。取消訴訟の他の訴訟要件については特に欠けるところはないと思います。Ｄ及びＥは，本件許可処分が行われた場合，それぞれどのような不利益を受けると考えて取消訴訟を提起しようとしているのでしょうか。

環境部長：まず，Ｄについては，既にＤの墓地は余り気味で，空き区画が出ているそうです。本件墓地は規模が大きく，本件墓地の経営が始まると，Ｄは，自らの墓地経営が立ち行かなくなるのではないかと懸念しています。墓地経営には公益性と安定性が必要であり，墓地の経営者の経営悪化によって，墓地の管理が不十分となることは，法の趣旨目的から適切ではないと考えることもできるでしょうね。

弁護士Ｆ：ええ。そのことと本件条例が墓地の経営主体を制限していることとの関連も検討する必要がありそうです。

環境部長：次に，Ｅについては，Ｄ所有土地に本件事業所を置いています。Ｅは，本件墓地の経営が始まることにより，本件事業所周辺において，本件説明会で周辺住民が指摘したのと同様の生活環境及び衛生環境の悪化が生じ，本件事業所の業務に無視できない影響を与える懸念があると考えています。本件事業所の利用者は数日間滞在することもありますので，その限りでは住宅の居住者と変わりがない実態があります。

総務部長：Ｄ及びＥに原告適格が認められるかどうかについては，いろいろな考え方があると思います。本市としては，Ｄ及びＥが，原告適格が認められるべきであるとしてどのような主張を行うことが考えられるのか，そして，それに対して裁判所がどのような判断をすると考えられるのかを検討する必要があると思います。これらの点について，Ｆ先生に検討をお願いします。

弁護士Ｆ：了解しました。

総務部長：次に，仮に原告適格が認められるとした場合，本件許可処分の違法事由としてどのような主張がされるのかについて検討します。主張される違法事由については，ＤとＥとで重複が見られますので，本日は，Ｅの立場からの主張のみを検討したいと思います。

環境部長：Ｅは，まず，本件事業所がＤ所有土地に存在することで本件許可処分は本件条例第１３条第１項の規定に違反すると主張しています。そのような主張がされた場合，本市としてはどのように反論するのか考えておく必要がありますね。

弁護士Ｆ：そうですね。また，本件においては，仮に，本件墓地の経営許可を阻止するため，ＤとＥが協力して本件事業所を意図的にＤ所有土地に設置したという事情があるならば，このような事情を距離制限規定との関係で法的にどのように評価すべきかについても，検討する必要がありそうです。

総務部長：Ｆ先生が今指摘された事情は，Ｅの原告適格に関しても問題になるのではないでしょうか。

弁護士Ｆ：原告適格の問題として整理する余地もあると思います。しかし，本日の検討では，原告適格ではなく，本案の主張の問題として考えておきたいと思います。

環境部長：本件許可処分の他の違法事由として，Ｅは，本件墓地の実質的な経営者は，ＡではなくＣであると主張しています。

総務部長：本件墓地の実質的な経営者が，ＡとＣのいずれであるかは検討を要する問題ですね。仮に実質的な経営者がＣであるとした場合，法的に問題があるのでしょうか。

弁護士Ｆ：本件条例によると，墓地の経営者は，地方公共団体のほか，宗教法人，公益社団法人等に限られています。仮に本件墓地の実質的な経営者がＣであるとすれば，このような点も踏まえ，法や本件条例の関連諸規定に照らして違法となるのかについて，注意深く検討する必要がありますね。

総務部長：では，この点についてもＦ先生に検討をお願いします。また，以上のような本件許可処分の違法事由について，Ｅがこれら全てを取消訴訟において主張できるかについても，検討する必要がありますね。

弁護士Ｆ：はい。Ｅが，自己の法律上の利益との関係で，いかなる違法事由を主張できるかにも注意して検討すべきと考えています。

総務部長：次に，本件申請に対して，本件不許可処分を行った場合です。この場合にはＡが本件不許可処分の取消しを求めて取消訴訟を提起することが想定されます。本日は，この取消訴訟における本案の主張の検討をお願いします。

環境部長：環境部では本件不許可処分をする場合の処分理由として，次のことを考えています。㋐本件墓地周辺の生活環境及び衛生環境が悪化する懸念から，周辺住民の反対運動が激しくなったこと，㋑Ｄの墓地を含むＢ市内の墓地の供給が過剰となり，それらの経営に悪影響が及ぶこと，㋒本件事業所が本件土地から約８０メートル離れた位置にあること，の３点です。

弁護士Ｆ：㋒については先ほど検討しましたので，本件不許可処分の問題としては，検討を省略しましょう。まず，㋐について補足される点はありますか。

環境部長：Ａは，本件墓地の設置に当たっては，植栽を行うなど，周辺の生活環境と調和するよう十分配慮しているとしていますが，住民の多くはそれでは十分ではないと考えています。

弁護士Ｆ：次に，㋑についてですが，本件墓地の経営は，Ｂ市内の既存の墓地に対して大きな影響を与えるのでしょうか。

環境部長：Ｄの墓地を含めて，Ｂ市内には複数の墓地がありますが，いずれも供給過剰気味で，空き区画が目立つようになっています。本件墓地の経営が始まれば，Ｄの墓地のような小規模な墓地は経営が破綻する可能性もあると思います。

総務部長：では，これらの㋐及び㋑の処分理由に対して想定されるＡからの主張について，本市からの反論を含めて，Ｆ先生に検討をお願いします。

弁護士Ｆ：了解しました。

【資料　関係法令】

○　墓地，埋葬等に関する法律（昭和２３年法律第４８号）（抜粋）

第１条　この法律は，墓地，納骨堂又は火葬場の管理及び埋葬等が，国民の宗教的感情に適合し，且つ公衆衛生その他公共の福祉の見地から，支障なく行われることを目的とする。

第２条　この法律で「埋葬」とは，死体（中略）を土中に葬ることをいう。

２，３　（略）

４　この法律で「墳墓」とは，死体を埋葬し，又は焼骨を埋蔵する施設をいう。

５　この法律で「墓地」とは，墳墓を設けるために，墓地として都道府県知事（市又は特別区にあつては，市長又は区長。以下同じ。）の許可を受けた区域をいう。

６，７　（略）

第１０条　墓地，納骨堂又は火葬場を経営しようとする者は，都道府県知事の許可を受けなければならない。

２　（略）

○　B市墓地等の経営の許可等に関する条例（抜粋）

（趣旨）

第１条　この条例は，墓地，埋葬等に関する法律（昭和２３年法律第４８号。以下「法」という。）第１０条の規定による経営の許可等に係る事前手続並びに墓地，納骨堂又は火葬場（以下「墓地等」という。）の設置場所等，構造設備及び管理の基準その他必要な事項を定めるものとする。

（墓地等の経営主体）

第３条　墓地等を経営することができる者は，原則として地方公共団体とする。ただし，次の各号のいずれかに該当し，B市長（以下「市長」という。）が適当と認める場合は，この限りでない。

(1)　宗教法人法（中略）に規定する宗教法人で，同法の規定により登記された事務所を，B市（以下「市」という。）の区域内に有するもの

(2)　墓地等の経営を目的とする公益社団法人又は公益財団法人で，登記された事務所を，市の区域内に有するもの

2　前項に規定する事務所は，その所在地に設置されてから，３年を経過しているものでなければならない。

（説明会の開催）

第６条　法第１０条第１項の規定による経営の許可を受けて墓地等を経営しようとする者は，当該許可の申請に先立って，規則で定めるところ〔注：規則の規定は省略〕により，墓地の設置等の計画について周知させるための説明会を開催し，速やかにその説明会の内容等を市長に報告しなければならない。

（経営の許可の申請）

第９条　法第１０条第１項の規定による経営の許可を受けようとする者は，次の各号に掲げる事項を記載した申請書を市長に提出しなければならない。

(1)〜(6)　（略）

2　墓地又は火葬場の経営の許可を受けようとする者は，前項の申請書に次の各号に掲げる書類を添付しなければならない。

(1)　法人（地方公共団体を除く。）にあっては，その登記事項証明書

(2)　墓地又は火葬場の構造設備を明らかにした図面

(3)　墓地にあっては，その区域を明らかにした図面

(4)　墓地又は火葬場の周囲１００メートル以内の区域の状況を明らかにした図面

(5)　墓地又は火葬場の経営に係る資金計画書

(6)　（略）

3　（略）

（墓地等の設置場所等の基準）

第１３条　墓地及び火葬場は，次の各号に定めるものの敷地から１００メートル以上離れていなければならない。ただし，市長が市民の宗教的感情に適合し，かつ，公衆衛生その他公共の福祉の見地から支障がないと認めるときは，この限りでない。

⑴　住宅

⑵　障害者の日常生活及び社会生活を総合的に支援するための法律（中略）に規定する障害福祉サービスを行う施設（入所施設を有するものに限る。）

⑶〜⑸　（略）

２　墓地及び火葬場は，飲料水を汚染するおそれのない場所に設置しなければならない。

３　墓地等の土地については，当該墓地等の経営者（地方公共団体を除く。）が，当該墓地等の土地を所有し，かつ，当該土地に所有権以外の権利が設定されていないものでなければならない。ただし，市長が当該墓地等の経営に支障がないと認めるときは，この限りでない。

（墓地の構造設備の基準等）

第１４条　墓地には，次の各号に掲げる構造設備を設けなければならない。ただし，市長が市民の宗教的感情に適合し，かつ，公衆衛生その他公共の福祉の見地から支障がないと認めるときは，この限りでない。

⑴　外部から墳墓を見通すことができないようにするための障壁又は密植した垣根

⑵　雨水等が停滞しないようにするための排水路

⑶　墓地の規模に応じた管理事務所，便所，駐車場並びに給水及びごみ処理のための設備（墓地の付近にあるこれらのものを含む。）

２　墓地の構造設備については，植栽を行う等周辺の生活環境と調和するように配慮しなければならない。

出題趣旨

【公法系科目】

〔第２問〕

本問は，「墓地，埋葬等に関する法律」（以下「法」という。）第１０条第１項に基づいて，宗教法人Ａが墓地（以下「本件墓地」という。）の経営許可を申請した場合（以下「本件申請」という。），それに関して生じる法的な問題について，経営許可の権限を有する地方公共団体Ｂ市の主張を考慮しつつ，検討を求めるものである。本問で論じられるべき第１の問題は，本件申請に対して許可（以下「本件許可処分」という。）が行われた場合，本件墓地の近隣で別の墓地を経営している宗教法人Ｄと，障害福祉サービス事業を行う法人Ｅに，本件許可処分に対して取消訴訟を提起する原告適格が認められるかである（設問１⑴）。論じられるべき第２の問題は，仮にＥに原告適格が認められた場合，本件許可処分が違法であるとして，Ｅがどのような主張をすることが考えられるか，また，それらの主張が制限を受けることはないかである（設問１⑵）。そして，論じられるべき第３の問題は，本件申請に対して不許可処分（以下「本件不許可処分」という。）が行われ，Ａが，本件不許可処分に対して取消訴訟で争う場合，Ａが本件不許可処分の違法事由としてどのような主張をすることができるかである（設問２）。これらの点を，法，法に関して最小限必要な許可要件や手続を定めた「Ｂ市墓地等の経営の許可等に関する条例」（以下「本件条例」という。）等の資料を踏まえて論じることが求められている。

〔設問１⑴〕は，取消訴訟の原告適格という，取消訴訟の基本的な訴訟要件の理解を問うものである。本問では，ＤとＥは，それぞれ本件許可処分の名宛人ではなく，第三者であることから，行政事件訴訟法第９条第１項と同条第２項の基準に基づいて，原告適格に関しどのような主張がなされるのか，また，原告適格は認められるのかを，Ｂ市からの反論を踏まえて検討することが求められている。

Ｄの原告適格の検討に当たっては，既存の墓地の経営主体であるＤが，本件墓地によって経営上悪影響を受けることを理由に，原告適格が認められるのかを論じることとなる。法第１条は，公衆衛生や宗教感情の保護等を法目的としているが，既存の墓地の保護については特に触れるところはない。しかし，本件条例第３条第１項が墓地の経営主体を原則として地方公共団体としていることや，本件条例第９条第２項の経営許可に関する要件を定めた規定により，法や本件条例がその趣旨目的として墓地経営の安定を求めていると考えることもできることから，墓地経営許可に際して，既存の墓地の利益保護が考慮されているかどうかを論じることが求められる。

Ｅの原告適格の検討に当たっては，Ｅは障害福祉サービス事業を行う事業所を運営していることから，本件墓地の経営によって，衛生環境や生活環境の悪化を理由に原告適格が認められるのかが問題となる。本件条例第１３条第１項や第１４条第１項等を手掛かりとして，法や本件条例が，Ｅの事業所に対して，障害福祉サービス事業を行う事業所として，適切な環境の下で円滑に業務を行う利益を保護しているかを論じることが求められる。

〔設問１⑵〕では，Ｅが，本件許可処分に対する取消訴訟を適法に提起できるとした場合，本件許可処分が違法であるとして，どのような主張が可能か，また，それらの主張が制限を受けないかを検討することが求められる。法第１０条第１項に基づく許可については，公益的見地からその許否が判断され，行政に一定の裁量が認められると考えられるが，どのような根拠に基づいて，いかなる裁量が認められるのか，さらに，本件許可処分が，どのような理由から裁量権の範囲を逸脱・濫用し，違法とされるのかについて，検討を進めることが求められている。

Ｅが主張する違法事由としては以下の２点を論じることが求められる。第１に，本件墓地から約８０メートルの距離にあるＥの事業所が本件条例第１３条第１項⑵の「障害福祉サービスを行う施設（入所施設を有するものに限る。）」に該当し，本件条例第１３条第１項の距離制限に違反することから，本件許可処分は違法ではないかという点である。さらに，たとえ距離制限に違反していても，Ｅが，Ｄと相談して，説明会や本件申請の後に事業所を移転している等の事情から，本件許可処分を妨害するため，意図的に本件事業所を移転したとすれば，権利濫用として，そのような違法事由は主張できないのではないかという点もあわせて論じることが求められている。第２に，本件墓地の実質的な経営者は，Ａではなく，営利企業のＣではないのかという，いわばＡとＣの間で一種の「名義貸し」に当たる行為が行われたのではないかという点である。法や本件条例には「名義貸し」を明文で禁止する定めは見られないが，本件条例が，墓地の経営主体を地方公共団体や宗教法人等に限定し，営利企業への墓地営業許可を認めていないことや，経営主体に一定の要件を求めていることから，仮に，本件許可処分が「名義貸し」によって認められたものであるとすれば，法や本件条例の趣旨を潜脱して違法ではないかという主張を行うことが考えられよう。法や本件条例を踏まえて，資料に示された具体的な事実を通して，Ｅの主張を検討することが求められている。

さらに，本件許可処分の違法事由については，Ｅの「自己の法律上の利益」に関係があるかどうか，すなわち，行政事件訴訟法第１０条第１項による主張制限についても検討することが求められている。行政事件訴訟法第１０条第１項の「自己の法律上の利益」の基本的な理解に基づき，上で述べた各違法事由の主張が制限されるかどうかを，個別に検討することが求められている。

〔設問２〕は，Ａが本件不許可処分に対して取消訴訟を提起した場合，本件不許可処分が違法であるとしてどのような主張がなされるのかを問うものである。本件不許可処分の理由としてＢ市が想定している理由のうち，本問で論じられるべきものは，㋐本件墓地周辺の住環境が悪化する懸念から，近隣住民の反対運動が激しくなったこと及び㋑Ｄの墓地を含むＢ市内の墓地の供給が過剰となり，その経営に悪影響が及ぶことであるが，これらに関して，Ｂ市の主張を踏まえて，検討することが求められている。

㋐については，単に近隣住民の反対運動が激化するということを理由とするにとどまるのであれば，本件不許可処分の根拠としては認められないとの見解もあり得る一方で，Ｂ市の立場からは，法第１０条第１項が，墓地の経営許可につき市長に裁量を認めていることを前提にして，住環境の悪化を懸念する反対運動の存在を考慮することは適法との見解もあり得，これらを比較して論じることが求められている。㋑についても，Ｂ市内の墓地の需給を考慮して本件不許可処分を行うことは許されないとの見解と，Ｂ市の立場からは，墓地の公共性や墓地の経営の安定性を求める法や本件条例の規定から，経営状態が悪化しないように，需給状況を考慮することは，裁量の範囲を超えるものではないという見解もあり得，これらを比較して論じることが求められている。

採点実感

1　出題の趣旨

別途公表している「出題の趣旨」を参照いただきたい。

2　採点方針

採点に当たり重視していることは，例年と同じく，問題文及び会議録中の指示に従って基本的な事実関係や関係法令の趣旨・構造を正確に分析・検討し，問いに対して的確に答えることができているか，基本的な判例や概念等の正確な理解に基づいて，相応の言及をすることのできる応用能力を有しているか，事案を解決するに当たっての論理的な思考過程を，端的に分かりやすく整理・構成し，本件の具体的事情を踏まえた多面的で説得力のある法律論を展開することができているか，という点である。決して知識の量に重点を置くものではない。

3　答案に求められる水準

⑴　設問１⑴

・　処分の名宛人以外の第三者であるＤ，Ｅに原告適格が認められるかどうかの検討に当たって，第三者の原告適格の判断枠組みを適切に提示し，Ｄが既存の墓地の経営者であること，ＥがＢ市墓地等の経営の許可等に関する条例（以下「本件条例」という。）第１３条第１項第２号に該当する施設の経営者であることを踏まえ，Ｄ，Ｅそれぞれについて，手掛かりとなる本件条例等の規定を挙げて根拠法令の趣旨目的を検討し，また，考慮される損害の性質程度も踏まえて被侵害利益の内容性質を検討した上で，Ｄ，Ｅの原告適格の有無についての結論を導いているものは，一応の水準に達しているものと判断した。

・　これに加えて，例えば，手掛かりとなる本件条例等の規定の内容を踏まえ，その規定からＤの墓地経営に関する利益やＥの本件事業所運営を適切な環境の下で円滑に行う利益などを保護することが根拠法令の趣旨目的に含まれるかどうかを説得的に論じ，また，考慮される損害の性質程度について事案を踏まえ具体的かつ詳細な検討がされているものなどは，良好な答案と判断した。

・　さらに，例えば，手掛かりとなる本件条例等の規定を複数挙げるなどして，根拠法令の趣旨目的や被侵害利益の内容性質について多面的に検討を加えているもの，設置許可の対象となる施設に関していわゆる位置基準を定めた規定がある場合の当該施設の周辺に居住する者等の当該設置許可処分の取消しの訴えに係る原告適格について判示した最高裁判所平成２１年１０月１５日判決（民集６３巻８号１７１１頁）に言及して検討がされているものなどは，優秀な答案と判断した。

⑵　設問１⑵

・　本件許可処分がＢ市の裁量に基づくものであることを前提に，Ｅが主張する違法事由につき，①Ｅの事業所について本件条例第１３条第１項の距離制限規定の適用があるというＥの主張を指摘した上で，ＤとＥとの関係から，権利濫用，信義則違反といった理由によりＥは距離制限規定の違反を主張できないとするＢ市の反論を論じ，②Ｃが本件墓地の実質的な経営者であり，Ａは名義貸しをしたものであるといえるかどうか，また，そのような行為が許されるものであるかどうかを検討し，③Ｅの①，②の主張について行政事件訴訟法第１０条第１項による主張制限の適用の有無が問題となることが論じられている答案は，一応の水準に達しているものと判断した。

・　これに加えて，例えば，本件許可処分がＢ市の裁量に基づくものであることをその理由と共に明示し，①について，Ｅの主張が権利濫用，信義則違反に当たると解する根拠となるＤとＥとの関係に関する具体的な事情を詳細に述べ，②について，Ｃが実質的な経営者であると解する根拠となる事情を具体的かつ詳細に述べ，名義貸しが禁止される実質的な理由について詳細に検討しているもの，③について，行政事件訴訟法第１０条第１項の判断基準について述べた上で，Ｅの①，②のいずれの主張についても具体的な当てはめの検討をしているものなどは，良好な答案と判断した。

・　さらに，例えば，本件許可処分がＢ市の裁量に基づくものであることについて，要件裁量，効果裁量の別を意識した論述がされ，①について，ＤとＥとの関係に関する事情を多面的に論じており，②について，名義貸しが禁止される実質的理由について本件条例の条文を複数挙げるなどして多面的に論じているものなどは，優秀な答案と判断した。

⑶　設問２

・　会議録に記載された㈠の点について，Ａの主張として，周辺の環境の悪化を懸念する近隣住民の反対を理由として不許可処分をすることは他事考慮であって認められないこと，Ａは環境に対する配慮をしていることからして環境の悪化を理由として不許可処分をすることは裁量権の範囲を逸脱することといったものを相応の根拠と共に挙げた上で，それに対するＢ市の反論を，本件条例の規定の内容や法令の趣旨目的を指摘するなどして論じ，会議録に記載された㈡の点について，Ａの主張として，Ｂ市内の墓地の需給状況を考慮して本件不許可処分を行うことは他事考慮に当たるといったものを相応の根拠と共に挙げた上で，それに対するＢ市の反論として，本件条例の規定の内容や法令の趣旨目的などを手掛かりに，本件不許可処分に当たって墓地の需給状況を考慮することは裁量の範囲を超えるものではないことを論じている答案は，一応の水準に達しているものと判断した。

・　これに加えて，例えば，㈠及び㈡のいずれについても，取り上げた主張に対する反論として想定される見解を踏まえて主張の根拠について説得的な論述がされているもの，それぞれの主張について根拠を複数挙げるなどして多面的な検討がされているものなどは，その程度に応じ，良好な答案又は優秀な答案と判断した。

４　採点実感

以下は，考査委員から寄せられた主要な意見をまとめたものである。

⑴　全体的印象

・　問題文，会議録をよく読まず，例えば，問題文の「【検討会議の会議録】を読んだ上で，弁護士Ｆの立場に立って，設問に答えなさい。」という指示に従っていない答案，設問１⑴について，Ｄ，Ｅの原告適格の有無につき，それぞれの主張を整理するだけで結論を示していない答案，設問１⑵や設問２の問題文で，「これに対してＢ市はどのような反論をすべきか，検討しなさい。」とされているにもかかわらず，Ｂ市の反論を述べていない答案，設問１⑵で，問われていないＤの主張を述べる答案，設問１⑵について，会議録に現れている論点であるにもかかわらず行政事件訴訟法第１０条第１項による主張制限に触れていない答案，設問１⑵で，「本件条例は適法であるとの前提」に立つよう指示されているにもかかわらず，法に定めがない墓地経営主体の限定を条例で定めているので本件条例は違法であるとの記述がある答案など，問題文の問いかけに対応しない形で記述された答案が少なからず見られた。

・　論理的な構成が明らかでないもの，何のためにその論点を論じているのかを記載せず，論点をそのまま抜き出して，唐突に書き始めるもの，反論の前提となる主張を説明せずに，いきなり反論から書き始める答案など，答案の構成に問題があるものも見られた。

・　時間が足りず，設問２の記載がない，あるいは，ほとんど検討がなされていないという答案は少なくなかった。解答に当たっては，時間配分にも配慮が必要であろう。

・　設問１⑴においては，墓地，埋葬等に関する法律（以下「法」という。）及び本件条例は墓地経営者の経営の安定等を保障していないとする結論を採る一方，設問２においては，反対の結論を示して，本件不許可処分が適法であるとするＢ市の主張を支持する解答をしたものが見られた。また，例えば，論述の途中では，原告適格があるとの結論を述べていたにもかかわらず，最終的には原告適格がないとしている答案もあった。論述中において中間的な結論，複数の考え方の可能性や仮定的議論等を述べる趣旨であればそれに沿った表現をすべきであろう。

・　基本的な論点の判断枠組みの論述についてはよく書けているのに対し，法令の趣旨を検討するための規定や事実関係が十分に挙げられていない答案が少なくなかった。

・　行政法学の基本概念に関する基礎理解が不十分である，又はその理解に問題があると思われる答案があった。例えば，講学上の許可であるから広い裁量が認められるとするもの，授益的処分なので要件裁量が認められるとするもの，本件条例第１３条第１項柱書の「支障がないと認めるとき」の判断に「効果裁量」が認められるとするもの，本件条例を法第１０条第１項に基づく委任条例であると性格付けるものなどである。

・　条文の引用が不正確であるものも目についた。また，条例の引用が概括的なものも目立った。すなわち，本件条例第１３条と引用するのみでは，第何項を指しているのか不明であるし，同条第１項と引用するのみであれば，第何号を指しているのか不明であって，第何項第何号まで引用すべきである。

・　例年指摘している事項であるが，乱雑に書き殴りほとんど判読不能であったり，字が小さすぎて潰れて読めない答案が少なからず存在した。例えば，「違法」と「適法」を判別できないものがあり，このようなものについては，その部分について得点することが困難となってしまうことに留意されたい。制限時間の問題があるとはいえ，他人に読んでもらうために答案を作成していることを念頭に置き，少なくとも読みやすい字を書くことを心掛けていただきたい。

・　この点も例年指摘していることであるが，「多事考慮」等，行政法上の基本的な用語に関する誤字が見られた。また，さして難しくない基本的な用語をひらがなで記述する答案も散見された。

⑵　設問１⑴

・　原告適格を論じないで，本案の違法主張を論じるなどした答案があり，この中には問題文の読み違いに起因するものもあるように思われる。しかし，問題文や会議録の全体をよく読めば，このような読み違いは生じないであろう。

・　Ｅが意図的に本件事業所を本件墓地の近くに移転したことは，原告適格の有無においては検討する必要がないことは会議録に明示されているが，この事実を指摘してＥの原告適格を否定する答案が散見された。問題文や会議録の指示については注意を払っていただきたい。

・　第三者の原告適格について，基本的な検討方法が身についていない答案が少なくなかった。行政事件訴訟法第９条第２項の文言からすれば，まずは原告が処分の相手方以外の者であることを確認することが出発点であるが，確認ができていない答案が目についた。

・　原告適格の判断枠組みは多くの答案で適切に理解されていることがうかがわれた。他方で，個々の論証水準にあっては差が見られた。まず，原告適格を基礎付ける根拠法令については，関係する規定を適切に挙げて検討することができていない答案も少なからずあった。中には，法第１条の目的規定のみを挙げ，「宗教的感情」，「公衆衛生」，「公共の福祉」という文言のみから，ＤやＥの原告適格の有無を検討し，本件条例の規定についてはほとんど触れていない答案も見られた。また，法律上保護された利益説に立脚し一般的な判断枠組みを示しているにもかかわらず，保護利益に関する根拠法令の趣旨や被侵害利益の内容性質の検討が不十分であった（さらには全く欠けている）答案も少なくなかった。単に原告適格の判断枠組みを提示するのみならず，その内容を理解した上で，事案に即した検討を行うことが求められる。

・　ＤとＥのそれぞれの原告に対応した保護規定と被侵害利益の整理が正確にされず，別の原告に関する保護規定や被侵害利益を誤って挙げている答案が少なくなかった。今回登場する原告らの立場は明確に区別できるものである一方，関係規定はやや多かったのでこれを原告ごとに適切に整理することには一定の学習水準が求められるものと思われる。

・　Ｄが本件土地から約８０メートルの場所に土地を所有していることをもって原告適格を認める答案もあったが，財産権保有ということと，本件の関係法令との関係が論じられておらず，思考過程が分かり難い答案となっていた。

・　Ｅの原告適格の有無の検討において，本件条例の規定にほとんど触れず，Ｅの受ける損害について論じた上で（例えば，生活環境の悪化によって何らかの生命身体への侵害があるとして），直ちに原告適格の存在を認めているものが多かった。このような答案の多くは，Ｅの原告適格については最も手掛かりになるはずの距離制限規定にはほとんど触れていないことになり，原告適格に関する論述についてややバランスを欠いたものとなってしまう。

・　考慮される損害の性質程度の検討では，Ｅについて，事業者としての業務上の不利益と利用者の生活・衛生環境上の不利益との区別を明確に意識しないままに論じている答案もあった。

(3)　設問１(2)

・　法令上の要件該当性判断と行政の裁量権の逸脱濫用の基本的区別がついていない答案が少なからず見受けられた。例えば，本件条例第１３条第１項本文の距離要件について「考慮しないのは裁量権の逸脱」とする答案は，理解が不正確ではないかと考えられる。

・　行政裁量が認められる実質的根拠について，例えば，「専門性」とだけしか述べない答案が少なくない。教育や科学技術など一定の分野に関する専門家・専門組織の判断の尊重なのか，政治的判断・公益的見地からの判断の尊重なのか，全国一律で基準を定めるべきでなく地域の特性や地域住民の意見をしんしゃくすべきゆえに認められる裁量なのかなど，事案の特性を踏まえてもう少し適切な理由付けを考えて説明してほしい。また，Ａが名義貸しをしているのではないかという点の論述において，「墓地の経営者を誰とみるかは，Ｂ市長の専門技術的な判断に委ねられる」と述べるのは明らかに無理があるように思われる。

- 裁量の根拠として，法第１０条第１項や本件条例の規定との関係を論じている答案は少なかった。行政裁量の存在は，行政処分等に何らかの「専門的技術的」な性格が認められれば，直ちに認められるわけではなく，個別法の規定についても検討される必要があるが，このような検討ができている答案はあまり多くなかった。
- 法第１０条第１項の許可について，「効果裁量が認められる」と述べているにもかかわらず，当てはめの段階では，処分要件に関する裁量を検討する答案や，その逆に，「要件裁量が認められる」と述べながら，許可を行うか否かの裁量を検討する答案が見られた。単なるケアレスミスなのかもしれないが，要件裁量や効果裁量といった基本的な概念の意味を理解していないのではないかとの疑念が生じる。
- 距離制限規定に違反するというＥの主張が権利濫用であるといった主張や，権利濫用であることを基礎付ける事実については多くの答案がおおむね的確に指摘していたように思われる。また，Ｃが実質的経営者であること（名義貸し）が，法の趣旨に照らしなぜ問題になるのかについても，多くの答案において検討がされていたように思われる。
- Ｄ所有土地上にＥが本件事業所を設置していることについて，墓地等の土地の所有権に係る規制と混同して，本件条例第１３条第３項違反を主張する答案があった。
- 距離制限規定に関し，「本件条例第１３条第１項柱書が定める１００メートルにわずか２０メートル足りないだけであるから許可すべき」とする答案が複数あった。同項但書があるとはいえ，法令上の基準の意義（本問において本件条例は『少なくとも最低限遵守しなければならない事項を具体的に定めたもの』という前提がとられている）に関する理解が不十分である（少なくともより丁寧な説明が必要である）と思われる。同様に，名義貸しについて，「実質的に宗教的感情に対する配慮ができたり経営の安定性があれば問題にならない」というのは，法令が定める要件との関係をより丁寧に説明する必要があるのではないか。
- Ｅによる事業所設置につき，権利濫用などといった法的評価を与えていない答案がまま見られたが，事実の法的評価を行うことは論証の基本である。また，なぜ権利濫用などに当たるかについても，問題文や会議録に示された内容からどの程度関係する点を挙げているかについては答案ごとの差が見られた。
- 権利濫用につき，「阻止するため」「意図的に」「あえて」というような主観的目的のみ記載していて，本件説明会（本件申請）後に設置したというような客観的事実の指摘がない答案が多かったが，該当する事実を丁寧に拾うことが求められる。
- 「名義貸し」について，なぜ「名義貸し」に当たるかにつき，問題文や会議録に示された内容からどの程度関係する点を挙げているかについては個人差が見られた。「名義貸し」が許されない理由についても同様である。
- 行政事件訴訟法第１０条第１項の主張制限の有無については，多くの答案で触れられていたが，同項の条文に全く触れていない答案や，何らかの検討を経ることなく，主張制限が認められるあるいは認められないとの結論のみを簡単に指摘する答案も見られた。本問における主張制限については，学説上，いくつかの見解が成り立つところであるが，いずれの見解に立つにせよ，その理由を検討することは必要である。

・　行政事件訴訟法第１０条第１項の主張制限については，「自己の法律上の利益に関係しない利益は，同項の「自己の法律上の利益」に当たらない」といった同語反復の説明をするにとどまっている答案が少なくなかった。ここでは，上記の「自己の法律上の利益」が原告適格を基礎付ける利益と同一であるのか，又はそれより広範な利益も含まれるのかが問題とされていることを意識して論ずる必要があったように思われる。

・　行政事件訴訟法第１０条第１項の判断枠組みを示すに当たり，同法第９条第１項の「法律上の利益」と同一文言であることのみを理由とする答案が目立った。例えば，同法第２５条第２項の「重大な損害」と同法第３７条の４第１項の「重大な損害」が同じ意味でないように，上記の点の指摘のみでは理由付けとしては必ずしも十分なものとはいえない。

・　行政事件訴訟法第１０条第１項の主張制限について，Ｅへの当てはめをしていない答案が多かった。

・　行政事件訴訟法第１０条第１項の主張制限に関する判断枠組みについては，諸説あるものの，結論のいかんにかかわらず原告が処分の相手方であるか否かが重要なポイントである点では大方の合意があるように思われるが，Ｅが処分の相手方以外の者であることを踏まえた検討を行っている答案は極めて少なかった。

(4)　設問２

・　法令が求める考慮事項や他事考慮について判断せず，直ちに利益衡量を行っている答案が少なからず見受けられた。

・　会議録には，「(ウ)については…検討を省略しましょう」とあることから，(ア)及び(イ)について検討すれば足りるのに，(ウ)についても検討している答案が散見された。

・　不許可処分の違法性が問われているのに，理由不備の手続違反を延々と論じたものなど，知っている論点を軽重を考えずに論じるものがあったが，会議録を読んで，問われていることに素直に答えてほしい。

・　市長が反対運動を理由に不許可処分を行った点と墓地の供給過剰の点のそれぞれにつき，法的評価を加えた上でＡの主張及びＢ市の反論を考えていくことが基本である。しかし，この点が不十分である答案が少なくなかった。本件では，市長の裁量判断と絡めた上で論じられる必要があったが，この点が理解されておらず，問題文の事実関係を単純に関係規定と照らし合わせた上で適法違法を論ずる答案も少なくなかった。行政法の解釈枠組みに照らした上で事実関係を法的に評価していくことが望まれる。

・　他事考慮に当たるか否かの具体的な検討に際し，関連法令の文言や趣旨の検討等を踏まえることなく，自らの価値判断から直接結論を導こうとするものが相当数見られた。例えば，高齢化社会においては墓地の重要性が高いため，供給過剰を考慮することは他事考慮に当たらないと論ずるものなどである。また，問題文に記載されていない事由であり，かつ，そのように断定するだけの根拠も見当たらない内容を論拠とする答案もあった。

・　Ｂ市の反論で，Ａの周辺環境への配慮が不十分であるから不許可処分が違法ではないと反論すべきと記載する答案が相当数見られたが，そのように論じる前提として，許可処分に当たってはＢ市長に要件裁量があることや裁量判断の考慮要素としてＡの配慮が十分といえるのかを検討することが許容されることを指摘する必要があるものと考えられ，上記の記載のみでは不十分であるといわざるを得ないと考えられる。

・　Ａがすべき主張としてＢ市内の墓地の供給が過剰となるか否かを考慮することが他事考慮であるという指摘は多くの答案でされていた。その一方で，Ｂ市の反論として，裁量判断としてＢ市内の墓地の供給状況を考慮することが許容されるという指摘自体は多くの答案でされていたが，そのような裁量判断が許容される根拠として，原則としてＢ市内で墓地を経営することができるのが公共団体であるとされていることや，そのような制限が墓地の公益性や経営の安定性の要請に由来することを指摘できている答案は少なかったように思われる。

5　今後の法科大学院教育に求めるもの

本年の出題も，昨年と同様に，書くべき論点が問題文及び会議録において明らかになっており，論ずべき問題点の検討・把握にそれほど困難を要するものではなかった。したがって，本問は，重要な最高裁判例や行政法上の概念等の正確な理解に基づき，本件事案に即した適切な見解を導く応用能力が発揮されているかどうかによって，評価に大きな差が出る出題であったといえる。具体的には，問題文等で示されている様々な事実を拾い出し，これについて適切に法的評価を行う能力や，与えられた条文から，法令の趣旨を検討する手掛かりとなる規定を見つけ出し，その趣旨を適切に読み解く能力，これらを踏まえて論理的な思考に基づき分かりやすく説得的な論述をする能力が求められたといえる。

このような能力，特に上記のような作業を短時間に的確に行う能力は，広く法律実務家にとって必須の能力であるといえ，法科大学院においては，このような能力が身につくような教育が目指されるべきであると考えられる。

判例や行政法上の概念といった基礎的知識の学習はもちろん重要であり，法科大学院におけるこれらの教育は今後も続けられるべきであろう。しかし，法科大学院においても，それにとどまらず，適切な条文を指摘しつつ，具体的な事実関係を規範に的確に当てはめる訓練をする教育を一層行う必要があると考えられる。判例の基準や各種概念を知識としては前提としているものの，上記のような具体的な当てはめの検討をすることなく，短絡的に解答を導く答案が少なくないことからもこのような教育の必要性が考えられる。

MEMO

再現答案①　A評価　20～21位（145.61点，H・Tさん　論文順位211位）

第１　設問１(1)

１　Ｄの原告適格

Ｄに原告適格が認められるためには，本件許可処分の取消しにつき法律上の利益（行政事件訴訟法（以下，略）９条１項）を有する必要があるところ，取消訴訟が主観的訴訟であることから，これを法律上保護された利益と解する。具体的には，９条２項に従い，根拠法令と関連法規の趣旨・目的，Ｄが有する当該利益の内容・性質を考慮して，特定の者の権利利益を，専ら一般公益に吸収解消させるに留めず，個々人の具体的利益としてもこれを保護する趣旨が認められる場合，法律上保護された利益に当たるといえる。

(1)　Ｄが主張する利益は，本件許可処分がなされることで競合する自己の墓地経営が立ち行かなくなるという競業者利益である。反論として，許可処分の根拠規定である法１０条１項と，許可に当たり遵守すべき最低限の事項を定めた行政規則として，関連法規に当たる本件条例１３条は，競業者利益への配慮を明文で許可要件とはしていない。また，本件条例９条２項によって提出が義務付けられる添付書類にも，競業者の存在を把握する目的と認められるものはない。

しかしながら，本件条例３条１項柱書が，墓地の経営権が原則として地方公共団体に属すると規定する趣旨は，墓地が埋葬の場所として，国民の宗教的感情を満足させ，死者に対し等しく追悼を受ける機会を保障するという公的な役割を担うことから，職業選択の自由に基づき国民の自由な設置に任せることは妥当ではなく，地方公共団体ごと需要に見合った墓地の数を確保する必要が認められる点にある。つまり，地方公共団体が例外的に墓地の経営を許可する場合，これは，国民の自由を一律に制限した上で個別に解除する講学上の許可ではなく，むしろ国民が本来自由になし得ない行為を個別に認める講学上の特許に当たる。したがって，地方公共団体は許可に際し，既存の墓地経営者への影響を考慮して，許可するか否かを判断する広い裁量が認められているのであり，ひるがえって競業者である既存業者との調整も黙示の許可要件とされているといえる。これは，本件条例３条１項が経営主体を制限し，さらに同９条２項５号が，資金計画書の提出を求めることで，既存業者と衝突しかねない申請業者の経営の安定性の確保を，許可に当たり考慮すべく規定していることとも合致する。よって，競業者利益を保護する趣旨が法令上認められる。

(2)　Ｄの競業者利益が，一般的公益に吸収解消させるにとどめず，具体的利益として保護される範囲に含まれるかどうかについて，反論として，本件墓地から３００メートルの距離に所在するＤは，本件説明会の出席者とされておらず，同９条２項４号に基づく図面の範囲内にも含まれていないことが挙げられる。しかしながら，同３条１項がＢ市内に事務所が所在することを墓地の経営主体の要件としており，市が市内全体について墓地の需給調整をすることが想定されている。また，墓地の需要は人口比例であって，同じ市内である限り距離によって既存業者の経営への影響の程度はさほど左右されないことからも，Ｂ市内に所在する限り競業者利益が考慮されると

● 採点実感によれば，「行政事件訴訟法第９条第２項の文言からすれば，まずは原告が処分の相手方以外の者であることを確認することが出発点である」とされているところ，本答案においてはその旨の言及がない。しかし，本答案は，判例（最大判平17.12.7／百選Ⅱ［第７版］〔165〕）を踏まえて第三者の原告適格の判断枠組みを適切に提示することができており，「基本的な検討方法が身について」いる答案として評価されたものと思われる。

● 既存の墓地の利益保護について，法・本件条例が明確に触れていないという点に言及できており，問題の所在を的確に把握できている。

● 出題趣旨によれば，Ｄに原告適格が認められるのかどうかにつき，「本件条例第３条第１項が墓地の経営主体を原則として地方公共団体としていることや，本件条例第９条第２項の経営許可に関する要件を定めた規定により，法や本件条例がその趣旨目的として墓地経営の安定を求めていると考えることもできることから，墓地経営許可に際して，既存の墓地の利益保護が考慮されているかどうかを論じることが求められ」ているところ，本答案でもこれらの点を論じることができており，出題趣旨に合致する。

● 採点実感によれば，「根拠法令の趣旨目的や被侵害利益の内容性質について多面的に検討を加えているもの」は，優秀な答案と判断されているところ，本答案は，法令の趣旨目的やＤの墓地経営上の利益についてＢ市の反論を踏まえた検討ができており，優秀な答案に当たると判断されたものと思われる。

解するべきである。したがって，Dの競業者利益は保護範囲に含まれる。

(3) 以上より，Dに原告適格が認められると主張する。この主張は妥当であり，裁判所の判断においてもDの原告適格が認められる。

2 Eの原告適格

Eの原告適格についても，D同様に検討する。

(1) Eが主張するのは，本件許可処分がなされることで，本件事業所の利用者に，住民が被るのと同様の生活環境・衛生環境上の悪影響が及び，結果利用者が減って，本件事業所の運営が立ち行かなくなるという不利益である。反論として，Eが被るのは一般事業者の営業上の不利益であり，既存の墓地経営者以外の営業利益は法の保護するところではないという主張が考えられる。もっとも，本件条例１３条１項２号は，直接生活環境・衛生環境の悪化の不利益を受ける住民とは別個に，障害福祉サービス施設を，距離制限規定によって配慮される対象としている。その趣旨は，高齢社会において障害福祉サービス施設が公的施設に準じた役割を担い，その運営に支障が生じることが，一般事業者の営業上の不利益とは同視しがたい特別な不利益であることから，これを保護する点にあると解される。したがって，障害福祉サービス施設の運営者の営業上の利益を保護する趣旨が，法令上認められる。

(2) Eは説明会への参加の機会を与えられていない。しかしながら，障害福祉サービス施設の営業上不利益を被る程度は，利用者が生活環境・衛生環境の悪化の影響を受ける程度に対応するから，墓地との距離が近いほどに深刻なものとなる。そして，本件説明会は，墓地から１００メートル以上離れた住民を対象としており，墓地から８０メートル離れた本件事業所の管理者Eは，説明会以前に現在の場所に所在していたのであれば，説明会への出席機会を与えられたであろうと推測される。したがって，説明会の運用に照らし，Eの営業上の不利益は保護範囲に含まれる。

(3) 以上より，Eに原告適格が認められると主張する。この主張は妥当であり，裁判所の判断においてもEの原告適格が認められる。

第２ 設問１(2)

1 本件条例１３条１項違反の主張

(1) Eとしては，本件土地から８０メートルの距離に本件事業所が存在する以上，本件条例１３条１項２号の要件を満たさず，現に施設利用者に生活環境・衛生環境の悪化の懸念が生じている以上，同項ただし書の事情も存在しないから，本件許可処分が裁量権の逸脱濫用として違法であると主張する。

(2) これに対し，B市としては，本件許可処分が講学上の特許に当たり，広い裁量が認められることを前提として，本件申請を妨害することを主たる目的とし，距離制限に該当する場所に本件事業所を移転してきたEを考慮から除外したとしても，裁量権の逸脱濫用には当たらないと反論すべきである。なぜなら，距離制限既定の趣旨は，墓地の経営により類型的に生活環境・衛生環境の悪化とこれに伴う甚大な不利益を被る者を事前に保護する点にある。そして，移転の必要がないにもかかわらず，墓地の経営許可を妨害することを

● 採点実感によれば，Eの本件事業所運営を適切な環境の下で円滑に行う利益を「保護することが根拠法令の趣旨目的に含まれるかどうかを説得的に論じ，また，考慮される損害の性質程度について事案を踏まえ具体的かつ詳細な検討がされているもの」は，良好な答案と判断されているところ，本答案は，条例13条１項２号の内容を踏まえ，Eの利益を保護することが同規定の趣旨に含まれることを論じ，Eの損害の程度について具体的に検討することができている。

もっとも，出題趣旨によれば，本件条例14条１項も手掛かりとしてEの利益を保護しているかを論じることが求められていた。そのため，本答案も本件条例14条１項を摘示・検討できれば，さらに高く評価されたものと思われる。

● 出題趣旨によれば，「Eが，Dと相談して，説明会や本件申請の後に事業所を移転している等の事情から，本件許可処分を妨害するため，意図的に本件事業所を移転したとすれば，権利濫用［採点実感によれば，信義則違反も可］として，そのような違法事由は主張できないのではないかという点もあわせて論じること

主たる目的として，あえて生活環境・衛生環境が悪化する場所に本件事業所を設置したEは，自ら不利益を受忍したものであるから，距離制限規定への抵触を主張することが信義則上許されない立場にあるといえる。したがって，Eを考慮から除外し，１３条１項２号の要件を満たすとしたB市の判断も裁量の範囲内にある。

２　本件条例３条１項１号違反の主張

⑴　Eとしては，本件墓地が実質的にCを経営主体とする点で本件条例３条１項１号に違反し，それにもかかわらず許可処分をすることが，裁量権の逸脱濫用として違法であると主張する。なぜなら，経営主体の限定が，公的役割を果たす墓地の経営に経済的合理性が作用する株式会社等が関与することが望ましくないことから設けられている以上，株式会社が実質的経営者である場合に許可処分を行う裁量を，市が有しないからである。そして，本件では，元々墓地経営の意思を有していなかったAをCが説得したことから始まり，必要費を全額無利息で融資し，Aの担当者が説明会に出席・発言するなど，Cの深い関与なくして許可申請は行われ得なかったのであり，本件墓地の実質的経営者がCであると主張すると考えられる。

⑵　これに対し，B市としては，前述の通り許可処分に関し市が広範な裁量を有することを前提として，経営主体の限定の趣旨が，公的役割を果たす墓地の機能に照らし，その経営の安定性を図ることにあるから，株式会社が関与する場合であっても，墓地の経営の安定性が担保されている限り，その経営を許可することも裁量の範囲内にあると反論するべきである。これは，本件条例１３条３項本文が，墓地に係る土地を経営主体が担保権設定のない状態で所有している必要があるとの要件を，経営上の支障がない場合に例外的に不要とすることを認め，９条２項５号で資金計画書の添付を求める等，経営の安定性を第一義的な許可基準としていることと合致する。本件では，AはCから全額無利息の融資を受けており，債務の返済から本件墓地の経営が困難となる可能性が高いとはいえない。したがって，Aの経営の安定性は担保されており，Cの関与を考慮しても本件許可処分を行うことは，B市の裁量の範囲内にある。

３　主張適格

法１０条１項に基づき，本案違法事由の主張は自己の法律上の利益に関係するものに限られるから，被処分者以外の第三者であるEについては，自己の原告適格を基礎づける利益以外に係る違法事由の主張は許されない。

したがって，Eの施設運営上の不利益に関する本件条例１３条１項違反の主張は認められるものの，公益的見地から設けられた要件である３条１項１号違反の主張は主張適格を欠き，認められない。

第３　設問２

１　理由㋐について

Aからは，本件条例１３条１項ただし書や１４条１項ただし書は，文言から，各項の客観的要件を満たさない場合でも，市民の宗教的感情や公共の福祉等の主観的要件を考慮し，例外的に許可することができるとの裁量のみを付与したとの主張が考えられる。そうだとすれば，これと逆に，客観的要件を満たしている場合に，市民の反対とい

が求められている」とされているところ，本答案は，上記事実に触れつつ，本件条例13条１項２号違反の点につき論述することができており，出題趣旨に合致する。

●　本答案は，本件条例３条１項１号違反は「裁量権の逸脱濫用として違法である」と論述しているが，本件条例３条１項１号違反は裁量の逸脱濫用の問題ではない。採点実感も，「法令上の要件該当性判断」と「行政の裁量権の逸脱濫用」の区別を要求しており，注意を要する。

とはいえ，本答案の論述の内容自体は，Eの主張及びB市の反論について，名義貸しが禁止される実質的理由について本件条例の条文を複数挙げるなどして多面的に論じることができており，優秀な答案に当たると判断されたものと思われる。

●　主張制限に関する判断において，Eが処分の相手方以外の者であることを踏まえて論じられている。採点実感によれば，このような答案は「極めて少なかった」とされていることから，本答案は高い評価を得たものと思われる。

●　採点実感によれば，理由㋐について，「Aの主張として，周辺の環境の悪化を懸念する近隣住民の反対を理由として不許可処分をすることは他事考慮であって認められないこと，Aは環境に対する配慮をしてい

う主観的要件を理由に不許可とすることは，裁量権の逸脱濫用であり，Ａが客観的要件を充足し，植栽等の１４条２項の配慮義務も果たしているにもかかわらずなされた本件不許可処分も，違法であると主張する。

これに対し，Ｂ市としては，墓地経営の許可の可否判断について，これが講学上の特許に当たるために，市が広い裁量を有することを前提として，市民の墓地周辺の生活環境・衛生環境の悪化の懸念を考慮することも，裁量の範囲として認められると反論すべきである。なぜなら，一定範囲の周辺住民に対する説明会実施と，その内容の報告を義務付ける６条の趣旨からも，許可の判断に際し，周辺住民の意思を考慮することが機会として保障され，これを判断要素とすることが認められているといえるためである。

2　理由(イ)について

Ａからは，明定の許可条件とされていない競業者利益を考慮した点が違法であるとの主張が考えられるが，すでに検討した通りこれを考慮することがＢ市に認められており，その旨反論すべきである。

以　上

ることからして環境の悪化を理由として不許可処分をすることは裁量権の範囲を逸脱することといったものを相応の根拠と共に挙げた上で，それに対するＢ市の反論を，本件条例の規定の内容や法令の趣旨目的を指摘するなどして論じ」，「それぞれの主張について根拠を複数挙げるなどして多面的な検討がされている」答案は，良好又は優秀な答案と判断されているところ，本答案は，上記の主張・反論について自分なりに具体的に論じることができている。

● 採点実感によれば，「Ｂ市の反論として，裁量判断としてＢ市内の墓地の供給状況を考慮することが許容されるという指摘自体は多くの答案でされていたが，そのような裁量判断が許容される根拠として，原則としてＢ市内で墓地を経営することができるのが公共団体であるとされていることや，そのような制限が墓地の公益性や経営の安定性の要請に由来することを指摘できている答案は少なかった」とされているところ，本答案は，第１の１(1)における検討をもって，この点を指摘することができており，高い評価を得られたと思われる。

再現答案②　A評価　662～702位（113.35点，T・Nさん　論文順位439位）

第１　設問１(1)

１　原告適格は，「法律上の利益」（行訴法９条１項）を有する者につき認められる。そして，法律上の利益とは法律上保護された利益のことをいい，処分を定めた法が，不特定多数人の有する具体的利益について，一般的な公益に吸収解消させるにとどめず，個別的利益としても保護する趣旨を含むといえる場合に，原告適格が認められる。そこで，Ｄは墓地の経営上の利益を，Ｅは衛生環境上の利益を個別的利益として主張する。

２　本件において，法１０条１項は墓地の経営については許可制をとっており，本件条例は１条からも明らかなように許可の要件を具体化したものであるから，委任条例といえ，処分の根拠となった法といえる。そして，本件条例９条は２項において，墓地の構造設備を明らかにした書類，墓地の区域を明らかにした書類，墓地の周囲１００メートル以内の区域の状況を明らかにした書面の添付を求めている。

さらに，１３条は１００メートル以内に住宅などがないことを許可の基準とし，公衆衛生に支障がないことを求めている。２項は飲料水を汚染するおそれのない場所であることも要件としている。

１４条は墓地の構造設備の基準として，公衆衛生の観点から，排水路やごみ処理のための設備を設けなければならないとしている。これらの規定と法１条が公衆衛生との調和を求めていることを合わせて考えると，本件条例は，周囲１００メートル以内の住民の生活環境上の利益を保護する趣旨を含む。ここにおいて，Ｂ市は，これは一般的な公益に過ぎないという反論をすることが考えられる。

３　しかし，行訴法９条２項の「利益の内容及び性質」について，生活環境が悪化しひいては飲料水が汚染され，それに飲んだり触れたりした周辺住民の生命身体に危険が及ぶことは考えられる。とすると，これらの利益は事後の金銭賠償になじまず，重要な利益ということができる。

よって，法は墓地の周囲１００メートル以内の者の生活環境上の利益を個別的利益として保護する趣旨を含むといえる。

４　本件において，Ｅは本件土地から１００メートル以内の位置において，本件事業所を営むものである。これは条例１３条１項２号の障害福祉サービスを行う施設に当たり，利用者が日常的に利用し数日間継続して利用する者もいたことから，住居と変わりがないといえる。

よって，Ｅは生活環境上の利益を有する者であるから，原告適格が認められる。

５　次に，本件条例９条２項は許可の申請に際し墓地に係る資金計画書の添付を求めている。そして，３条は墓地の経営主体を宗教法人などに限定している。

これらの規定は，墓地の経営主体が営利法人などであるとすると，利益優先の経営となり，墓地の維持管理がおろそかとなる結果，周辺住民の衛生環境が悪化し生命身体に危険が及ぶ可能性があることから，墓地の真摯な経営を期待しうる者に限定する目的の規定である。とすると，墓地同士の競争が激化し，経営状態が悪化すると，墓地の維持管理がおろそかとなり，ひいては周辺の環境の悪化を招きかねない。資金計画書の提出が求められていることからも，衛生環境を守る

●　採点実感によれば，「行政事件訴訟法第９条第２項の文言からすれば，まずは原告が処分の相手方以外の者であることを確認することが出発点である」とされているところ，本答案においてはその旨の言及がない。

●　採点実感によれば，「本件条例を法第10条第１項に基づく委任条例であると性格付けるもの」は，「行政法学の基本概念に関する基礎理解が不十分」又は「理解に問題がある」とされているところ，本答案でもその旨の記述がされており，上記のような評価を受けてしまったと思われる。

●　出題趣旨によれば，Ｅの原告適格の検討に当たり，「本件条例第13条第１項や第14条第１項等を手掛かりとして，法や本件条例が，Ｅの事業所に対して，障害福祉サービス事業を行う事業所として，適切な環境の下で円滑に業務を行う利益を保護しているかを論じることが求められ」ているところ，本答案でも，条例13条１項，14条１項等を踏まえて論じることができている。

なお，本答案は，再現答案①のように，本件事業所を営むＥの「適切な環境の下で円滑に業務を行う利益」が保護されるかどうかについて明示的に論述してはいないものの，Ｅは「住居と変わりがない」としてＥの特質に配慮しており，出題趣旨に沿った論述といえる。

●　Ｄに原告適格が認められるのかどうかにつき，「本件条例第３条第１項が墓地の経営主体を原則として地方公共団体としていることや，本件条例第９条第２項の経営許可に関する要件を定めた規定により，法や本件条例がその趣旨目的として墓地経営の安定を求めていると考え」，「墓

べく，需給調整により墓地の経営主体の経営上の利益を保護するという仕組みを本件条例は採用しているといえる。

よって，法は墓地経営主体の経営上の利益を個別的利益として保護する趣旨を含む。

6　本件において，Dは本件土地から約３００メートル離れた場所において墓地を経営する者であり，Aが許可処分を受けてしまうと，経営悪化や廃業のおそれがあり，経営上の利益を有する者といえる。

よって，Dにも原告適格が認められる。

第２　設問１(2)

1　まず，本件でEは，本件許可処分は本件条例１３条１項２号に違反すると主張する。Eは２号に該当する者であり，かつ，本件土地から８０メートルに位置する者であり，１００メートル以上離れていないことから，許可の要件をみたさないとEは主張する。

2　これに対して，B市は，本件でDとEは協力して本件墓地の経営許可を阻止するために意図的に本件事務所を移転させたという事情があることから，個別事情考慮義務があり，これによった許可処分は適法であると反論すべきである。

本件条例１３条の趣旨は，墓地の経営による衛生環境悪化の防止の観点や宗教的感情との適合との観点から，生活の拠点と墓地との間隔を一定程度保つことにある。そして，ただし書きに公共の福祉という抽象的文言があることから，市長には，一定の政策的な要件裁量が認められる。

そして，本件では，DがEに頼んで，Eの本件事務所を特に移転の必要性はなかったにもかかわらず，わざわざ本件土地から８０メートルの位置にある土地に移転させたという事情がある。これは，本件許可を阻止するための意図的なものと認められ，不当なものといえる。

これらの事情をB市は，平成３０年４月１６日にDEの申し入れにより知るに至ったのである。そして，墓地の経営許可が憲法２２条１項の営業の自由という憲法上の利益にかかわることにかんがみると，このような事情を考慮しないで不許可処分とすれば，かえって個別事情考慮義務に違反してしまう。

よって，上の事情を考慮したうえでの許可処分は適法である。

3　次に，Eは，本件墓地の実質的な経営主体はAではなくCであり，本件条例３条の要件をみたさないため，本件許可は不適法であると主張する。

条例３条は墓地の経営主体を宗教法人などの非営利法人に限定している。この趣旨は，利益優先の経営により墓地の維持管理がおろそかとなり，衛生環境が悪化し生命身体に危険が及ぶことを防止すべく墓地の真摯な経営を期待しうるものに限定することにある。

そして，Cは株式会社であり営利法人であるところ，墓地の経営許可を得ることができなかったことから，宗教法人であるAを利用したという事情がある。さらに，Aは墓地の経営が財政的にも困難であったにもかかわらず，Cが多くの資金を融資し，説明会もCの従業員も行っていることから，実質的な経営主体はCであるというべきである。とすると，３条を潜脱するものであるから，これは条例３条に違反する。

地経営許可に際して，既存の墓地の利益保護が考慮されているかどうか」を論じている点は，出題趣旨に合致する。

● 出題趣旨によれば，本件許可処分が「本件条例第13条第１項の距離制限に違反すること」について,「Eが，Dと相談して，説明会や本件申請の後に事業所を移転している等の事情から，本件許可処分を妨害するため，意図的に本件事業所を移転したとすれば，権利濫用［採点実感によれば，信義則違反も可］として，そのような違法事由は主張できないのではないかという点もあわせて論じることが求められ」ているところ，本答案でも，権利濫用ないし信義則違反に当たることは明示されていないものの，事業所の移転という事実に「不当なもの」と評価を加えつつ，具体的に論じられている点で，出題趣旨に沿う。

● 採点実感によれば，「条文の引用が不正確であるものも目についた。また，条例の引用が概括的なものも目立った」とされており，本答案も，「本件条例３条」としか摘示しておらず，注意を要する。

● 「本件許可処分が『名義貸し』によって認められたものであるとすれば，法や本件条例の趣旨を潜脱して違法ではないかという主張を行うこと」について論じられている点は，出題趣旨に合致する。

4　これに対して，Ｂ市は，本件の実質的な経営主体はＣではなくＡであると反論することが考えられる。

確かに，資金はＣが出しているが，これはあくまでも融資という形をとっている。これは，あくまでもＡの資金が乏しかったからであり，融資には合理的な理由がある。そして，本件土地もＡ自身が所有している。

よって，実質的な経営主体もＡである。

5　また，Ｂ市は行訴法１０条１項の主張制限にかかると反論する。

Ｅはあくまでも衛生環境上の利益のみを有しているところ，条例３条が問題としているのはあくまでも墓地経営主体の経営上の利益である。とすると，Ｅの「法律上の利益」に関係がない者といえる。

よって，主張制限にかかる。

第３　設問２

1　本件において，Ａは，周辺住民の反対運動が激しくなったことを理由に不許可処分とすることは，周辺住民による営業の自由の制約を許容するものであり，他事考慮に当たり許されないと主張する。

2　これに対し，Ｂ市は，市長には広範な裁量が認められる以上，周辺住民の反対を考慮することも許されると反論する。

本件条例１３条１項柱書や１４条１項柱書は，公衆衛生，公共の福祉といった抽象的な文言を用い，さらに「市民の宗教的感情」に適合すべきことをも求めている。とすると，これらの規定から，不許可について市長に広範な政策的裁量が認められるというべきである。

よって，判断が社会通念上著しく不合理といえない限り違法とはならない。本件において，Ｂ市長が周辺住民の反対から，墓地が宗教的感情に適合しないことや，衛生悪化のおそれがあると判断することは著しく不合理とまではいえない。

よって，適法である。

3　本件において，Ａは，墓地の供給過剰は自由競争にゆだねるべきであり，これに対し，Ｂ市が介入すべく既存のＤを保護することは許されないと主張する。

4　これに対し，Ｂ市は，本件条例は仕組み上許可の判断の際に墓地の経営主体の経営状態をも考慮できると反論する。

本件において，３条が墓地の経営主体を宗教法人などに限定しているのは，墓地の真摯な経営を期待しうるものに限定する趣旨である。墓地同士の競争が激化し，経営状態が悪化すると，墓地の維持管理がおろそかとなり，ひいては周辺の環境の悪化を招きかねない。とすると，条例は，周辺住民の衛生環境ひいては生命身体を保護するために，既存の墓地の経営主体の経営状態をも考慮した上で，適切に許可判断をすべき仕組みを採用しているといえる。

よって，反論は失当である。

以　上

●　上記のコメントにおいて示した主張に対しては，「法や本件条例の趣旨を潜脱しておらず違法ではない」旨の反論をすべきところ，本答案は，「融資には合理的な理由がある」こと等を理由に実質的な経営主体もＡであると反論しており，有効な反論とはいいがたい。

●　出題趣旨によれば，「行政事件訴訟法第10条第１項による主張制限について」，「各違法事由の主張が制限されるかどうかを，個別に検討することが求められ」ているところ，本答案では，本件条例13条１項２号違反の主張についての検討がない。

●　採点実感によれば，「Ａの主張として，周辺の環境の悪化を懸念する近隣住民の反対を理由として不許可処分をすることは他事考慮であって認められないこと」や，「Ｂ市内の墓地の需給状況を考慮して本件不許可処分を行うことは他事考慮に当たるといったもの」について相応の根拠と共に挙げた上で，「それに対するＢ市の反論を，本件条例の規定の内容や法令の趣旨目的を指摘する」などして論じている答案は，「一応の水準」に達しているものと判断されているところ，本答案は，上記の点について本件条例の規定の内容や趣旨・目的を踏まえて論述されており，少なくとも「一応の水準」には達しているものと思われる。

MEMO

再現答案③　B評価　836～897位（109.73点，Y・Mさん　論文順位664位）

第1　設問1(1)

1　DとEには，本件許可処分の取消訴訟（行政事件訴訟法（以下，「行訴法」とする。）3条2項）における原告適格（行訴法9条1項，2項）が認められるのか。

「法律上の利益を有する者」とは，自己の権利若しくは法律上保護された利益を侵害され，または必然的に侵害されるおそれのある者をいう。そして，法律上の保護された利益とは，当該処分の根拠法規が，不特定多数者の具体的利益を専ら一般的公益の中に吸収解消させるにとどまらず，それが帰属する個々人の個別的利益としてもこれを保護する趣旨を含むと解することができる場合をいう。

そして，処分の直接の対象でない者については，行訴法9条2項を勘案して判断する。

2　Dの原告適格

(1)　Dの有する利益として考えられるのは，安定した墓地経営を継続するという営業上の利益である。

(2)ア　墓地経営は，他の事業と異なり，経営に公益性と安定性が必要とされている。

条例3条では，墓地経営の主体が原則として地方公共団体とされ，例外とされる者も，宗教法人，公益社団法人及び公益財団法人であることからも公益性が要求されているといえる。

条例13条，14条についても「公衆衛生その他公共の福祉の見地」から判断することとされているため，公益性を考慮しているといえる。

さらに，条例9条2項によると，5号において経営にかかる資金計画書の添付が義務付けられ，2号において墓地の構造設備を明らかにした図面，3号では区域を明らかにした図面が添付されなければならないとされており，資金面を含めどのような規模の墓地が経営されるのかを明らかにさせようとしている。そうすると，墓地経営の安定性も要求されているといえる。

以上より，安定した墓地経営を継続するという営業上の利益は一般的公益として保護されているといえる。

イ　害されることとなる利益の内容及び性質としては，本件許可処分によってAの墓地経営が開始されると本件墓地と近距離にある墓地は営業上の利益を著しく害されるといえる。

そこで，墓地経営の営業上の利益に著しい損害を生じる者に限り，個別的利益としても保護されていると解するべきである。

本件では，Dの経営する墓地は，本件墓地から約300メートルしか離れていない上，Dの墓地は小規模の墓地であることから，本件墓地の経営により，営業上の利益に著しい損害が生じるといえる。

(3)　したがって，Dは，墓地経営の営業上の利益に著しい損害を生じる者といえ，法律上保護された利益を有するといえる。よって，Dは「法律上の利益を有する者」にあたり，原告適格が認められる。

3　Eの原告適格

● 判例（最大判平17.12.7／百選Ⅱ［第7版］〔165〕）を踏まえて第三者の原告適格の判断枠組みを適切に提示することができている。

● 出題趣旨によれば，Dに原告適格が認められるのかどうかにつき,「本件条例第3条第1項が墓地の経営主体を原則として地方公共団体としていることや，本件条例第9条第2項の経営許可に関する要件を定めた規定により，法や本件条例がその趣旨目的として墓地経営の安定を求めていると考えることもできることから，墓地経営許可に際して，既存の墓地の利益保護が考慮されているかどうか」という点について論じることが求められていたところ，本答案もこれらの点を論じることができており，出題趣旨に合致する。

● 本答案は，「既存の墓地の利益」は「一般的公益」として保護されるとする一方，「墓地経営の営業上の利益に著しい損害を生じる者」に限り，個別的利益としても保護されるとし，「Dの経営する墓地は，本件墓地から約300メートルしか離れていない上，Dの墓地は小規模の墓地である」ことを理由に，Dの利益は個別的利益として保護されるとしているが，一般的公益か個別的利益かを区別する基準や，その当てはめがいずれも抽象的かつ主観的なものと

(1)　Ｅの有する利益として考えられるのは，生活環境及び衛生環境の安全である。

(2)ア　まず，条例６条において，墓地経営の許可を受けるためには，墓地の設置等の計画について周知させるため，説明会の開催が義務付けられている。そうすると，周辺住民の生活環境及び衛生環境の安全を考慮しているといえる。

また，条例９条２項４号によると，墓地周辺１００メートル以内の区域の状況を明らかにした図面を申請書に添付することになっており，この点からも墓地周辺の住民の生活環境及び衛生環境の安全が考慮されている。

さらに，条例１３条，１４条においても，住宅や障害者サービス施設から１００メートル以上離れていなければならないとされ，公衆衛生その他公共の福祉の見地から判断されることとなっている。そうすると，生活環境及び衛生環境の安全は，一般的公益として保護されているといえる。

イ　害されることとなる利益の内容及び性質として，本件許可処分によってＡの墓地経営が開始されると，近距離に住宅を有する居住者等は生活環境及び衛生環境の安全を直接的に害される。

そこで，直接的に生活環境及び衛生環境の安全を害される者に限り，個別的利益としても保護されると解するべきである。

本件では，Ｅの経営する本件事務所は，本件墓地から８０メートルしか離れておらず，非常に近距離といえる。そして，本件事務所は，利用者が数日間滞在することもあり，その限りでは住宅の居住者と変わりない実態があるため，自動車の渋滞や供物等の放置による悪臭やネズミ等の有害な動物の発生による生活環境及び衛生環境の安全を直接的に害されるといえる。

(3)　したがって，Ｅは，直接的に生活環境及び衛生環境の安全を害される者といえ，法律上保護された利益を有するといえる。よって，Ｅは「法律上の利益を有する者」にあたり，原告適格が認められる。

第２　設問１(2)

１　条例１３条１項２号該当性の主張

(1)ア　Ｅとしては，自己の事務所から８０メートルしか離れておらず，条例１３条１項２号に該当するにもかかわらず本件許可処分がなされているため，違法な処分であると主張する。

これに対して，Ｂ市としては，本件墓地の経営が開始されることを知った後，本件墓地の設置を妨害するために，あえて１００メートル以内のＤ土地に移転してきている以上，条例１３条１項２号違反を主張することは権利濫用であると反論する。

イ　この点について，条例１３条１項本文の趣旨は，墓地が設置される場合，近距離に住宅等の生活環境を有する者への影響を考慮し，一定の距離制限を設けてその者らの生活環境を保護する点にあると考えられる。

そうすると，あらかじめ距離制限内であることを知りながら不正な目的を持って意図的に距離制限内に移転してきた場合に

なっており，再現答案①と比較して説得力に欠ける。

● 出題趣旨によれば，Ｅの原告適格の検討に当たり，「本件条例第13条第１項や第14条第１項等を手掛かりとして，法や本件条例が，Ｅの事業所に対して，障害福祉サービス事業を行う事業所として，適切な環境の下で円滑に業務を行う利益を保護しているかを論じることが求められ」ているところ，本答案でも，条例13条１項，14条１項等を踏まえて論じることができている。

なお，本答案は，再現答案①のように，本件事業所を営むＥの「適切な環境の下で円滑に業務を行う利益」が保護されるかどうかについて明示的に論述してはいないものの，Ｅは「住宅の居住者と変わりない実態がある」としてＥの特質に配慮しており，出題趣旨に沿った論述といえる。

● 出題趣旨によれば，本件許可処分が「本件条例第13条第１項の距離制限に違反すること」について，「Ｅが，Ｄと相談して，説明会や本件申請の後に事業所を移転している等の事情から，本件許可処分を妨害するため，意図的に本件事業所を移転したとすれば，権利濫用［採点実感によれば，信義則違反も可］として，そのような違法事由は主張できないのではないかという点もあわせて論じることが求められ」ているところ，本答案は，上記事実に触れつつ，本件条例13条１項２号違反の点につき論述することができており，出題趣旨に合致する。

は，上記保護すべき利益を有する者とはいえない。したがって，このような場合には権利濫用として，条例１３条１項該当性の主張は認められないと解するべきである。

ウ　本件では，Ｅは本件墓地から８０メートルの場所に本件事業所を設置した者である。しかし，本件墓地設置の説明会によりＤが本件墓地の設置計画を知るに至り，Ｅと通謀して，本件許可処分を阻止するために，特に必要もないにもかかわらず，本件事業所を距離制限内に移転させている。

　このようにＥは，あらかじめ距離制限内であることを知りながら，Ｂ市長の本件許可処分を阻止するという不正な目的を持って意図的に距離制限内に移転してきたといえる。

エ　よって，Ｅの条例１３条１項２号該当性の主張は権利濫用として認められない。

(2)ア　また，上記主張は，Ｅ自身ではなく，Ｅの施設を利用する者が主張できる事由であるとして「自己の法律上の利益に関係のない違法を理由として」（行訴法１０条１項）なされた主張として許されないのではないか。

イ　この点，行訴法９条１項と解釈を同じくすべきであるとして，原告適格が認められる場合，行訴法１０条による主張制限は受けないと解するべきである。

　本件でも，Ｅは前述のとおり，原告適格が認められる以上，条例１３条１項２号該当性の主張をすることはできる。

ウ　よって，行訴法１０条の主張制限にはかからない。

●　採点実感によれば，「本件説明会（本件申請）後に設置したというような客観的事実の指摘がない答案が多かった」とされているが，本答案は，かかる客観的事実に言及できている。

●　出題趣旨によれば，「行政事件訴訟法第10条第１項による主張制限について」，「各違法事由の主張が制限されるかどうかを，個別に検討することが求められ」ているところ，本答案では，本件条例３条１項１号違反の主張についての検討がない。

２　条例３条１項１号非該当性の主張

(1)　Ｅは，本件墓地の実質的な経営者はＡではなくＣであるため，条例３条１項１号に該当するとしてなされた本件許可処分は違法であると主張することが考えられる。

　これに対して，Ｂ市としては，Ａが本件申請をしている以上，条例３条１項１号に該当すると反論することが考えられる。

(2)　この点について，条例３条１項の趣旨は，墓地の経営は公共性が要求されることから（法１条，条例１３条，１４条），経営主体に公益性を要求する点にある。

　そうすると，経営主体は許可をするための重要な要件であるから，判断基準は明確にするべきである。そこで，墓地経営に必要不可欠な墓地を設置する土地の所有権者が宗教法人である場合，３条１項１号に該当すると解するべきである。

(3)　本件では，確かに，Ｃが本件土地を使用して墓地経営をすることをＡに提案し，全額無利息の貸付を行い，本件土地を購入させているため，実質的にはＣが経営主体とも思える。

　しかし，本件土地の購入者かつ所有者はＡである以上，宗教法人であるＡが経営主体というべきである。

(4)　したがって，本件では条例３条１項１号に該当するため，Ｅの主張は認められない。

●　条例３条１項１号は，宗教法人法の規定により登記された事務所を，Ｂ市の区域内に有する宗教法人を対象としており，土地を所有することまでを要求する規定ではない。

　ここでは，「本件許可処分が『名義貸し』によって認められたものであるとすれば，法や本件条例の趣旨を潜脱して違法ではないかという主張」について論じることが期待されていたが，本答案はこの点について検討できていない。

第３　設問２

１　Ａの主張

　条例１４条１項は，「公衆衛生その他公共の福祉の見地から支障がないと認めるとき」という抽象的な文言を用いており，墓地の設備は，規模や周辺の地形等の専門的・技術的判断を要するため，市長の要件裁量が認められる。したがって，考慮不尽など社会通念上，著しく妥当性を欠く場合には裁量の逸脱・濫用（行訴法３０条）となり違法となる。

本件では，本件墓地の設置にあたっては植栽を行うなど，周辺の生活環境と調和するよう十分な配慮がなされている（条例１４条２項）。したがって，「市民の宗教感情に適合」するといえ，周辺環境と調和するよう十分に配慮していることを考慮しなかった不許可処分は考慮不尽による裁量権の逸脱・濫用があり，違法である。

2　B市の反論

確かに，植栽はなされているが，周辺住民の反対運動が激しくなっているため，「市民の宗教的感情に適合し」ているとはいえない。

したがって，処分は考慮すべき事項を考慮して行われており，裁量権の逸脱・濫用はなく，適法である。

以　上

● 「周辺住民の反対運動が過激になっている」という事実を考慮できる理由が論じられていない。

● 本答案は，理由(イ)について検討できておらず，これにより他の受験生との間で差が開いてしまったものと推察される。
検討漏れがないよう時間配分に留意すべきこと等は，今年度も採点実感で述べられているところである。

再現答案④　B評価　1592～1654位（96.94点，A・Sさん　論文順位1774位）

第１　設問１
１　小問⑴
⑴　原告適格の規範
　原告適格は，「法律上の利益を有する者」（行政事件訴訟法（以下「行訴法」という）９条１項）に認められる。法律上利益を有する者とは，当該処分により自己の権利若しくは法律上保護された利益を侵害され又は必然的に侵害されるおそれのある者をいう。当該処分の根拠法規が，不特定多数者の具体的利益を専ら一般公益に吸収解消させるにとどめず，それが帰属する個々人の個別的利益としても保護する趣旨を含む場合，そのような利益を法律上保護された利益という。
　本件において，Ｄ及びＥは本件許可処分の名宛人ではないので，同条２項に従って判断する。
⑵　Ｄの行う主張について
ア　Ｄの主張
㈠　Ｄの主張する利益は，本件墓地によって自らが経営する墓地が経営悪化を被らない利益である。
㈡　本件許可処分の根拠法令は，法１０条１項である。確かに，法の目的（法１条）からは周辺墓地の経営を保護する趣旨を読み取ることはできない。もっとも，法の委任を受けた関係法令である本件条例をみると，墓地の経営主体の経営に係る資金計画書を申請資料として要求していること（９条２項５号），経営主体が用地の所有権を有することを条件としていること（１３条３項本文）などから，墓地の経営主体の安定性を許可の条件の一つとしていると考えられる。これは，墓地の経営主体を地方公共団体及び公益財団法人以外には宗教法人のみに制限していること（３条１項１号）と関連し，墓地が国民の宗教感情と適合した（法１条）安定的な経営主体によることが求められていることを理由とする。そして，新規墓地が法に違反して不安定な経営を行えば，周辺の墓地へも悪影響を及ぼすおそれがあることに鑑みれば，法は，かかる影響を受ける周辺墓地をも個別的に保護する趣旨と考えられる。したがって，新規墓地近隣の墓地の経営主体の利益は，法律上保護された利益といえる。
　これを本件についてみると，本件土地から約３００ｍという近隣において，Ｄは墓地を経営しているから，Ｄの主張する利益は，法律上保護された利益といえる。
㈢　よって，Ｄに原告適格は認められる。
イ　裁判所の判断
　Ｂ市としては，法は周辺墓地の経営を保護する趣旨までは有せず，Ｄに原告適格は認められないと反論する。
　確かに，墓地は宗教感情に根ざした施設であるから安定的な経営が求められ，それが本件条例にも反映されている。しかし，あくまで申請主体の経営状況について，法は許可条件としているのであって，周辺の墓地に対する経営上の影響についてまで保護する趣旨は読み取れない。
　したがって，Ｄに原告適格は認められない。
⑶　Ｅの行う主張について
ア　Ｅの主張

● 判例（最大判平17.12.7／百選Ⅱ［第７版］〔165〕）を踏まえて第三者の原告適格の判断枠組みを適切に提示することができている。

● 既存の墓地の利益保護について，法・本件条例が明確に触れていないという点に言及できている。

● 本答案は，「法の委任を受けた関係法令である本件条例」と論述しているが，法律の委任を受けた規定等は，行政事件訴訟法９条２項にいう「処分……の根拠となる法令」であって，「関係法令」ではない点に注意が必要である。

● 本答案は，「新規墓地が法に違反して不安定な経営を行えば，周辺の墓地へも悪影響を及ぼすおそれがある」と論述しているが，その具体的な理由が述べられていない。この点については，再現答案②が良く論述できており，参考になる。

● 本答案は，「あくまで申請主体の経営状況について，法は許可条件としている」と論述しているが，上記Ｄの主張とかみ合っていない上，その具体的な理由も述べられておらず，「Ｄに原告適格は認められない」とする結論に説得力がない。

(ア) Ｅの主張する利益は，本件墓地によって生活環境の悪化を被らない利益である。

(イ) 法は，「公衆衛生」を保護法益としている（法１条）から，少なくとも周辺の生活環境を公益として保護する趣旨は読み取ることができる。

さらに，関係法令たる本件条例をみると，周辺住民への説明会の実施（６条）を義務付け，申請書類に周囲１００ｍの範囲の状況を明らかにした図面を求め（９条２項４号），原則として住宅等から１００ｍ以上離れていることを要求している（１３条１項）。また，墓地は供養物の腐食などから小動物を招きやすいものであるから，飲料水への汚染のない場所であること（同２項）や，雨水対策としての排水路の整備（１４条１項２号）を求めている。仮に新規墓地が法の規定に違反すれば，墓地に近ければ近いほどその生活環境は悪化し，そこで生活する者の生命身体に危険が生じるおそれがある。したがって，法が具体的に距離を明示した１００ｍの範囲に生活の拠点を置く者の利益は法律上保護された利益といえる。

本件では，Ｅの経営する本件事業所は本件土地から約８０ｍの範囲にある。

よって，Ｅに原告適格は認められる。

イ　裁判所の判断

Ｂ市としては，本件事業所が生活環境上の利益を主張し得るか争うことが考えられる。

しかし，本件事業所が本件条例１３条１項２号の「障害福祉サービスを行う施設」に該当することは明らかである以上，本件墓地から８０ｍに過ぎず「１００メートル以上離れていな」い本件事業所の経営主体たるＥの利益は法律上保護された利益といえる。

したがって，Ｅに原告適格は認められる。

２　小問(2)

(1) 本件墓地が本件条例１３条１項２号違反であるとの主張

ア　Ｅは，本件事業所が本件土地から８０ｍの距離にあること及び本件事業所が本件条例１３条１項２号に該当することから，本件許可処分には，同条に対する違法事由が存在すると主張する。

イ　これに対し，Ｂ市としては，Ｅが本件事業所をＤ所有土地に移転したのは平成３０年３月２３日であり，Ａが本件説明会を行った平成２９年１１月１７日以降であることを挙げて反論する。Ｅの移転は，本件墓地の計画を知ってのものであるから，同条の趣旨があたらず，違法とはならないとのものである。

(ア) 本件条例１３条１項の趣旨は，墓地の開設による周辺生活環境の悪化に鑑み，距離制限をおくことで最低限の防止措置を図ることにある。かかる趣旨からすれば，墓地の計画を知りながら，特段の必要性がないにもかかわらず，距離制限内に自ら移転してきた場合は，同項の対象とはならないと考える。

(イ) 本件事業所のＤ所有土地への移転は，Ｅとしては特に必要性があるものではなく，また，本件墓地の計画を知ってのものであった。なぜなら，Ｄの代表者とＥの代表者が親族関係にあり，Ｄが本件墓地の計画を阻止せんがために行われたものであったからである。

● 出題趣旨によれば，Ｅの原告適格の検討に当たり，「本件条例第13条第１項や第14条第１項等を手掛かりとして，法や本件条例が，Ｅの事業所に対して，障害福祉サービス事業を行う事業所として，適切な環境の下で円滑に業務を行う利益を保護しているかを論じることが求められ」ている。本答案は，本件条例の規定を数多く摘示するものの，それらの趣旨・目的を考慮することもなく，「墓地に近ければ近いほどその生活環境は悪化し，そこで生活する者の生命身体に危険が生じるおそれがある」と論述しており，説得力に欠ける。また，本答案は，本件事業所を営むＥの利益を具体的に考察しなかった結果，Ｅを「そこで生活する者」と同視してしまっており，出題趣旨に合致しない。この点については，再現答案①が良く論述できており，参考になる。

● 本件許可処分が「本件条例第13条第１項の距離制限に違反すること」，及び「Ｅが，Ｄと相談して，説明会や本件申請の後に事業所を移転している等の事情から，本件許可処分を妨害するため，意図的に本件事業所を移転した」点については論じられており，出題趣旨に沿う。

もっとも，本件許可処分がＢ市の裁量に基づくものであることに触れられていないため，採点実感における「法令上の要件該当性判断と行政の裁量権の逸脱濫用の基本的区別がついていない答案」として評価された可能性が高い。

したがって，本件事業所について，同項の趣旨はあたらず，Ｅの主張は認められない。

(2) 本件墓地の実質的経営者がＣであって同３条１項違反であるとの主張

ア　Ｅは，本件墓地の実質的経営者がＡではなくＣであること，及びＣは民間企業であるから本件条例３条１項のいずれにもあたらないことから，本件許可処分には，同項に対する違法事由が存在すると主張する。

イ　これに対し，Ｂ市としては，本件墓地の経営許可申請の主体はＡであって，Ａは宗教法人であるから，形式上違法とはいえないと反論する。

(ア) 本件条例３条１項の趣旨は，墓地が「国民の宗教感情」（法１条）に深く根ざした施設であることを鑑み，墓地の経営主体を制限することでこれら「宗教感情」を保護することにある。かかる趣旨からすれば，墓地の経営主体が実質的には民間企業であるとするとこうした「宗教感情」は著しく害されるといえるので，墓地経営主体は実質においても同項の制限内でなければならないと考える。

(イ) 確かに，本件墓地は，申請は宗教法人であるＡによってなされており，形式上の問題はない。しかし，Ａは，Ｃの提案から本件墓地の経営に乗り出したのであり，必要な資金はＣから全額無利息で出されている。無利息融資とは通常は行われないことである。また，本件説明会には，主催のＡの他，Ｃの従業員も数名出席し，説明はＣの従業員からも行われている。これらをみれば，Ｃの関与は大きく，少なくとも本件墓地は実質的にはＡ及び墓石販売業を営むＣの共同経営によるものといえる。

したがって，本件許可処分は，同項の趣旨に反しており，Ｅの主張は認められる。

(3) Ｅがこれら違法事由を主張できるか

取消訴訟（行訴法３条２項）においては，自己の法律上の利益に関係のない違法事由を主張することはできない（同１０条１項）のが原則である。

そうすると，上記違法事由のうち，１３条１項違反については，Ｅの法律上の利益といえる本件事業所の環境保全に関わるものであるから，主張は制限されない。しかし，３条１項違反については，直接Ｅとは関わらないので，Ｅは主張できないとも思える。

行訴法１０条１項の趣旨は，無制限に誰もが違法を主張することで訴訟の争点が無限定に拡大することを防止する点にある。かかる趣旨からすれば，争点が無限定に拡大するといえなければ趣旨は没却せず，主張は可能と考える。

確かに，本件墓地の経営主体がＡであるかＣであるかは，Ｅの法律上の利益に直接的に関係するとはいえない。しかし，本件条例３条１項の趣旨からすれば墓地の経営主体制限は「国民の宗教感情」保護を目的とする公益的制限であって，これを争うことは争点を無制限に拡大するものとはいえない。

したがって，Ｅは３条１項違反についても主張することができる。

第２　設問２

１　裁量の逸脱濫用の主張

●　本答案は，「墓地の経営主体が実質的には民間企業であるとするとこうした『宗教感情』は著しく害される」と論述しているが，その理由が論じられておらず，説得力に欠ける。

●　出題趣旨によれば，「行政事件訴訟法第10条第１項による主張制限について」，「各違法事由の主張が制限されるかどうかを，個別に検討することが求められ」ており，その際，採点実感によれば，「『自己の法律上の利益』が原告適格を基礎付ける利益と同一であるのか，又はそれより広範な利益も含まれるのかが問題とされていることを意識して論ずる必要があ」るとされているところ，本答案は，上記の点について検討することができている。

Ａは，本件不許可処分の取消訴訟において，Ｂ市長に裁量権の逸脱濫用があるため違法であるため，同処分は取り消されるべきであると主張する。

同処分の根拠法令は，法１０条１項である。同項は，墓地経営許可の要件や手続を具体的には定めていない抽象的な文言で定められている。同項の委任を受けた本件条例をみると，「Ｂ市長が適当と認める場合」（３条１項ただし書），「市長が……支障がないと認めるとき」（１３条３項ただし書）など，Ｂ市長に裁量が認められていると読むことができる。また，墓地は，宗教感情と密接に適合する必要があるので，その土地の個別具体的な事情を考慮して許可されねばならず，さらに，自然環境との調和も考慮しなければならないから，許可に高度の専門的技術的判断を必要とする。

したがって，Ｂ市長には広い裁量権が認められているといえ，その判断過程において事実の基礎を欠いたり，社会通念に照らして著しく妥当性を欠く場合は，裁量権の逸脱濫用として違法となる。

２　アの理由に対する主張について

(1)　まず，Ａは，アの理由について，裁量権の逸脱濫用があると主張する。本件墓地の設置にあたっては，植栽が行われるなど，本件条例１４条２項に従って，周辺の生活環境と調和するよう十分な配慮が行われており，Ｂ市長の判断はそれを顧みていないとのものである。

(2)　１４条２項の趣旨は，墓地が宗教的施設であり自然環境にも影響を与えうるものであることから，周辺住民の保護を図ることにある。かかる趣旨からすれば，「植栽を行う」は例示列挙に過ぎず，「配慮」とは周辺住民の十分な承諾を得ることまでを要すると考える。

(3)　そこで，Ｂ市長としては，本件墓地について，住民の多くはＡの対応はいまだ十分ではないと考えているのだから，「配慮」がされているとはいえないと反論すべきである。したがって，本件不許可処分に裁量の濫用逸脱はなく，Ａの主張は認められない。

３　イの理由に対する主張について

(1)　次に，Ａは，イの理由について，裁量権の逸脱濫用を主張する。本件墓地によってＢ市内の墓地供給が過剰となることが明らかでありながら本件許可処分をすることは，著しく妥当性を欠くとの主張である。

本件条例には，墓地の経営主体の安定性を求める規定が存在する（９条２項５号，１３条３項）ことから，墓地の経営の安全への配慮は法の趣旨といえる。そうすると，墓地の供給過剰状態は経営の不安定につながるのだから，Ｂ市としては供給過剰状態回避を図る義務があることがその理由である。

(2)　これに対して，Ｂ市としては，墓地の供給可能状態回避義務はないと反論すべきである。

確かに，法の趣旨としては墓地の経営安全を図るべきことは読み取ることはできる。しかし，周辺墓地の経営保護を図ることまでは他事考慮といえ，法にそのような趣旨の規定は存在しない。

したがって，Ａの主張は認められない。

以　上

● 行政裁量が認められる実質的根拠について，「専門性」の内容を自分なりに検討できている。

● 本答案は，本件不許可処分は「考慮不尽」（周辺の生活環境と調和するよう十分な配慮が行われており，Ｂ市長の判断はそれを顧みていない）を理由に裁量権の逸脱・濫用の有無を検討しているが，採点実感によれば，ここでは「周辺の環境の悪化を懸念する近隣住民の反対を理由として不許可処分をすることは他事考慮」として違法かどうかを検討すべきであり，焦点を当てるべきポイントにズレが生じている。

● 理由(イ)に関して問題となるのは，Ａが本件不許可処分を取り消すためにいかなる主張をするかであるから，Ｂ市内の墓地供給が過剰となることを考慮することが他事考慮に当たること等に言及すべきである。そして，争うべきは本件不許可処分であって，本件許可処分ではない。

令和元年

問題文

［公法系科目］

〔第２問〕（配点：１００〔**〔設問１〕**，**〔設問２〕**(1)，(2)の配点割合は，３５：３０：３５〕）

Ａは，Ｂ県Ｃ市内に所有する土地（以下「本件土地」という。）に自宅を建て，長年にわたって居住していた。本件土地周辺は，戸建住宅中心の住宅地域であり，住環境は良好であった。本件土地内には，Ｃ市内では珍しいことであるが，様々な水生生物が生息する池が存在しており，この池は，毎年，近隣の小学校の学外での授業に用いられていた。もっとも，本件土地内に，学術上貴重な生物や，絶滅のおそれがある生物が生息しているという事実はない。

Ｃ市は，本件土地周辺での道路整備の必要性を検討してきたが，平成元年に，本件土地周辺に道路を整備した場合の環境への影響の調査（以下「平成元年調査」という。）をしたところ，平成１７年には１日当たりの交通量が約１万台に達すると予測され，自動車の騒音や排気ガス等により，周辺環境への影響が大きいとされた。そのため，Ｃ市は，一旦，本件土地周辺での道路整備の検討を中断していたが，その後，再開した。Ｃ市の再検討によると，①本件土地周辺では道路の整備が遅れており，自動車による幹線道路へのアクセスが不便であって，これを解消するため，「道路ネットワークの形成」が必要であり，②本件土地周辺の狭い道路には，周辺の道路から通過車両が入り込むなどしていることから，通学生徒児童等を始めとした「通行者の安全性の確保」を図る必要があり，③本件土地周辺では道路が未整備であるため災害時の円滑な避難や消防活動等が困難であることから，「地域の防災性の向上」が必要であるとの課題があるとされた。Ｃ市は，これらの課題を解決するため，本件土地を含む区間に道路（以下「本件道路」という。）を新規に整備することとして，平成２２年に本件道路の事業化調査（以下「平成２２年調査」という。）を実施した。平成２２年調査においては，本件道路の交通量は１日当たり約３５００台と予測され，大気汚染，騒音，振動のいずれについても周辺環境への影響が軽微であり，一方で，本件道路の整備による利便性や安全機能・防災機能の向上が期待できることから，本件道路を整備する必要性が高いとの総括的な判断が示された。

Ｃ市は，平成２２年調査の結果を受けて，土地収用法（以下「法」という。）を適用して本件道路を整備することを決定した。Ｃ市は，平成２８年３月１日，法第１８条第１項に基づき，Ｃ市を起業者とし，本件土地を含む土地を起業地とする本件道路の整備事業について，Ｂ県知事に対して事業計画書を添付した事業認定申請書（以下「本件申請書」という。）を提出した。Ｂ県知事は，同年８月１日，Ｃ市に対して事業認定（以下「本件事業認定」という。）を行い，法第２６条第１項に基づいて理由（以下「本件理由」という。）を付し，これを告示した。Ｃ市は，本件道路の用地については，当面土地収用は行わず，所有権者から任意買収を行う方針を表明し，買収交渉を進めたところ，起業地の９割以上の土地を任意買収することができた。

しかし，本件土地については，Ａとの間で任意買収の協議が整う見通しが立たなかったことから，

Ｃ市は，方針を変更し，土地収用によって本件土地を取得することとした。Ｃ市は，平成２９年７月１２日，法第３９条第１項に基づいて，本件土地につき，Ｂ県収用委員会に収用裁決の申請を行った。Ｂ県収用委員会は，平成３０年５月１１日，本件土地の所有権をＣ市に取得させる権利取得裁決（以下「本件権利取得裁決」という。）を行った。また，本件土地について，収用を原因とするＣ市への所有権移転登記が行われた。

Ｃ市は，本件権利取得裁決後も，明渡裁決の申立て（法第４７条の２第３項）を行わず，Ａと交渉を続けたが，Ａは本件事業認定が違法であると主張して，本件土地に居住し続けた。Ａは，令和元年５月１４日，Ｃ市が近く明渡裁決を申し立てる可能性があると考え，訴訟で争うことを決意し，弁護士Ｄに相談した。

以下に示された**【法律事務所の会議録】**（Ａの相談を受けて行われた，弁護士Ｄとその法律事務所に所属する弁護士Ｅとの会議の会議録）を踏まえて，弁護士Ｅの立場に立って，設問に答えなさい。

なお，土地収用法の抜粋を**【資料　関係法令】**に掲げてあるので，適宜参照しなさい。

〔設問１〕

Ａが，Ｂ県に対して本件権利取得裁決の取消訴訟（以下「本件取消訴訟」という。）を提起した場合，Ａは，本件取消訴訟において，本件事業認定の違法を主張することができるか。Ｂ県が行う反論を踏まえて，弁護士Ｅの立場から，検討しなさい。ただし，行政事件訴訟法（以下「行訴法」という。）第１４条第１項及び第２項にいう「正当な理由」が認められ，本件取消訴訟が適法に提起できることを前提としなさい。

〔設問２〕

⑴　Ａは，Ｂ県に対して本件権利取得裁決の無効確認訴訟（行訴法第３条第４項）を適法に提起することができるか。行訴法第３６条の「当該処分若しくは裁決の存否又はその効力の有無を前提とする現在の法律関係に関する訴えによつて目的を達することができないもの」という訴訟要件に絞って，Ｂ県が行う反論を踏まえて，弁護士Ｅの立場から，検討しなさい。

⑵　本件事業認定が法第２０条第３号の要件を充足せず違法であるとのＡの主張として，どのようなものが考えられるか。Ｂ県が行う反論を踏まえて，弁護士Ｅの立場から，検討しなさい。

【法律事務所の会議録】

弁護士Ｄ：Ａさんは，本件事業認定は違法であると考えているとのことです。本件権利取得裁決には固有の違法事由はありませんので，本件では，本件事業認定の違法性についてのみ検討することとしましょう。もっとも，まずは，どのような訴訟を提起するかについて，検討しておく必要がありますね。

弁護士Ｅ：本件事業認定も本件権利取得裁決も，行訴法第３条第２項における「処分その他公権力の行使」に該当しますが，いずれも，既に出訴期間を徒過し，取消訴訟を提起することはできないのではないでしょうか。

弁護士Ｄ：そうですね。もっとも，本件取消訴訟については，行訴法第１４条第１項及び第２項における「正当な理由」が認められ，適法に提起することができるかもしれません。

弁護士Ｅ：仮に本件取消訴訟を適法に提起することができたとしても，本件権利取得裁決には固有の違法事由はありませんので，本件取消訴訟では専ら本件事業認定の違法性を主張することとなりますね。

弁護士Ｄ：では，Ｅ先生には，仮に本件取消訴訟を適法に提起することができるとした場合，本件事業認定の違法性を主張することができるかについて検討をお願いします。ただし，「正当な理由」が認められるかについては，検討する必要はありません。

弁護士Ｅ：承知しました。

弁護士Ｄ：とはいえ，「正当な理由」が認められない場合の対応も考えておく必要があります。本件取消訴訟を適法に提起することができないとすれば，どのような訴訟を提起することができると考えられますか。

弁護士Ｅ：本件事業認定に無効の瑕疵があり，したがって，本件権利取得裁決も無効であるとして，Ｂ県に対し，行訴法第３条第４項に基づいて，本件権利取得裁決の無効確認訴訟を提起することが考えられます。また，本件権利取得裁決が無効であるなら，別途，Ｃ市に対する訴訟も提起することができます。

弁護士Ｄ：では，Ｂ県に対する無効確認訴訟が訴訟要件を充足しているか，Ｅ先生に検討していただきましょう。無効確認訴訟の訴訟要件については，いくつかの考え方がありますが，Ｅ先生は，行訴法第３６条の訴訟要件である「当該処分若しくは裁決の存否又はその効力の有無を前提とする現在の法律関係に関する訴えによつて目的を達することができないもの」について検討してください。Ｃ市に対してどのような訴訟を提起することができるのか，また，Ｃ市に対する訴訟を提起できる場合にも無効確認訴訟を適法に提起することができるのかという点に絞って検討していただければ結構です。

弁護士Ｅ：承知しました。

弁護士Ｄ：では，次に，本件事業認定の違法性について検討していきましょう。無効確認訴訟の場合，最終的には，重大かつ明白な違法性を主張しなければなりませんが，まずは，取消訴訟でも主張できる違法事由としてどのようなものがあるかについて検討することとし，今回は，それらが重大かつ明白な違法といえるのかについては検討しないこととします。

弁護士Ｅ：本件理由によると，Ｂ県知事は，本件申請書に基づき，本件道路の整備には，「道路ネットワークの形成」，「通行者の安全性の確保」，「地域の防災性の向上」の３つの利益があり，それに比べて，本件土地の収用によって失われる利益はそれほど大きくはなく，また，事業計画は適正かつ合理的であるとして，法第２０条第３号の要件を充足しているとしています。

弁護士Ｄ：Ｂ県知事が挙げる理由は妥当でしょうか。まず，新たに本件道路が整備されると交通量が増えて，環境が悪化することはないのでしょうか。

弁護士Ｅ：確かに，交通量は増えると思われますが，本件理由によると，Ｂ県やＣ市は，平成２２年調査の結果から，本件道路の交通量は１日当たり約３５００台なので，周辺環境への影響が軽微であり失われる利益が大きいとはいえないと判断しています。しかし，Ａさんによると，平成元年調査の時には，周辺環境への影響が大きいとして，本件道路の整備は見送られているのに，平成２２年調査で予想される交通量が平成元年調査の約３分の１に減っているのは疑問が残るとのことです。

弁護士Ｄ：Ｃ市の人口変動が原因ではないのですか。

弁護士Ｅ：いいえ。平成元年調査から平成２２年調査の間のＣ市の人口の減少は１割未満です。また，Ａさんによると，平成２２年調査にはＣ市の調査手法に誤りがあり，そのため，調査の正確性について疑問があるとのことです。それに加えて，Ａさんは，交通量が約３分の１にまで減るのであれば，土地収用によって得られる利益とされる「道路ネットワークの形成」の必要性に疑問があるとしています。そして，仮に「道路ネットワークの形成」のために本件道路が必要であるとしても，その必要性はそれほど大きいものではなく，かえって通過車両が増加するなどして，良好な住環境が破壊されるだけではないのかとの懸念もＡさんは示しています。

弁護士Ｄ：本件道路のルートについては，どのように検討されたのでしょうか。

弁護士Ｅ：本件理由によると，本件道路の近くにある小学校への騒音等の影響を緩和することを考慮し，同小学校から一定の距離をとるよう，本件道路のルートが決められたとのことです。しかし，本件土地の自然環境の保護については，学術上貴重な生物が生息しているわけではないとして，特に考慮はされていません。したがって，本件理由によると，小学校への騒音等の影響を緩和しつつ，本件土地の自然環境にも影響を与えないようなルートを採ることができるかについては検討されていません。

弁護士Ｄ：Ａさんによると，本件土地にある池は，地下水が湧出した湧水によるものとのことですね。本件土地の周辺では地下水を生活用水として利用している住民もいて，道路工事による地下水への影響も懸念されるとのことですが，道路工事による地下水への影響は検討されたのでしょうか。

弁護士Ｅ：本件理由によると，本件土地での掘削の深さは２メートル程度なので地下水には影響がないと判断しています。もっとも，Ａさんによると，以前，本件土地周辺の工事では，深さ２メートル程度の掘削工事で井戸がかれたことがあり，きちんと調査をしない限り，影響がないとはいえないのではないかとのことです。また，本件土地の周辺では災害時等の非常時の水源として使うことが予定されている防災目的の井戸もあるのですが，これらの井戸への影響については，調査されておらず，したがって，考慮もされていません。

弁護士Ｄ：それでは，Ｅ先生には，以上の点を整理して，本件事業認定が違法かどうかを検討していただきましょう。本件事業認定が違法かどうかについては，法第２０条第４号の要件について検討する余地もありますが，Ａさんの主張は法第２０条第３号の要件の問題であるとして検討することとしましょう。また，法に定められている土地収用の手続はいずれもＣ市やＢ県によって適法に履行されていますので，本件事業認定の手続的な瑕疵については検討する必要はありません。

弁護士Ｅ：承知しました。

【資料　関係法令】

○　土地収用法（昭和２６年法律第２１９号）（抜粋）

（この法律の目的）

第１条　この法律は，公共の利益となる事業に必要な土地等の収用又は使用に関し，その要件，手続及び効果並びにこれに伴う損失の補償等について規定し，公共の利益の増進と私有財産との調整を図り，もつて国土の適正且つ合理的な利用に寄与することを目的とする。

（土地の収用又は使用）

第２条　公共の利益となる事業の用に供するため土地を必要とする場合において，その土地を当該事業の用に供することが土地の利用上適正且つ合理的であるときは，この法律の定めるところにより，これを収用し，又は使用することができる。

（土地を収用し，又は使用することができる事業）

第３条　土地を収用し，又は使用することができる公共の利益となる事業は，次の各号のいずれかに該当するものに関する事業でなければならない。

一　道路法（昭和２７年法律第１８０号）による道路（以下略）

二～三十五　（略）

（定義等）

第８条　この法律において「起業者」とは，土地（中略）を収用（中略）することを必要とする第３条各号の一に規定する事業を行う者をいう。

２　この法律において「土地所有者」とは，収用（中略）に係る土地の所有者をいう。

３～５　（略）

（事業の説明）

第１５条の１４　起業者は，次条の規定による事業の認定を受けようとするときは，あらかじめ，国土交通省令で定める説明会の開催その他の措置を講じて，事業の目的及び内容について，当該事業の認定について利害関係を有する者に説明しなければならない。

（事業の認定）

第１６条　起業者は，当該事業又は当該事業の施行により必要を生じた第３条各号の一に該当するものに関する事業（以下「関連事業」という。）のために土地を収用し，又は使用しようとするときは，（中略）事業の認定を受けなければならない。

（事業の認定に関する処分を行う機関）

第１７条　事業が次の各号のいずれかに掲げるものであるときは，国土交通大臣が事業の認定に関する処分を行う。

一～四　（略）

２　事業が前項各号の一に掲げるもの以外のものであるときは，起業地を管轄する都道府県知事が事業の認定に関する処分を行う。

３　（略）

（事業認定申請書）

第１８条　起業者は，第１６条の規定による事業の認定を受けようとするときは，国土交通省令で定める様式に従い，左に掲げる事項を記載した事業認定申請書を，（中略）前条第２項の場合においては都道府県知事に提出しなければならない。

一　起業者の名称

二　事業の種類

三　収用又は使用の別を明らかにした起業地

四　事業の認定を申請する理由

２　前項の申請書には，国土交通省令で定める様式に従い，次に掲げる書類を添付しなければならない。

一　事業計画書

二～七　（略）

３，４　（略）

（事業の認定の要件）

第２０条　国土交通大臣又は都道府県知事は，申請に係る事業が左の各号のすべてに該当するときは，事業の認定をすることができる。

一，二　（略）

三　事業計画が土地の適正且つ合理的な利用に寄与するものであること。

四　土地を収用し，又は使用する公益上の必要があるものであること。

（事業の認定の告示）

第２６条　国土交通大臣又は都道府県知事は，第２０条の規定によつて事業の認定をしたときは，遅滞なく，その旨を起業者に文書で通知するとともに，起業者の名称，事業の種類，起業地，事業の認定をした理由及び次条の規定による図面の縦覧場所を国土交通大臣にあつては官報で，都道府県知事にあつては都道府県知事が定める方法で告示しなければならない。

２，３　（略）

４　事業の認定は，第１項の規定による告示があつた日から，その効力を生ずる。

（起業地を表示する図面の長期縦覧）

第２６条の２　国土交通大臣又は都道府県知事は，第２０条の規定によつて事業の認定をしたときは，直ちに，起業地が所在する市町村の長にその旨を通知しなければならない。

２　市町村長は，前項の通知を受けたときは，直ちに，（中略）起業地を表示する図面を，事業の認定が効力を失う日（中略）まで公衆の縦覧に供しなければならない。

３　（略）

（補償等について周知させるための措置）

第２８条の２　起業者は，第２６条第１項の規定による事業の認定の告示があつたときは，直ちに，国土交通省令で定めるところにより，土地所有者及び関係人が受けることができる補償その他国土交通省令で定める事項について，土地所有者及び関係人に周知させるため必要な措置を講じなければならない。

（事業の認定の失効）

第２９条　起業者が第２６条第１項の規定による事業の認定の告示があつた日から１年以内に第３９条第１項の規定による収用又は使用の裁決の申請をしないときは，事業の認定は，期間満了の日の翌日から将来に向つて，その効力を失う。

２　（略）

（収用又は使用の裁決の申請）

第３９条　起業者は，第２６条第１項の規定による事業の認定の告示があつた日から１年以内に限り，収用し，又は使用しようとする土地が所在する都道府県の収用委員会に収用又は使用の裁決を申請することができる。

２，３　（略）

（却下の裁決）

第４７条　収用又は使用の裁決の申請が左の各号の一に該当するときその他この法律の規定に違反するときは，収用委員会は，裁決をもつて申請を却下しなければならない。

一　申請に係る事業が第２６条第１項の規定によつて告示された事業と異なるとき。

二　申請に係る事業計画が第１８条第２項第１号の規定によつて事業認定申請書に添附された事業計画書に記載された計画と著しく異なるとき。

（収用又は使用の裁決）

第４７条の２　収用委員会は，前条の規定によつて申請を却下する場合を除くの外，収用又は使用の裁決をしなければならない。

２　収用又は使用の裁決は，権利取得裁決及び明渡裁決とする。

３　明渡裁決は，起業者，土地所有者又は関係人の申立てをまつてするものとする。

４　明渡裁決は，権利取得裁決とあわせて，又は権利取得裁決のあつた後に行なう。ただし，明渡裁決のため必要な審理を権利取得裁決前に行なうことを妨げない。

（土地若しくは物件の引渡し又は物件の移転）

第１０２条　明渡裁決があつたときは，当該土地又は当該土地にある物件を占有している者は，明渡裁決において定められた明渡しの期限までに，起業者に土地若しくは物件を引き渡し，又は物件を移転しなければならない。

出題趣旨

【公法系科目】

〔第２問〕

本問は，新たな市道（以下「本件道路」という。）の整備のために，Ｃ市が，土地収用法（以下「法」という。）に基づいて，Ａの土地（以下「本件土地」という。）を収用しようとした場合に生じる法的な問題について，検討を求めるものである。土地収用の手続きは，事業認定（法第２０条），収用裁決（法第４７条の２）といった段階を踏んで進められていくが，本問においては，このような土地収用手続の過程を理解して検討することが求められている。

本問では，Ｃ市を起業者として行われた事業認定（以下「本件事業認定」という。）やＡに対する権利取得裁決（以下「本件権利取得裁決」という。）はいずれも出訴期間を経過しており（行政事件訴訟法第１４条），Ａはこれらの処分に対して適法に取消訴訟を提起して争うことはできない。もっとも，本件権利取得裁決については，例外的に「正当な理由」が認められるとして，取消訴訟を提起することができる場合も考えられ，論じられるべき第１の問題は，仮に，行政事件訴訟法第１４条における「正当な理由」が認められ，本件権利取得裁決に対する取消訴訟（以下「本件取消訴訟」という。）を適法に提起することが可能であるとした場合，Ａは，本件取消訴訟において，本件事業認定の違法を主張することができるかである（設問１）。論じられるべき第２の問題は，本件権利取得裁決に対して無効確認訴訟を提起した場合（行政事件訴訟法第３条第４項），Ａに，無効確認訴訟の原告適格が認められるかどうかである（設問２⑴）。最後に，論じられるべき第３の問題は，本件事業認定に裁量の範囲を逸脱又は濫用した違法が認められるかどうかである（設問２⑵）。以上の点について，資料を踏まえて論じることが求められている。

〔設問１〕は，いわゆる違法性の承継に関する問題であり，本件事業認定の違法性を本件取消訴訟において主張することが許されるのかが問われている。法における事業認定の違法性が収用裁決に承継されるかについては，様々な裁判例や学説が見られるところであり，必ずしも見解の一致が見られるとは言い難いが，本問においては，単に違法性の承継に関する一般的な考え方を示すのみではなく，最判平成２１年１２月１７日民集６３巻１０号２６３１頁等を参考に，法に沿って，具体的に検討することが求められている。すなわち，法においては，事業認定と権利取得裁決が段階的に行われること，事業認定と権利取得裁決の目的に共通性が認められること，土地所有者らに対して様々な手続きが法によって整備されていること等を踏まえて，事業認定と権利取得裁決の違法性の承継の有無を検討することが求められている。

〔設問２⑴〕では，本件権利取得裁決に対する無効確認訴訟の訴訟要件が問われている。本件事業認定に無効の瑕疵が認められ，本件権利取得裁決も無効であるとすると，本件権利取得裁決に対して，無効確認訴訟（行政事件訴訟法第３条第４項）を提起することが考えられるが，無効確認訴訟の訴訟要件として，行政事件訴訟法第３６条の原告適格の有無を検討する必要がある。行政事件訴訟法第３６条は，無効等確認訴訟の原告適格につき，「当該処分又は裁決に続く処分により損害を受けるおそれのある者その他当該処分又は裁決の無効等の確認を求めるにつき法律上の利益を有する者で，当該処分若しくは裁決の存否又はその効力の有無を前提とする現在の法律関係に関する訴えによつて目的を達することができないものに限り，提起することができる」としているが，本問においては，「当該処分若しくは裁決の存否又はその効力の有無を前提とする現在の法律関係に関する訴えによつて目的を達することができないもの」という要件に絞って，Ａに無効確認訴訟の原告適格が認められるのかを検討することが求められている。

本件事業認定やそれに基づく本件権利取得裁決に無効の瑕疵があるとすると，Ａは，自らの所有権を保全するため，Ｃ市に対して，土地所有権確認請求や本件土地の移転登記の抹消登記請求といった争点訴訟（本件権利取得裁決が無効であることを争点とする民事訴訟。行政事件訴訟法第４５条）で争うことが可能と考えられる。このとき，Ａが，これらの争点訴訟を提起することが可能であるとしても，それだけで，「目的を達することができない」として，無効確認訴訟を提起できるのかを論じる必要がある。争点訴訟には，無効確認訴訟の判決と異なり，判決に拘束力が認められないこと，他方で，事業認定から１年を経過している場合には事業認定の効力が失効する（法第３９条第１項）ため，拘束力が認められなくてもＡの目的を達することはできるのではないかといったことや無効確認訴訟の判決に第三者効が認められるのか等を踏まえて，検討することが求められる。

以上のような行政事件訴訟法第３６条の原告適格に関し，Ａによってどのような主張がなされるのか，また，原告適格は認められるのかを，Ｂ県からの反論を踏まえて，論理的に検討することが求められている。

〔設問２(2)〕では，上記の無効等確認訴訟が適法に提起できるとした場合，本件事業認定の違法性につき，法第２０条第３号の「事業計画が土地の適正且つ合理的な利用に寄与するものであること」に関して，Ａが，どのような主張が可能かを検討することが求められている。法第２０条第３号の要件は，法第１条の目的規定を参照すると，行われる事業によって増進される公共の利益と，土地収用によって失われる利益の比較衡量によって判断されると考えられるが，法第２０条第３号がある程度概括的に定められていることや，公共事業に土地収用が必要とされるかどうかについては，種々の事情を総合的に考慮した判断が伴うことから，法第２０条第３号の要件該当性の判断には，行政庁に一定の裁量が認められると考えられる。したがって，本問では，本件事業認定が，このような裁量の範囲を逸脱濫用したものであるとして違法となるかどうかが検討されるべき点である。また，本件事業認定に無効の瑕疵があるかが問題とされることから，単なる違法ではなく重大かつ明白な瑕疵が必要とされることとなるが，本問では，重大性や明白性については検討する必要はない。

まず，本件事業認定に関しては，本件道路の設置によって得られる利益として考えられるのは，事業認定に付された理由によると，「道路ネットワークの形成」，「通行者の安全性の確保」，「地域防災性の向上」の３点である。これらのうち，「道路ネットワークの形成」という利益が生み出されることや本件道路の整備による騒音等の不利益が軽微かどうかについては，本件事業認定においては，平成２２年調査に基づいて判断がされている。Ａの立場からは，平成元年調査と比して，通行量の予測が異なる平成２２年調査に基づく判断の妥当性や信頼性が論じられるべきこととなる。また，利益衡量の対象とされているが，土地収用によって喪失する利益として，Ａの立場からは，本件土地周辺の地下水や防災用の井戸への影響，本件土地の自然環境への影響が十分に考慮されていないのではないかという点が指摘されよう。また，小学校への騒音を防止するために，本件道路のルートが決定されているが，その際，本件土地の自然環境については考慮されておらず，考慮されるべき事情が考慮されていないのではないか，といった点についても検討することが求められている。

採点実感

1　出題の趣旨

別途公表している「出題の趣旨」を参照いただきたい。

2　採点方針

採点に当たり重視していることは，例年と同じく，問題文及び会議録中の指示に従って基本的な事実関係や関係法令の趣旨・構造を正確に分析・検討し，問いに対して的確に答えることができているか，基本的な判例や概念等の正確な理解に基づいて，相応の言及をすることのできる応用能力を有しているか，事案を解決するに当たっての論理的な思考過程を，端的に分かりやすく整理・構成し，本件の具体的事情を踏まえた多面的で説得力のある法律論を展開することができているか，という点である。決して知識の量に重点を置くものではない。

3　答案に求められる水準

(1)　設問1

・　本件事業認定の違法を本件取消訴訟において主張することが許されるかどうかにつき，いわゆる違法性の承継の問題であることに触れつつ，違法性の承継が認められるかどうかについての基準を最高裁判決等を参考に論じ，本件に即し土地収用法の一般的制度論に基づく検討を加えた上で，結論を導いているものは，一応の水準に達しているものと判断した。

・　これに加えて，例えば，①本件で違法性の承継が問題となることの理由（先行行為と後行行為との関係等）について，また，②違法性の承継が例外的に認められるものであることやその根拠について，正確な理解に基づく記述がされているものや，違法性の承継が認められるかどうかについての基準を多角的な見地から挙げているものなどは，良好な答案と判断した。

・　さらに，本件において違法性の承継が認められるかどうか，反対説を考慮しつつ，手続保障の観点なども含め多面的かつ詳細に検討しているものなどは，優秀な答案と判断した。

(2)　設問2(1)

・　無効等確認の訴えの原告適格に関し，行政事件訴訟法第３６条が定める「現在の法律関係に関する訴えによつて目的を達することができないもの」の要件について，判例又は学説によって定立された枠組みを指摘し，「現在の法律関係に関する訴え」として，Ｃ市に対する土地所有権確認請求訴訟や移転登記の抹消登記請求訴訟といった民事訴訟（争点訴訟）で争うことができることを指摘した上で，こういった訴訟によって「目的を達することができない」と言えるかどうかについて最低限の検討を加え，無効確認訴訟の原告適格を認めることができるかどうかについての結論を導いているものは，一応の水準に達しているものと判断した。なお，「現在の法律関係に関する訴え」として検討すべき訴訟の指摘が適切でないものについても，「目的を達することができない」と言えるかどうかについて一定程度検討がされているものについては，一応の水準に達しているものと判断した。

・　上記のとおり，「現在の法律関係に関する訴えによつて目的を達することができないもの」

の解釈についての枠組みを指摘し，「現在の法律関係に関する訴え」として，Ｃ市に対する土地所有権確認請求訴訟や移転登記の抹消登記請求訴訟といった民事訴訟（争点訴訟）で争うことができることを指摘した上で，「目的を達することができない」と言えるかどうかについて，判決の効力の観点等から，一定程度検討がされているものなどは，良好な答案と判断した。

・　さらに，「目的を達することができない」と言えるかどうかについて，事業認定の時期との関係や，執行停止等他に利用し得る手続との関係について検討し，Ｂ県からの反論も踏まえて，詳細に検討しているものなどは，優秀な答案と判断した。

⑶　設問２⑵

・　土地収用法第２０条第３号の要件該当性の判断に裁量が認められることが指摘されるとともに，本件事業認定の違法性の判断枠組みについて一応の記述がされ，違法事由について，会議録に記載された事情のうち主たる点を指摘して検討がされているものなどは，一応の水準に達しているものと判断した。

・　これに加えて，例えば，土地収用法第２０条第３号の要件該当性について比較衡量によって判断すべきことが指摘され，裁量処分の判断枠組みについて最高裁判例を意識した記述がされるなど，本件事業認定の違法性の判断枠組みについてより深い理解が示されているものや，違法事由について，会議録に記載された内容をきちんと拾い出して論じているものなどは，良好な答案と判断した。

・　さらに，例えば，違法事由について，Ｂ県からの反論を踏まえるなどして説得的に論じているものなどは，優秀な答案と判断した。

４　採点実感

以下は，考査委員から寄せられた主要な意見をまとめたものである。

⑴　全体的印象

・　これまでにも見られたことであるが，問題文や資料をきちんと読まずに解答しているのではないかと思われる答案が少なくなかった。例えば，〔設問１〕の解答において，本件事業認定や本件権利取得裁決の処分性の有無を検討し，かなりのスペースを割いて論じている答案は少なからず見られた。しかし，会議録の弁護士Ｅの発言に見られるように，これらの行為が行政事件訴訟法第３条第２項の「処分その他公権力の行使」にあたることは示されているのであって，本問の解答においては，これらの行為について処分性を論じる必要はない。

・　問題文を精読していれば防ぐことのできるミスを犯す答案が多く見られた。答案を作成するに先立って問題文を精読することは，受験における最も基本的なスキルであり，また，法律実務家としても，事実関係を正確に把握した上でその対応策を検討するというのが適切な職務の遂行の第一歩であることからすると，問題文を精読することができないのは，法律実務家としての基礎的な素養を欠くと評価されてもやむを得ないという認識を持つ必要があるように思われた。

・　問題で問われていない論点を延々と叙述する答案では本来論ずべき問題に対する回答が雑になっているケースが多く，問題で何が問われているかを把握する力に不足があることがうかがわれる。

・　いわゆる「法的三段論法」や，問題提起部分と検討部分との対応関係への留意が甘い答案が相当数見られた。規範を提示することなくいきなり事案の分析を始めたり，結論を曖昧なままに放置したり，問題提起部分で検討を要する事項として指摘しておきながら検討部分においては当該事項が何も検討されないままとなっていたりしているのは，法律的な論証の手法という法律実務家として必須の基礎的な素養にも疑問を生じさせるものであった。

・　事実の摘示と評価を行う中で，突如として規範のようなものが出てくる答案が散見されたが，その規範のようなものによって評価する根拠が不明であり，論理的な論述とは言えない。

・　各問につき，自説とその根拠のみ記載し，相手方の反論が記載されていない答案や，相手方の反論は記載されているものの，十分に反論の根拠が検討されていない答案が多く見られた。問題文で，「Ｂ県が行う反論を踏まえて，弁護士Ｅの立場から，検討しなさい。」と指示されている以上，相手方の反論を記載すべきであるのは当然であるが，反論内容についても，相手方の立場に立ってどのような根拠等が考えられるかを十分検討しつつ，これを踏まえて自説を論述することで，答案に深みが出ると思われる。

・　論点を一応は捉えて，判例の示す要件も一応挙げて，それに沿った検討をしているものの，判例の要件の摘示が不正確であったり，検討の根拠が詰め切れていなかったりするものも多かった。

・　行政法上の基本的な用語につき，用語は知っていても，その内容を理解していないのではないかと思われる答案が見られた。例えば，〔設問１〕の解答において，本件取消訴訟に，裁決主義が妥当するとする答案がいくつか見られたが，裁決主義の意味を理解していないのではないかと思われる。また，〔設問２〕⑴において，無効確認訴訟によって，行政処分の公定力を除去する必要があるとして，無効確認訴訟の提起を認めるべきとする答案が見られたが，やはり，無効の意味を理解していないものと思われる。

・　公定力と不可争力の概念を混同しているなど，行政法上の基本概念に関する理解が不十分であると思われる答案が見られた。

・　判例の文言や表現ぶりの正確な意味を理解していないためか，不用意に判例の文言を削るなどして異なる表現を用い，結果として意味が変わってしまっている記述が少なからず見受けられた。

・　例年のことではあるが，「土地収容」，「多事考慮」，「採決」等の，行政法上の基本的な用語に関する誤字が見られた。これらは，誤字により，言葉の持つ意味自体が変わってくるものであり，特に注意されたい。また，基本的な日常用語でも，例えば「粉争」のような誤字があったり，あるいはひらがなで記載されたりした答案もあった。

・　毎年指摘されていることではあるが，書き殴ったような読みづらい字の答案が散見された。文脈を理解していなければ到底判読不能と思われるものもあり，文字の巧拙というよりも，そもそも他人が読むことを意識していないのではないかと思われる。採点者としても可能な限り解読に努めるが，記載内容を一義的に特定できないような場合，採点者において根拠なく解答者に有利に斟酌することもできない。解答者においては，採点者に内容が正確に伝わる文字の記載を心掛けてもらいたい。また，自己流の略字は，当然のことながら採点者には理解困難であるから注意してほしい。

・　文字の線が細いもの，微小な文字の挿入を多用するもの等については改善の余地があるように思われ，現に，相当程度読みやすい文字で，充実した分量の記載がある答案も多数見られたところである。適切な筆記具を用意する，大きめの文字を書くようにする等の工夫をすることにより，少なくとも多くの者が判読可能なレベルの文字を書くことをできる限り心掛けることが必要と思われた。

・　本年の答案は，最終問題まで解答できているものも多かった反面，〔設問２〕(2)について，途中答案になっているもの，検討が極めて大雑把になっているものが散見された。〔設問１〕や〔設問２〕(1)で時間を使いすぎたためと推察されるものの，試験という性質上，時間配分を考えることも大切であると思われた。

(2)　設問１

・　本問は違法性の承継に関する論点を問うものであるが，多くの答案が，ある程度は，違法性の承継について論じていた。判例や学説が示す違法性の承継の可否を判断する基準についても多くの答案が触れていた。

・　違法性の承継の要件とその根拠，各要件についての設問の事案に即した検討を，よく整理された文章で論述した答案も一部にあった。

・　本設問において事業認定の裁量の逸脱濫用を論じたり，行政事件訴訟法第１０条第１項について論じたりする答案が散見されたが，最初に全ての設問を確認せずに答案を書き始めているとしか思えない。この点は，問いにおいて何が問われているかを正確に理解するという行政法に限らない基本的な作法の問題である。

・　違法性の承継を論ずる必要性があることの前提となる点，すなわち，先行行為と後行行為が，別個の「処分」であって，それぞれが独立に抗告訴訟の対象となるため，後行行為に係る抗告訴訟においては，先行行為の違法性を主張することが許されないのが原則であるという点は，多くの答案が指摘することができていた。少数ながら，この点を押さえることなく違法性の承継を論ずる答案も見られたが，そのような論じ方は論理的ではないことを意識しておく必要があるものと思われた。

・　「事業認定」の処分性の論証に紙幅を費やす答案が散見された。事業認定に処分性があるからこそ違法性の承継が問題とされていることは前提としてほしい。また，事業認定に処分性がないとする答案も少数ながら見受けられた。

・　違法性の承継が認められない根拠として，行政事件訴訟法第１０条第２項を挙げる答案が少なからず見られた。すなわち，本件権利取得裁決を同項の「裁決」とし，本件取消訴訟においては，裁決固有の違法のみ主張できるから，本件取消訴訟においては，本件事業認定の違法を主張できないとするものである。このような答案は，同項の「裁決」の意味に関して，基本的な誤解があると考えられる。確かに，土地収用法は「裁決」という用語を使っているが，用語が同じであるからといって，同項の「裁決」と同じ意味であるとは限らない。その他，違法性の承継が認められない根拠として，同条第１項を挙げる答案も見られたが，同じく，基本的な概念の理解が不十分と考えられる。

・　違法性の承継が認められるかどうかを検討するに当たっては，判例に照らし，手続的保障の十分性についても検討すべきであり，同検討においては，土地収用法の一般的制度論から導かれる根拠が論じられるべきであるが，答案においては個別事案に基づく事情（任意売却の交渉が行われていること）のみを挙げるものも多く，一般的制度論から導かれる根拠について十分に検討するものは少数にとどまった。

・　違法性の承継は，個別的な事情に結論が左右される性質の論点ではなく，制度自体に内在する救済の必要性，許容性を論ずるものであるから，本件における違法性の承継の可否も，事業認定及び収用裁決の制度一般を前提に論ずる必要があるにもかかわらず，それらの制度の目的を道路の建設と指摘するなど，個別の事情に引き付けて論ずるものが少なからず見られた。また，違法性の承継を肯定するに当たっては，別個の処分であることを前提としつつ，これらの処分を一体のものとして取り扱って救済することが許される根拠を示す必要があるから，先行行為が後行行為の要件の一部を構成していること，その目的が共通していること等を論ずることが必要になるにもかかわらず，先行行為と後行行為が連続的なものであることを示すにとどまったり，それらの目的の共通性やそれらの行為を一体のものとして評価してよいこと自体又はその根拠に全く触れなかったりする答案が多く見られた。このように，違法性の承継が，どのような理由で許容されるのかという問題の本質に関する理解が不足している答案が多く見られた。

・　違法性の承継が，行政救済法における救済法理であることからすると，手続的な保障の有無を論ずることが必須であることは明らかであるにもかかわらず，手続的保障の観点を全く指摘していない答案が散見された。また，問題文に添付された資料である関係法令を通覧するだけでも，土地所有者の手続的保障に関連する条文が多数引用されていることがうかがわれるのであって，これらを指摘して手続的保障の有無を論ずる必要があることを合理的に推測することができるにもかかわらず，手続的な保障に関する規定として，事業認定の告示のみを指摘するにとどまる答案がそれなりの数を占めていた。なお，手続的保障の有無を論ずる際，事業の説明（土地収用法第１５条の１４）や補償についての周知（同法第２８条の２）が履行されていないとの事実を認定したり，それらが履行されたことが不明である旨を記載したりする答案が散見されたが，会議録には，「法に定められている土地収用の手続はいずれもＣ市やＢ県によって適法に履行されています」と記載されているから，このような答案は，問題文を精読していないことの表れと思われる。

・　最高裁判所平成２１年１２月１７日判決（民集６３巻１０号２６３１頁）において問題にされている「手続的保障」の意味について理解が不正確と思われる答案が一定数見られた（事業認定に関して出訴期間徒過の「正当な理由」が認められる可能性があるから，原告の手続的保障は十分であり違法性の承継を認める必要はないなど）。

・　問題文では県の反論を踏まえて積極消極双方の見解を述べることが求められていたが，違法性の承継を肯定するか否定するかについて選択した方向性に沿う見解のみが述べられている答案が少なくなかった。

・　違法性の承継の判断に当たり，上記最高裁判所平成２１年１２月１７日判決との違いについてまで論述されているなど，よく勉強されている答案もあり，点数に差が出やすい問題だった。

(3)　設問２(1)

・　他の問題に比べて最も不出来な答案が多かった。

・　抗告訴訟としての無効等確認訴訟の原告適格という比較的手薄になりがちな論点に関する問題であったためか，全く的外れな内容を示すにとどまった答案も比較的多くみられた反面，行政事件訴訟法第３６条について判例の示す基準や，同条にいう「現在の法律関係に関する訴え」が，基本的には民事訴訟のことであり，本件においては，当該民事訴訟において本件土地の所有権の帰属を確定させる利点とその限界を論ずる必要があることをおおむね理解していると思われるものもそれなりにあり，普段の行政法の勉強の程度や民事法全体の理解に関する実力が答案の内容にも素直に反映した結果とも思われた。

・ ごく少数ながら，補充性要件についての判例の要件を正確に摘示し，争点訴訟の明示，拘束力の有無，第三者効の有無等をほぼ正確に論じて結論を導いた，極めて優秀な答案もあった。

・ 細かいことであるが，訴訟を適法に提起することができるかという問いに答える結論が示されていないものも多かった。

・ 無効確認訴訟の原告適格の有無の問題であることについては，おおむねの答案においてそれなりに理解されていた。

・ 全体的に評価の低い答案が多かった。その理由は，無効確認訴訟についてあまり学習していないということも一因であろうが，その他に，仮に学習していたとしても，行政救済法で扱われる行政事件訴訟法第３６条の無効確認訴訟の訴訟要件が，行政法総論における「行政行為の取消しと無効」（行政行為の無効）と関連しているということに理解が及んでいないからではないかと思われる。「Ｃ市に対して提起することができる訴訟」に関連して，実に様々な訴訟が答案の中にみられたが，不適切な解答の多く（例えば，「民事訴訟の前提として無効確認判決が必要である」とするもの，「現在の法律関係に関する訴えと無効確認訴訟の両方が提起できる」とするもの，更には他の抗告訴訟と比較するものなど）は，このような基礎的理解の不足に起因するのではないかと考えられる。

・ 〔設問２〕(1)は，本件権利取得裁決に対する無効確認訴訟につき「現在の法律関係に関する訴えによつて目的を達することができないもの」（行政事件訴訟法第３６条）との要件にあたるか否かの問題であるところ，この点の問題であることは大半の答案において指摘ができていた。もっとも同条の基本的な理解が不十分であり，当該文言についての解釈を全く示していない答案も散見された。また，この点に関する最高裁判所平成４年９月２２日判決（民集４６巻６号１０９０頁）の判旨を正確に理解していると思われる答案は少なく，さらに判旨の用語「直截的」について「直接的」「直載的」等の語を用いる答案が多く，判旨が示した基準を正確に記載している答案はごく少数であった。

・ 「直接」も「直截」も共に「ちょくせつ」と読むが，この両者は意味が微妙に異なるので，国語辞書などで改めて確認されたい。このことを理解することによって，「…むしろ当該換地処分の無効確認を求める訴えのほうがより直截的で適切な争訟形態というべき」であるとした最高裁判所昭和６２年４月１７日判決（民集４１巻３号２８６頁）の含意も正確に理解し得ることになろう。

・ 行政事件訴訟法第３６条後段について，民事訴訟が可能であるという理由で補充性の要件を満たさないということにはならないといった解釈を示し，直接型義務付け訴訟や差止訴訟の補充性の要件と混同している答案が見られた。

・ 本問については，ＡがＣ市に対して提起できる「現在の法律関係に関する訴え」を踏まえて，検討することが求められている。しかし，多くの答案は，Ｃ市に対して提起できる「現在の法律関係に関する訴え」を適切に示すことができていなかった。

・ Ｃ市に対する訴訟として取消訴訟・差止訴訟等を挙げるなど，行政事件訴訟法第３６条にいう「現在の法律関係に関する訴え」の概念及び抗告訴訟の被告適格に関する基本的な理解を欠くのではないかと思われる答案が一定数見受けられた。法科大学院生には，行政訴訟の基本的な体系に立ち戻った理解を得られるような学習に努めることを期待する。

・　「現在の法律関係に関する訴えによつて目的を達することができないもの」の判例上の判断枠組みについての記述と，判断枠組みに基づく具体的な検討の記述に落差があった。まず行政行為の無効の主張が例外的な場合に限られるという問題と混同するなど，明らかに論点の意味を理解していない答案も少なくなかったが，とりわけ「現在の法律関係に関する訴え」として①「明渡裁決の差止訴訟（行政事件訴訟法第３７条の４）」といった抗告訴訟を検討していたり，②「収用されない地位の確認訴訟」といったように形式的には「現在の法律関係に関する訴え」の形をとってはいるものの実質的には抗告訴訟に当たる訴訟を検討する答案が数多くあった。上記①については，形式的には判例上の判断枠組みを記述できていたとしても，実質的にはその意味を理解できていないものと言わざるを得ない。上記②については，むしろ「現在の法律関係に関する訴え」とは異なる抗告訴訟の基本的な理解に関わる問題であり，論点ごとの表面的な学習の問題点が鮮明な形で表れたように思う。

・　取消訴訟を挙げるものもあったが，これも抗告訴訟であり，現在の法律関係に関する訴えではない。

・　Ｃ市に対する「現在の法律関係に関する訴え」として，明渡裁決の（申立ての）差止め訴訟を挙げる答案が多数に上った。明渡裁決をするのは収用委員会であるほか，明渡裁決の申立て自体には処分性がないことをも誤るものであり，Ｃ市に対する訴えとしては，不適切なものであることが明らかである（その点を指摘する答案も見られた。ただし，Ｂ県を被告とする訴えとして，権利取得裁決の無効確認訴訟ではなく明渡裁決がされた後にその取消訴訟を提起することが考えられるということの派生として，明渡裁決の差止め訴訟を提起することも考え得るという限度では，これを適切なものと解する余地はあるといえるが，そうであれば，その旨を意識した論述をすべきである。）。

・　「現在の法律関係に関する訴え」はＣ市に対するものであるにもかかわらず，Ｂ県収用委員会のなす明渡裁決に対する不服を当事者訴訟に引き直したもの（明渡義務の不存在確認訴訟など）を挙げているものがある。

・　Ｂ県とＣ市を明確に区別していない，又はＣ市に対して提訴すべき訴訟をＢ県に対するものとして記載している答案は，訴訟に関する基本的な理解を欠くものと受け取られてもやむを得ないと思われる。

・　「現在の法律関係に関する訴え」について，当事者訴訟の一種としての確認訴訟を挙げる答案は多く見られた。「現在の法律関係に関する訴え」に当事者訴訟が含まれるのは妥当だが，確認の対象が，例えば，明渡裁決を受けない地位の確認訴訟のように，抗告訴訟との関係の整理がされていない訴訟を挙げる答案が見られた。

・　その他，Ｃ市に対して提起できる訴えとして，形式的当事者訴訟を挙げる答案が少なからず見られた。そもそも形式的当事者訴訟は，「法令の規定により」（行政事件訴訟法第４条）認められるもので，確かに土地収用法には，本問の資料にはないものの，形式的当事者訴訟に関する規定が存在する。しかし，同規定は，本問とは無関係であり，本問において検討する必要はない。やはり，形式的当事者訴訟の内容を理解していないのではないかと思われる。

・　さらに，Ｃ市に対する「現在の法律関係に関する訴え」として，民衆訴訟，住民訴訟等を挙げるものがあった。これらは，いずれも，基本的な法律概念を理解していないか，問題文を精読していないことを示すものであり，基礎的な実力自体の不足を示すものと思われた。

・　Ｃ市に対する訴訟として，「現在の法律関係に関する訴え」としての民事訴訟のほかに，「収用されない地位の確認訴訟」や明渡裁決差止訴訟など，不適切なものを一緒に羅列している答案があったが（中には３つ以上羅列したものもあり），このような答案は，仮に一部に適切なものを含んでいたとしても，基礎的理解の正確性を疑わせるものがある。

・　権利取得裁決の無効確認訴訟と取消訴訟を比較検討している答案があった。会議録には，権利取得裁決の取消訴訟を適法に提起できないとすれば，どのような訴訟を提起できるかという記載があり，その箇所を見ていないと思う。

・　明渡裁決によってＣ市が本件土地の所有権を取得するという誤解に基づく答案が一定数見受けられた。問題文に明記されているように，本件土地の所有権をＣ市に取得させたのは権利取得裁決である。

・　権利取得裁決の無効を前提とする現在の法律関係に関する訴えについて，裁決は有効であるから当該訴えは不適法であるとする答案があった。訴訟要件と本案勝訴要件の違いが理解できていないと思われる。

・　本問における行政事件訴訟法第３６条にいう「現在の法律関係に関する訴え」は，現在の法律関係の前提をなす処分である本件権利取得裁決が無効であることを前提とすべきことは，問題文（会議録）の記載からも明らかであるところ，論述の前半では，権利取得裁決の無効を前提として当事者訴訟又は民事訴訟を提起できるかのように論じながら，論述の後半では，権利取得裁決には公定力があるから上記の訴訟ではこれを覆せないなどと論ずるもののほか，「現在の法律関係に関する訴え」である民事訴訟又は当事者訴訟として，不法行為に基づく損害賠償請求訴訟，国家賠償請求訴訟，損失補償請求訴訟等の本件権利取得裁決が有効であることを前提としなければ提起されるはずのない訴えを挙げるものもあり，「処分…の効力の有無を前提とする」訴えの意味を理解していない答案が散見された。

・　本問においては，無効確認訴訟と「現在の法律関係に関する訴え」に当たる民事訴訟や当事者訴訟を比較して検討することとなるが，行政事件訴訟法の条文に則してこれらを検討している答案はあまり見られず，単にＡの救済の機会を増やすため，無効確認訴訟の提起を認めるべきとする答案が多かった。

・　処分の無効を前提とする「現在の法律関係に関する訴えによつて目的を達することができないもの」について，単に無効確認訴訟の方が「抜本的解決が可能」だからというにとどまり，具体的に無効確認判決の効力など，紛争解決という目的の関係でどのようなメリットがあるのかについて具体的に示していない答案が多かった。

・　権利取得裁決が存在している以上，（権利取得裁決の無効を前提とする）民事訴訟又は当事者訴訟が直截的なものとはいえないと短絡的に論ずるものが多数に上った。権利取得裁決の無効を前提とした訴えの提起を可能とするのであれば，権利取得裁決が有効なものであることを前提とするのは論理矛盾であるし，外形的に権利取得裁決が残存していることを指摘する趣旨であれば，権利取得裁決の無効を外形的にも確定しておく法律的な必要性が生ずる理由（所有権の権利主体（Ｃ市）と処分権者（Ｂ県収用委員会）が異なること，明渡裁決を阻止する必要性等）を明示しない限り，民事訴訟等が当該事案に直截的かつ適切ではないと論じたことにはならないはずである。短絡的に結論のみを述べても，全く説得力がないことに気付いていない答案が多く見られた。

・　無効確認訴訟と民事訴訟や当事者訴訟を比較する上では，判決の効力を比較することが考えられる。しかし，これも行政事件訴訟法の条文に則して，無効確認判決の効力を検討できている答案はあまり見られなかった。例えば，行政事件訴訟法第３８条が，無効確認訴訟につき，取消訴訟の判決に関するどの条文を準用しているかについては，不正確な引用がされる答案が多数見られた。

・　無効等確認訴訟には，明文上はいわゆる第三者効（行政事件訴訟法第３２条第１項）が準用されていない（同法第３８条第１項参照）にもかかわらず，これが明文で準用されているとする旨の答案が少なからず見られた。無効等確認訴訟に準用されているのは，いわゆる判決の拘束力であり（同項，同法第３３条），第三者効と判決の拘束力を混同している又はその違いを理解していないのではないかと思われた。なお，解釈上，無効等確認訴訟に第三者効が準用されるべきである旨の学説が有力であるとしても，無効等確認訴訟に係る判決に第三者効があると論ずるのであれば，最低限，明文で準用されていないことに加えて，法令の合理的な解釈として，第三者効が無効等確認訴訟にも準用されると解するのが適切である旨等を示すことは必要であると思われた。

・　判例にある「より直截的で適切な争訟形態であるとみるべき場合」に該当するか否かを判断する事情としてどのようなものがあるかを十分に理解しておらず，法的効果に言及しないまま当事者の思いを主軸に論述を展開する答案が散見された。

・　「拘束力」や「執行停止」に言及しつつ具体的な検討を行っている優秀な答案も少数ながら存在し，行政法全体の理解度の差が如実に表れたように思われる。

(4)　設問２(2)

・　概ねよくできていたが，裁量についての判断枠組みを示さず，直ちに個別の違法事由を検討している答案も見られた。また，時間不足のためか，途中で終わっている答案や検討が不十分な答案も見受けられた。

・　問題文の中にヒントが示されていたためか，ほかの小問と比べると出来は良かった。〔設問１〕と〔設問２〕(1)で点数が取れなくても，〔設問２〕(2)だけは点数が取れているという答案が散見され，知識はなくても問題文からうまく引用してまとめられれば点数が取れるという傾向が見受けられた。

・　時間切れの答案を除き，大体の要素を拾っている答案が大半であるため，細部や詳細の論述の書き方如何で高得点となるものか否かが決まったところである。

・　Ｂ県が行うであろう具体的な反論を踏まえていないものが多かった。当事者の立場による解釈の構成は学習程度の違いがよくみられる点といえよう。

・　裁量に当たっての考慮要素は概ね網羅されている一方で，これをＡとＢ県それぞれの立場からどう解すべきかについての検討については個人差がみられた。

・　基本的には，要素となるべき事実を問題文から丁寧に拾うことによって比較的容易に答案を作成することができると思われることから，他の問題と比較すると，良好な内容の答案が多かった。他方で，重大かつ明白な違法については検討する必要がない旨が【法律事務所の会議録】に明示されているにもかかわらず，この点を論ずるものが散見され，やはり，問題文を精読していないことがうかがわれた。

- 答案の全体としては，①一般論の内容，②間接事実の位置付け，③Ａ又はＢ県のいずれの主張として位置付けるのか，④論ずる順番などの答案の構成の面で難があるものも散見された。例えば，一般論がないままに具体的な事実の検討を示したり，一般論が具体的な事実の検討の中に紛れ込んでいたり，同じ観点からの論述が２か所に分かれていたり，反対当事者の主張として先に提示すべきものを自己の主張のいわゆる枕言葉として触れるにとどめたりしたものがあった。法律的な論証においては，事実又は主張がどのような意味を持つのかを適切に位置付けて論ずることが，当該論述の説得力を大きく左右するということの理解を深める必要があるように思われた。
- 土地収用法第２０条第３号の要件の充足の認定について，行政庁が裁量を有するか否かという点を全く論じていない答案が散見された。行政庁が裁量を有さないという見解も論理的にはあり得るものの，仮に，そのような見解をとるのであれば，それを明示した上で，行政庁が裁量を有するとの見解を排斥しておくべきものと思われる。法的三段論法は，規範がどのようなものであるのかということが論証の出発点になるのであり，この点を意識しないままに答案を作成したのは，法律的な論証としては，問題があるものと思われた。
- 裁量権の濫用逸脱の問題として正しく捉える答案が大多数であった。中でも，考慮されるべき利益を比較衡量する際の視点を，法解釈の中から導き出した上で，事実関係を丹念に拾い，諸事情を整理・分類して論じることができている答案は，丁寧な印象を受け，好感を持てた。
- 土地収用法第２０条柱書の「できる」規定を根拠として要件裁量を肯定する答案がかなりの数見られた。しかし当該規定は，要件が充足された場合において事業認定をしない効果裁量を認めるものと解釈する余地はあるにしても，要件裁量を認める根拠には（少なくとも要件充足を積極的に判断する方向においては）なり得ないと思われる。
- 土地収用法第２０条第３号における裁量権行使の違法性については多くの答案が触れていた。ただし，例年のことであるが，要件裁量や効果裁量といった基本的な概念の意味を理解していないのではないかと思われる答案が少なからず見られた。
- 本件事業認定につき，裁量権の逸脱濫用が認められることを論じるに当たり，裁量審査の判断枠組みや，なぜ事業認定に裁量が認められるのかということの根拠（単に専門的，技術的，政策的判断ということのほか，その裏付けとなる土地収用法上の規定など）について言及することなく，直ちに考慮事項の審査などについて論じるものが多かった。
- Ａの立場を述べている箇所で，土地収用法第２０条第３号の要件該当性の判断については，Ｂ県知事に「広い」裁量が認められると述べる答案があった。一般的に言って，裁量が広いという主張ないし指摘は，原告の立場と矛盾している。
- 土地収用法第２０条第３号の要件が，事業によって増進される公共の利益と，土地収用によって失われる利益（後者は私的なもののみならず公共の利益をも含み得る。）の比較衡量によって判断されるものであることを述べていないため，本件土地周辺の地下水や防災用の井戸への影響や本件土地の自然環境への影響が，なぜ裁量権の行使に際して考慮すべき事情なのか適切に説明できていない答案が多かった。本問に限らず一般的に，裁量権の行使に際して考慮すべき事情が何であるかを検討する際には，根拠法令の適切な解釈が前提となることに留意されたい。

・　Ｂ県知事に裁量が認められることの論拠や裁量権の逸脱濫用の判断基準については概ね理解されていたと思われるが，本件では他事考慮が問題となることについての論及がされていない答案が少なからず見られた。

・　「他事考慮」とは考慮すべきでないにもかかわらず考慮すること，「考慮不尽」は，十分考慮すべきであるにもかかわらず，十分に考慮しないといった意味に使われるはずであるが，考慮事項の審査を論じるに当たり，これらの言葉について，その意味を踏まえないで用いているものがあった。

・　考慮要素に基づく裁量統制について，他事考慮，考慮遺脱，重視すべき要素を重視せず重視すべきでない要素を重視するなど，これらすべてを「考慮不尽」の一言で済ませる答案がとても目についた。きちんと分けて記述すべきである。

・　他事考慮，考慮不尽，事実誤認等という用語が，具体的にどのような事象に対応して用いられるのかを意識することなく，「～は，事実誤認，考慮不尽に該当する」などと記載するものも散見された。法律的な論証に用いられる用語は，それぞれに特定の意味を持っているのであり，論証の対象となる事象に適切に対応した用語を用いる必要があるところ，その点を意識することなく，単に文意を強調するための形容詞と同様の感覚で用いているのではないかともうかがわれ，法律的な用語に対する意識の甘さをうかがわせた。

・　裁量統制の基準やその適用を論ずるに当たっては，ある事実を認定することができるか否かということに関する誤りと，認定することができる事実についての評価に関する誤りとは，分けて論ずべきものであり，具体的な検討においても，両者は区別して論ずる必要があるが，この点の区別を意識せず，又はこれらを混同させたまま論じた答案が，多数に上った。

・　土地収用法第２０条第３号の要件該当性に当たり考慮すべき要素について，単に「自然環境への影響が考慮されていない」とか「地下水への影響が考慮されていない」と指摘するだけの答案が見られた。解答の時間が足りなかったのかもしれないが，問題文や会議録から関連する事実を拾い，それが法的にどのように評価されるのかを丁寧に論じるべきである。

・　裁量権の逸脱濫用という一般的な論述はされているものの，その後の本件の事例での当てはめにおいて，調査における考慮不尽イコール裁量権の逸脱濫用とするのみで，その判断過程において社会通念に照らして著しく妥当性を欠くとまでいえるようなものかという点の検討がされているのかどうか，答案上，明らかでないものがある。

・　違法事由の検討において，問題文中に現れた事情を単に引き写して結論を導く答案が多く，考慮すべき要素について重要な事実と関連付けて記載する答案は相対的に少なかった。

・　具体的な事実関係の検討において，さしたる検討を加えることなく，自然環境は土地収用法上考慮する必要がないなどとするものが散見されたが，自然環境に何らの配慮もする必要がないとの結論が合理的であるとは常識的に考えられないし，会議録において，弁護士Ｅが自ら自然環境に対する考慮の点を指摘していることも考慮すると，そのような結論を安易に導き出すことには素朴に疑問を抱いてもしかるべきではないかと思われた。

・　裁量の内容と，裁量権濫用の判例理論をしっかり押さえた上で，具体的事案の中から，裁量権濫用の評価根拠事実を丁寧に拾い出して摘示することが求められる問題であると思われるが，ほとんどの答案が一通りのことは書いていたものの，各評価根拠事実の位置付けをよく整理して論じている答案となると，やはり少なかった。

5　今後の法科大学院教育に求めるもの

本年の出題も，昨年までと同様に，問題文及び会議録を丁寧に読めば，論ずべき問題点の検討・把握は比較的容易にできるものであった。したがって，本問は，重要な最高裁判例や行政法上の概念等を正確に理解しているかどうか，及び，その正確な理解に基づき，本件事案に即した適切な見解を導く応用能力が発揮されているかどうかによって，評価に差が出る出題であったといえる。

このような出題においては，問題文等で示されている様々な事実を拾い出し，これについて適切に法的評価を行う能力や，与えられた条文から，法令の趣旨を検討する手掛かりとなる規定を見つけ出し，その趣旨を適切に読み解く能力，これらを踏まえて論理的な思考に基づき分かりやすく説得的な論述をする能力が求められるのであり，特に上記のような作業を短時間に的確に行う能力は，広く法律実務家にとっても必須のものといえ，法科大学院においては，このような能力が身に付くような教育が目指されるべきであることは否定できないであろう。

もっとも，本年の出題は，違法性の承継や無効確認訴訟における原告適格といった，基本的ではあるが受験生によってはややなじみの薄い論点からの出題であったことからか，行政法の基本的な条文や概念の理解が十分でないと思われる答案が少なからず見られた。法科大学院での学習においては，上記のような応用能力の習得に向けた訓練に力を入れることだけでなく，これらの基礎的な理解がおろそかにされないよう，配慮することも必要であると考えられる。

MEMO

再現答案①　A評価　13～16位（149.60点，K・Oさん　論文順位43位）

第１　設問１
１　本件事業認定及び本件権利取得裁決はそれぞれ別個の「処分」（行政事件訴訟法（以下「行訴法」という）３条２項）にあたる。行政法関係の早期安定の見地から，原則として違法性の承継が認められない。
　もっとも，先行処分と後行処分が同一目的で，結合して一つの法効果を生じる場合（①）で，かつ先行処分を争う手続保障が十分でない場合（②）には違法性の承継が認められる。
２⑴　これを本問について見るに，まず，本件事業認定がなされれば，土地収用法（以下「法」とする。）３９条１項で収用裁決が可能になる。そして，収用裁決がなされれば，土地収用が可能となる（１０２条）。そのため，事業認定は事業を実現するために，土地収用を行うことをも目的とするといえる。他方，収用裁決がなされれば１０２条により土地収用裁決が可能になるので，収用裁決は土地収用を目的としている。したがって，両者は同一目的である。そのうえ，上記のように，事業認定と収用裁決があって初めて（法３９条，４７条，１０２条）土地収用が可能になる。そのため，両処分は結合して同一の法効果を有する（①）。
⑵　次に手続保障が十分か見るに，事業認定がなされれば，法２６条１項で告知がなされ，法２６条の２第２項で，起業地の図面の公衆への縦覧がなされる。そのうえ，２８条の２により，関係人への周知がなされる。そのため，Ａには事業認定手続を争う機会があったとの反論が考えられる。
　かかる反論は妥当しない。なぜなら，確かにＡは事業認定を知る機会があったがＢ県では，収用裁決の行使ではなく，任意買収によって起業地の土地所有権の確保に努めており，Ａに対しても任意買収に応じるように呼びかけていた。そのため，Ａとしては収用裁決後に争うと判断することは無理もないためである。
　したがって，手続保障が十分とはいえない（②）。
　そのため，違法性の承継が認められる。
３　したがって，事業認定の違法を本件訴訟で主張できる。
第２　設問２⑴
１　「当該処分若しくは裁決の存否又はその効力・・・できないもの」とは，現在の法律関係に関する訴訟が行える場合であっても，無効確認訴訟による方が，紛争解決にとって直截的である場合をいう。
２　本件についてこれを見るに，本件土地の所有権移転登記抹消請求及び所有権確認請求という民事訴訟を行うことで十分であるため，上記要件にあたらないと反論する。
　かかる反論は妥当しない。なぜならかかる民事訴訟を行ったところで，事業認定の法的効果は失われず，法１０２条により収用手続がなされうるというＡの法的地位には変化がなく，紛争の根本的な解決にはならない。
　他方，本件事業確認の無効が確認されれば，収用裁決の前提が失われ（法２９条），Ａは収用裁決をされ土地所有権を失い得るという地位から脱却できる。そのため，無効確認訴訟の方が，紛争解決にとって直截的であるといえる。
　したがって，「当該処分・・・できないもの」にあたる。

● 簡潔ながら，違法性の承継が原則として認められない理由を示すことができている。

● 違法性の承継が例外的に認められる理由（国民の権利救済の必要性等）についても論じられると，より説得的な論述となった。

● 事業認定と収用裁決（権利取得裁決）のいずれも土地の収用という同一の目的を達成するために行われるものであること，事業認定は収用裁決と結合して初めてその効果を発揮する旨を指摘できている。

● Ｂ県が行う反論を踏まえつつ，判例（最判平21.12.17／百選Ⅰ［第７版］〔84〕）を意識した論述ができている。

● もんじゅ訴訟（最判平4.9.22／百選Ⅱ［第７版］〔181〕）の判例法理を踏まえた規範を定立している。

● 争点訴訟の判決には拘束力が認められないことを前提に，無効確認訴訟の方がより直截的で適切な争訟形態であることを論述できている。

3　よって，無効等確認訴訟を提起できる。
第3　設問2(2)
1　２０条３号は「土地の適正」「合理的」など，抽象的文言を用いている。また，事業認定自体が地域をよく知る県知事が「公共の福祉」（法1条）のために行うものであるから，県知事の専門的判断に委ねられるといえる。したがって，２０条３号につき要件裁量が認められる。
2　そのため，Ａとしては県知事の判断が裁量の逸脱・濫用（行訴訟３０条）として違法だと主張する。裁量の逸脱濫用にあたるか否かは判断の過程及び内容に著しく不合理な点があるか否かで判断する。なぜなら，２０条３号は事業認定の判断であり，事業認定は最終的に私人の土地を収用するものであるから，その裁量の幅は広範とまではいえないからである。
3(1)　まず，新たに本件道路が整備されると交通量が増えるのにかかる事態を過少に評価しているといえる。
この点，平成２２年調査では交通量は約３分の１に減っており過少に評価したわけではないとの反論が考えられる。しかし，平成元年の調査の時から人口減少は１割に過ぎないのに交通量が３分の１まで減少することは考えられず，平成２２年の調査には誤りがあると考えられる。それにも関わらず，平成２２年の調査を重視することは交通量の影響を重視しているとはいえず考慮不尽があるといえる。
(2)　また，Ｂは「道路ネットワークの形成」を理由としているがその必要性は低くこれを重視することは過大考慮であると主張する。なぜなら，仮に平成２２年の統計が正しいとすれば交通量は３分の１に減少しており，交通需要がひっ迫しているとはいえないからである。
(3)　住環境の悪化を考慮しないことは考慮不尽であると主張する。これに対して，そもそも住環境は考慮すべき事情ではないとの反論が考えられる。しかし，事業認定の目的は「公共の福祉」であり，住環境もこれに含まれるからかかる反論は認められない。
(4)　そして，Ｂは「通行者の安全性の確保」として本件道路のルートの考慮につき小学校の存在しか考慮しておらず，本件土地の自然環境という要考慮事項を考慮していないと主張する。これに対し，本件土地には学術上貴重な生物はおらず考慮する必要はないとの反論が考えられる。しかし，「公共の福祉」には自然環境も含むのであるからかかる反論は認められない。
(5)　また，井戸への影響が考慮されておらず，考慮不尽が存在すると主張できる。Ｂは「地域の防災性の向上」を掲げている。確かに掘削は２メートルに過ぎないが，この程度の掘削でも本件土地周辺の井戸は枯れたことがある。そして，本件土地の周辺の非常時に水源となりうる井戸が存在するのであるから，これらの井戸に対する影響を考慮しないことは「地域の防災性の向上」に反する結果となるため，考慮不尽といえる。
以上より，Ｂの考慮事情には考慮不尽が存在し，裁量権の逸脱濫用が認められ，２０条３号の要件は充足していないといえる。
以　上

● 本答案は，土地収用法20条３号の要件該当性の判断に関し，行政庁に一定の裁量が認められることについて，法の目的規定や20条３号の概括的な規定ぶり，事業認定の性質に着目して簡潔に論じることができている。

● 本答案や再現答案②は，再現答案③④と異なり，事業認定の性質に一歩踏み込み，起業地の所有者からその土地の所有権を取得するものであることに着目し，裁量の幅を限定している。

● 平成22年調査の調査手法や正確性に誤りや疑問があるという点については，周辺環境への影響が大きいとはいえないとのＢ県・Ｃ市の判断の根拠に誤りがあるというように結び付けて論述すると，より説得的な論理展開になると思われる。

● Ｂ県としては，平成22年調査を根拠に，周辺環境への影響は大きいものとはいえないと反論するものと考えられるのであり，「住環境は考慮すべき事情ではない」との反論は想定し難い。

● 本件道路の工事に関するＢ県側の考慮不尽を的確に指摘できている。

再現答案②　A評価　132～146位（131.07点，A・Wさん　論文順位27位）

第１　設問１

１　処分には，無効でない限り取り消されるまでは有効であるという公定力がある。この根拠は，取消訴訟の排他的管轄及び行政関係の早期安定の要請である。そして，取消訴訟には出訴期間（行訴法１４条）が定められているところ，先行処分の出訴期間の経過後に後行処分の取消訴訟において，先行処分の違法を主張すること（いわゆる違法性の承継）を認めると，これらの趣旨が害される。よって，違法性の承継は原則として認められない。もっとも，国民の救済の必要がある。そこで，①先行処分と後行処分が同一の目的に向けられ，一連一体といえる場合で，②先行処分の段階でその違法を争う機会が十分に保障されていなかった場合には，例外的に違法性の承継が肯定される。

２　本件について検討する。事業認定は土地を収用又は使用しようとする際に受けなければならないものであり，権利取得裁決は収用又は使用の裁決であって，収用・使用の効果を直接発生されるものである。よって，これらはともに土地の収用又は使用という同一の目的に向けられたものということができる。もっとも，事業認定が行われても，任意買収が可能であれば権利取得裁決は行われない。そこで，Ｂから両者は一連一体とはいえないとの反論が考えられる。しかし，任意買収は権利取得裁決を行う要件とされているわけではなく（法４７条参照），事業認定の後直ちに権利取得裁決の申請をすることが可能である（法３９条）。したがって，Ｂの反論は認められず，一連一体ということができる。よって，①を満たす。

もっとも，事業認定が行われれば，告示という形で公表される（法２６条）。また，事業認定の申請の段階でも，利害関係人に対しては説明がなされることとなっており（法１５条の１４），近隣住民であるAはこの説明を受けている可能性が高い。よって，事業認定について争う機会が十分に確保されていたということができるから，②を満たさない。

３　よって，違法性の承継は認められず，本件取消訴訟において，本件事業認定の違法を主張することはできない。

第２　設問２(1)

１　現在の法律関係に関する訴えとしてＣに対する本件土地の所有権確認訴訟が可能であるから，無効確認訴訟は不適法であるというＢの反論が考えられる。

２　もっとも，現在の法律関係に関する訴えによって目的を達することができないとは，現在の法律関係の確認訴訟に比べて無効確認訴訟の方が直接かつ適切であることをいうから，以下この点について検討する。

所有権確認訴訟の場合，現在の所有権の帰属は確定するが，事業認定の無効については既判力が生じないから，Ｃが再度収用裁決の申請をすることが可能である。また，Ｂは再度収用裁決をすることができる。そうすると，紛争解決の実効性が確保されない。他方，無効確認訴訟が確定した場合，行訴法３８条１項・３３条１項によって行政庁に対する拘束力が生じるから，Ｂは本件事業認定の違法を前提とした処分をすることになり，再度権利取得裁決をすることはできなくなる。よって，本件事業認定及び本件権利取得裁決に関する紛争を実効

● 本答案は，公定力，取消訴訟の排他的管轄，出訴期間の制限というキーワードを用いて違法性の承継における原則論を論ずることができている。

● 原則として違法性の承継が認められない理由を丁寧に論じている。

● 事業認定と権利取得裁決が段階的に行われること，事業認定と権利取得裁決の目的に共通性が認められることを検討できており，出題趣旨に合致する。

● 本答案は，再現答案④と異なり，「一連一体」という規範に絡めてＢ県が行う反論を具体的に検討できている。

● 再現答案①と結論は異なるが，本答案・再現答案①ともに，自らの定立した規範に従い，具体的に法の仕組みを検討することができている。

● Ｂ県が行うべき適切な反論を想定できている。

● 「直接」と「直截（ちょくせつ）」とでは意味が異なる（採点実感参照）。

● 争点訴訟の判決には拘束力が認められないことを前提に，無効確認訴訟の方がより直截的で適切な争訟形態であることを論述できている。

的に解決するためには，無効確認訴訟の方が直接かつ適切ということができる。

3　よって，この訴訟要件を満たし，無効確認訴訟を適法に提起することができる。

第3　設問2(2)

1　法２０条３号該当性の判断にあたっては，地域の特性等を考慮した専門的な判断が要求される。そして，同号は「適正かつ合理的な利用に寄与する」という抽象的な文言を用いている。よって，同号は都道府県知事に要件裁量を認めているということができる。

2(1)　もっとも，裁量権の逸脱濫用がある場合には同号の要件を満たさない（行訴法３０条参照）。事業認定は近隣住民の財産権や生活環境に重大な影響を及ぼすものであるから，その裁量権の範囲は限定される。そこで，判断の内容又はその過程が重要な事実の基礎を欠くか，社会通念上著しく妥当を欠く場合には裁量権の逸脱濫用となる。

(2)　交通量の増加及び環境の悪化についての考慮不尽

Ｂは平成２２年調査を前提に交通量は１日あたり約３５００台で周辺環境への影響は軽微であると判断している。しかし，これは平成元年調査時の予想の約３分の１である。平成元年調査から平成２２年調査の間の市の人口の減少は１割未満であるから，この数値の変動の原因は人口変動ではない。３分の１もの差が生じているのは明らかに不自然であり，Ｃの調査方法には正確性についての疑問がある。それにもかかわらず平成２２年調査を鵜呑みにしたＢにはこの点についての考慮不尽がある。

(3)　道路ネットワーク形成についての他事考慮

法２０条３号は「土地の適正かつ合理的な利用に寄与する」ことを要件とするから，この要件の充足性判断にあたっては当該土地の特徴を考慮しなければならない。本件土地の周辺の住環境は良好であり，様々な水生生物が生息する池があるなど，環境保護の必要性が高い地域である。よって，同要件の充足性判断にあたっては，環境への影響を中心に考慮すべきである。しかし，Ｂは道路ネットワークの形成を優先している。交通量が約３分の１にまで減るのであれば，道路ネットワークの形成の必要性は高くなく，かえって良好な住環境を破壊することにつながる。よって，Ｂは考慮すべきでない道路ネットワークの形成を考慮したものであって他事考慮にあたる。

(4)　本件道路のルートについての考慮不尽

Ｂからは小学校への騒音等の影響を緩和することを考慮したという反論が考えられる。しかし，上述のように本件土地内にある池には様々な水生生物が生息しており毎年近隣の小学校の学外での授業に用いられていた。学術上貴重な生物の生息しているわけではないとしても，様々な水生生物が生息できる環境は貴重であり，この環境に影響を与えないようなルートを考慮すべきであった。それにもかかわらず小学校への騒音等の影響を緩和しつつ，本件土地の自然環境にも影響を与えないようなルートを採ることができるかについての検討がされておらず，この点について

● 出題趣旨によれば，20条３号の要件該当性は，法１条の目的（「公共の利益の増進と私有財産との調整」を図るという目的）に照らし，公共の利益と失われる利益の比較衡量によって判断される。本答案は，法１条の目的規定に言及できていないものの，法律の文言・処分の性質に着目して簡潔に検討できている。

● 出題趣旨によれば，本件道路の整備による騒音等の不利益が軽微かどうかについては，平成元年調査と比して，通行量の予測が異なる平成22年調査に基づく判断の妥当性や信頼性が論じられるべきこととなるところ，本答案は，平成22年調査の信頼性やこれに基づく判断の妥当性について具体的に検討し，平成22年調査を根拠に周辺環境への影響が大きいとはいえないとしたＢ県・Ｃ市の判断を問題視しており，適切である。

● 本答案は，【会議録】に示された事情を摘示するだけでなく，周辺環境への影響を中心に考慮すべき理由についても述べている。もっとも，本件道路の整備により自動車による幹線道路へのアクセスを容易にし，その利便性を向上させることは，「土地の適正且つ合理的な利用に寄与する」（法20③）ものといえるので，再現答案①のように「過大」な考慮ということはできても，「他事考慮」とまではいえないように思われる。

● 本件道路のルートの決定に関するＢ県側の考慮不尽を的確に指摘できている。

考慮不尽が認められる。

(5) 地下水への影響についての考慮不尽

Ｂは本件土地での掘削の深さは２ｍ程度で地下水には影響がないという。しかし，上記の池は地下水が湧出した湧水によるものであるし，本件土地の周辺では地下水を生活用水として利用している住民もいるから，地下水への影響については慎重な判断をすべきである。また，以前深さ２ｍ程度の掘削工事で井戸が枯れたことがあるため，本件でもこのような事態が生じないかきちんと調査をする必要があった。それにもかかわらずこのような調査はされていないから，この点について考慮不尽が認められる。

3 以上により，Ｂの判断には裁量権の逸脱濫用が認められるから，本件事業認定は法２０条３号の要件を満たさない違法なものである。

以　上

● 本件土地周辺の地下水や防災用の井戸への影響については，まず，これらが法20条３号の要件該当性を判断する際に考慮しなければならない要素である理由を論じておくべきである。

MEMO

再現答案③　B評価　2015～2074位（88.00点，R・Gさん　論文順位421位）

第１　設問１

１⑴　後行処分である本件権利取得裁決の取消訴訟たる本件取消訴訟で，先行処分たる本件事業認定の違法を主張することができるか。違法性の承継が認められるかが問題となる。

⑵　この点，出訴期間（行政事件訴訟法１４条１項，以下法名略）を設けて法律関係の早期確定を図った法の趣旨から，違法性の承継は原則として認められない。もっとも，国民の権利保護の観点から，①先行処分と後行処分が一体となって同一の法効果の発生を目指すもので，②先行処分を訴訟で争う手続保障がなされていなかったといえる場合には，例外的に違法性の承継が認められると解する。

２　要件①について

⑴ア　土地収用法（以下「法」）の規定を見るに，事業の認定（法１６条）が行われると，事業の認定の告示（法２６条１項）が行われる。同告知があると起業者は土地の収用又は使用の裁決を申請することができ（法３９条１項），かかる申請がなされた場合には，法４７条に掲げる事由がある場合を除き収用又は使用の裁決（法４７条の２第１項）がなされる。そして，収用又は使用の裁決には，権利取得裁決が含まれる（同条２項）。

イ　このように，事業認定は権利取得裁決を目指す一連の流れの一部ということができるため，先行処分は後行処分と一体となり同一の法効果の発生を目指すものといえる（①充足）。

⑵ア　これに対しＢ県は，本件で行われたように，事業認定がなされても土地収用を行わず任意買収を行うこともできる以上，事業認定は権利取得裁決と必ずしも結びつかないと反論することが考えられる。

イ　もっとも，上記のように事業認定から始まる一連の手続を踏まなければ権利取得裁決ができない以上，権利取得裁決以外の選択肢があるとしても，やはり事業認定と権利取得裁決は一体のものと評価すべきである。したがって，かかる反論は適当でない。

３　要件②について

⑴　この点につきＢ県は，事業の認定の告示がされた場合には，補償などについての周知（法２８条の２）がなされるため，Ａは事業認定が行われたことを知り，訴訟で争う機会があったため，手続保障がなされていたと反論することが考えられる。

⑵　もっとも，事業認定が期間の経過により失効（法２９条１項）するか，収用又は使用の裁決が却下されない限り，権利取得裁決が行われないことが確定しない。したがって，事業認定が行われただけの段階では，Ａには権利取得裁決により本件土地が影響を受けるかがわからないため，かかる段階でＡが事業認定の取消訴訟を提起することには期待可能性が認められない。したがって，先行処分を訴訟で争う手続保障がなされていなかったといえる（②充足）。

４　以上より，違法性の承継が認められるので，本件取消訴訟で本件事業認定の違法を主張することができる。

第２　設問２⑴

１　本件は３６条の「当該処分若しくは裁決の存否又はその効力の有無

●　出題趣旨によれば，本問では違法性の承継について問われているところ，本答案は，違法性の承継に関する原則論を示し，判例（最判平21.12.17／百選Ⅰ［第７版］〔84〕）に則って実体法的観点及び手続法的観点から例外的に違法性の承継が認められるかについて検討することができている。

●　土地収用法29条１項・39条１項によると，事業認定から収用裁決の申請までには１年以内という期間制限が定められており，申請がない場合には事業認定自体が失効するという仕組みになっていることから，事業認定は収用裁決（権利取得裁決・明渡裁決）を行うことを前提とした処分であり，いずれも土地の収用を同一の目的とする処分であって，事業認定は収用裁決と結合して初めてその効果を発揮するなどと論述することも可能である。
　本答案は，土地収用法の規定を多く摘示してはいるが，「同一の法効果」とは何かが論じられていない。

●　Ｂ県が行う反論を具体的に想定し，検討できている。

●　判例（最判平21.12.17／百選Ⅰ［第７版］〔84〕）は，「仮に周辺住民等が安全認定の存在を知ったとしても，その者において，安全認定によって直ちに不利益を受けることはなく，建築確認があった段階で初めて不利益が現実化すると考えて，その段階までは争訟の提起という手段は執らないという判断をすることがあながち不合理であるともいえない」と判示している。

を前提とする現在の法律関係に関する訴えによって目的を達することができないもの」の要件を満たすか。

2　この点につきＢ県は，Ａは収用裁決の無効を前提とする所有権確認の訴えを提起することができる以上，かかる要件を満たさないと反論することが考えられる。

3⑴　もっとも，無効な行政行為に対しては現在の法律関係に関する訴えが提起できるにもかかわらず，あえて無効確認訴訟を用意した趣旨は，無効確認訴訟の方が紛争解決に資することがあり，またその方が国民の権利救済につながるためである。したがって，無効確認訴訟の方が紛争解決のために直接的かつ適切であれば「目的を達することができない」場合にあたると解するべきである。

⑵　これを本件について見るに，Ａは単に本件土地に居住し続けたいのみならず，後述のように自然環境の保護や道路工事による地下水への影響といった観点からも本件事業認定及び本件道路の工事に反対している。とすれば，本件紛争の根本的な原因である本件事業認定の無効を主張した方が，紛争のより直接的な解決につながるといえる。

⑶　したがって，本件は前述の３６条の要件を満たすため，ＡはＢ県に対する本件権利取得裁決の無効確認訴訟を適法に提起できる。

第３　設問２⑵

1⑴　Ａは，本件事業認定には裁量の逸脱・濫用（３０条）が認められ，違法であると主張することが考えられるが，認められるか。

⑵ア　行政裁量とは，法律が行政機関に認めた判断の余地のことである。そして，行政裁量の有無は，法律の文言及び処分の性質から判断される。

イ　本件では，法の文言は「事業の認定をすることができる」（法２０条柱書）となっており，行政機関に判断の余地を認める旨が読み取れる。また，「事業計画が土地の適正且つ合理的な理由に資する」（同条３号）かどうかの判断には，性質上専門的・技術的知見が要求される。したがって，事業認定にはＢ県の裁量が認められる。

⑶　そして，当該行政行為がその基礎とされた重要な事実に誤認があること等により重要な事実の基礎を欠くことになる場合，又は，事実に対する評価が明らかに合理性を欠くこと，判断の過程において考慮すべき事情を考慮しないこと等によりその内容が社会通念に照らし著しく妥当性を欠くものと認められる場合には，裁量の逸脱・濫用が認められると解する。

⑷　以下，本件事業認定を行う上で考慮すべき各事情につき検討し，裁量の逸脱・濫用の有無を検討する。

2⑴　Ｂ県知事は，本件道路の整備には「道路ネットワークの形成」という利益があると主張する。

⑵　しかし，平成元年度から平成２２年度にかけてＣ市の人口は１割未満しか減少していないにもかかわらず，平成２２年度の調査では予想される交通量が平成元年度の約３分の１にまで減少しており，Ｂ県知事が本件道路の整備を決めた根拠となる交通量調査の正確性には疑問が残る。そのため，判断は重要な事実の基礎を欠いている

● 理由を付して無効等確認訴訟の原告適格（行訴36）の存否に関する規範を定立している。

● 出題趣旨によれば，争点訴訟には，無効確認訴訟の判決と異なり，判決に拘束力が認められないこと等を踏まえた検討が求められていた。本答案は，再現答案①②と異なり，選ぶべき争訟形態（争点訴訟や無効確認訴訟）の性質ではなく，事案の中身に着目して直截性・適切性を検討しており，着眼点が外れている。

● 本答案は，法１条の目的規定に言及できていないものの，法律の文言・処分の性質に着目して要件裁量の有無を検討できている。もっとも，採点実感によれば，「事業の認定をすることができる」という文言は，効果裁量を認める根拠とはなりえても，要件裁量を認める根拠にはなり得ないとされている。

● 再現答案①と同様，平成22年調査の調査手法や正確性に問題や疑問があるという点については，周辺環境への影響が大きいとはいえないとしたＢ県・Ｃ市の判断の根拠を揺るがすものである，といった論理展開

可能性が高い。

(3) また，仮に上記調査が正しいとしたら，そもそも急激に交通量が減少している道路を新たに整備する必要性は乏しい上，通過車両の増加により良好な住環境が破壊されるおそれもある。これらの事情を考慮していないＢ県の判断は，判断過程に不合理な点が認められる。

3(1) Ｂ県知事は本件道路の整備には「通行者の安全性の確保」という利益があると主張する。

(2) もっとも，道路の整備により交通量が増加すればかえって通行者の安全を損なう危険がある。かかる事情を考慮していないＢ県の判断は，判断過程に不合理な点が認められる。

4(1) Ｂ県知事は本件道路の整備には「地域の防災性の向上」という利益があると主張する。

(2) もっとも，以前の本件土地の工事の際に，掘削工事で本件土地周辺の井戸が枯れたという事実があるにもかかわらず，本件土地周辺にある防災目的の井戸への工事の影響が調査されていない。そのため，本件道路の整備工事によりその防災目的の井戸が枯れ，かえって地域の防災性を低下させる危険がある。かかる事情を考慮していないＢ県の判断は，判断過程に不合理な点が認められる。

5(1) さらに，Ｂ県知事は，本件道路の整備には上記３つの利益がある一方で，本件土地の収用により失われる利益は小さいと主張する。

(2) もっとも，本件土地には様々な水生生物が生息する池があり，この池は近隣の小学校の授業でも使われていることから，環境保全や教育環境の維持のためにもこの池は残しておくことが望ましいにもかかわらず，本件土地の自然環境に影響を与えないルートについてはなんら検討されていない。したがって，本件道路の整備により，本件池が失われるという大きな不利益が生じるおそれがあるにもかかわらず，それを回避する方策については何ら検討されていないといえる。このことから，Ｂ県の判断には，判断過程に不合理な点が認められる。

6 以上のように，本件におけるＢ県の判断は重要な事実の基礎を欠いている可能性が高い上，判断過程で考慮すべき重要な事実をいくつも見落としている著しく不合理なものである。したがって，本件事業認定には裁量の逸脱・濫用が認められ違法である。

以　上

がより説得的である。

● Ａの懸念を適切に示すことができている。

● 【会議録】では，「通行者の安全性の確保」に対する疑問は特に示されていない。また，本件道路の整備により，通学生徒児童等の通行者の安全性は一定程度確保されるものと思われるため，「交通量が増加すればかえって通行者の安全を損なう危険がある」と論じるのであれば，相応の説明を要するものと思われる。

● 本件土地の自然環境への影響については，まず，これが法20条３号の要件該当性を判断する際に考慮しなければならない要素である理由を論じておくべきである。

MEMO

再現答案④　C評価　515～554位（116.77点，K・Iさん　論文順位1126位）

第１　設問１
１　Aは，本件取消訴訟（行政事件訴訟法（以下「行訴法」という。）３条２項）で，本件事業認定の違法を主張することができるか。本件事業認定と本件権利取得裁決はともに「処分」であることから，主張できないのではないか，違法性の承継が認められるかが問題となる。
⑴　違法性の承継とは，先行「処分」と後行「処分」が存在する場合に後行「処分」の取消訴訟で先行「処分」の違法性を主張できるかという問題である。
　行訴法１４条の趣旨は，行政行為の法律関係の早期安定を趣旨としている。違法性の承継が認められるとすると，上記の趣旨に反することになる。
　しかし，国民の権利救済の観点も無視できない。
　そこで，違法性の承継が認められるかどうかは，実体法的観点と手続法的観点を総合的に考慮して判断するべきである。実体法的観点とは，先行「処分」と後行「処分」が同一の法効果に向けられたものかどうかを意味する。手続法的観点とは，後行「処分」で先行「処分」の違法性を争うことが手続的にみて合理的かどうかを意味する。
⑵ア　起業者が事業認定をしてもらうためには，事業認定書を都道府県知事に提出しなければならず（法１８条１項柱書），一方，権利取得裁決をするためには，起業者が都道府県の収用委員会に収用等の裁決を申請して（法３９条１項），法４７条の２第１項で裁決を受けるという流れで両者は完全に別個の手続である。また，法３９条１項の申請は，任意買収ができない場合に認められる例外的な手段である。実際に，本件でも起業地の９割以上の土地が任意買収されている。
　そうだとすれば，任意買収が原則で権利取得裁決は例外的手段であるから，本件事業認定と本件権利取得裁決は，同一の法効果に向けられたものではない。
　したがって，違法性の承継は，認められない，とB県は反論する。
イ　しかし，上記の反論は，妥当ではない。
　まず，本件事業認定と本件権利取得裁決は，別個の「処分」であるから，両者で申請が異なるのは当然である。
　そして，任意買収と権利取得裁決は，原則と例外の関係にはない。確かに，任意買収で解決するのが妥当な手段であるが，本件事業認定と本件権利取得裁決の究極的な目的は，起業地の取得であるから，任意買収と権利取得裁決に原則と例外の関係にはない。
　したがって，本件事業認定と本件権利取得裁決は，起業地の取得という同一の法効果に向けられた「処分」といえる。
　また，本件事業認定の段階では，Aが本件土地を任意買収により，Cに売り渡すことも考えられるので，本件事業認定の時点で取消訴訟等を提起せずに，本件権利取得裁決の時点で本件事業認定の違法性を争うことも手続法的観点からみて合理的といえる。

● 行訴法14条の趣旨から，違法性の承継が原則として認められない理由を論述できている。

● 判例（最判平21.12.17／百選Ⅰ［第７版］〔84〕）は，処分の「適否を争うための手続的保障がこれを争おうとする者に十分に与えられているというのは困難である」ことを考慮して，違法性の承継を認めている。本答案は，かかる判例法理とは異なる理解（後行「処分」で先行「処分」の違法性を争うことが手続的にみて合理的かどうか）を示している。

● 「権利取得裁決は例外的な手段である」との反論は，事業認定と権利取得裁決が土地の収用という同一の目的を達成するために行われるものであるというAの主張を覆すものではないから，効果的な反論とはいえない。権利取得裁決が例外的な手段であったとしても，それが土地の収用を目的としており，事業認定と同一の目的を達成するために行われるものであるということに変わりはないからである。

● 上記コメントのとおり，権利取得裁決が例外的な手段かどうかは，違法性の承継の可否を考える上で必要のない思考プロセスといえる。したがって，任意買収と権利取得裁決は原則と例外の関係にはないと論じても，あまり意味はない。

● 本答案は，B県が行うべき「手続

(3) したがって，実体法的観点と手続法的観点を総合的に考慮すると，違法性の承継を認めることができる。
2 よって，Aは，本件取消訴訟において，本件事業認定の違法を主張することができる。
第2 設問2小問(1)
1 本件権利取得裁決の無効確認訴訟（行訴法３条４項）を適法に提起するためには，同法３６条が認められる必要がある。そこで，本件では，同条後段が認められるか。
(1) 「当該処分若しくは裁決の存否又はその効力の有無を前提とする現在の法律関係に関する訴えによって目的を達することができないもの」（３６条後段）とは，実質的当事者訴訟（４条後段）では紛争を解決できない場合をいう。
(2)ア Aは，本件権利取得裁決の無効を前提として，Aが本件土地を収用されない地位の確認の訴えを提起することができるから，行訴法３６条後段の要件を充足せず，本件無効確認訴訟は不適法却下されると，B県は反論する。
イ しかし，上記反論は妥当ではない。
仮に，本件権利取得裁決の無効を前提として，Aが本件土地を収用されない地位の確認の訴えを提起して勝訴しても，その判決の効力は，AとB県の間に相対的にしか生じない（行訴法１条，民事訴訟法１１４条１項）。そして，その場合，Aのみが本件土地を収用されなくなるだけで，本件事業認定は継続されることになる。

的保障が十分に与えられていた」という反論について検討できていない（再現答案①③参照）。

● 実質的当事者訴訟は，処分を直接争うものではない点で抗告訴訟と区別されるとされるところ，「収用されない地位の確認の訴え」は，本件権利取得裁決の無効を前提として一定の地位の存否を争うのではなく，まさに処分たる本件権利取得裁決の無効を直接争うものであるから，実質的当事者訴訟として挙げるのは誤っている（採点実感参照）。

しかし，本件権利取得裁決の無効確認訴訟を提起し，勝訴すれば，当該判決の効力は，行訴法３８条３項が準用する３２条２項が適用され，同項が準用する同条１項が適用され，第三者に対しても効力を有することになる。その場合，本件権利取得裁決の無効のみが第三者に効力を有することになるが，事実上の効果として，本件事業認定にも影響する。
そうだとすれば，本件事業認定も争いたいAにとっては，実質的当事者訴訟では紛争を解決することができない。
2 よって，本件権利取得裁決の無効確認訴訟は，行訴法３６条後段を充足するため，適法に上記訴えを提起することができる。
第3 設問2小問(2)
1 法２０条３号の要件裁量の有無
(1) 裁量が認められるかどうかは，条文の文言，処分の判断の性質で判断する。
(2) 法１条は，目的として，「公共の利益となる事業の認定に土地等の収用」，「公共の利益の増進」と規定し，２０条３号では，「事業計画が土地の適正且つ合理的な利用に寄与するものであること」と規定している。これらの文言は抽象的で不確定な概念である。
また，「土地の適正且つ合理的な利用に寄与」するかどうかは，様々な判断資料と照らして判断しなければならない性質を有する。
(3) 法２０条３号には，裁量が認められる。
2 裁量権の逸脱濫用

● 行訴法38条は，第三者効に関する32条１項を準用していない（38条３項は，無効等確認訴訟の執行停止決定には第三者効が認められることを規定したものにすぎない）から，条文上，無効等確認訴訟の確認判決に第三者効を認めることはできない。また，第三者効は形成力の効果であり，確認判決に形成力はない以上，実質的にも，無効等確認訴訟の確認判決に第三者効を認めることは難しい（解釈論として，32条１項の類推適用により第三者効を認めるべきであるとする見解はある）。
本答案は，「行訴法38条３項が準用する32条２項が適用され，同項が準用する同条１項が適用され，第三者に対しても効力を有する」としているが，これは明らかな誤りである。

● 本答案は，法１条の目的規定にも言及しつつ，法律の文言・処分の性質に着目して要件裁量の有無を検討できている。

(1)　裁量権が認められる場合でも，その判断が社会通念に照らして，著しく妥当性を欠く場合には，裁量権の逸脱濫用となり，違法となる（行訴法３０条）。

(2)ア　確かに，平成元年の調査では，１日当たりの交通量が約１万台に達するとされていたが，平成２２年調査では，本件道路の交通量が１日当たり約３５００台に減少している。そのため，本件事業認定を継続する意味はないとも思える。

しかし，本件事業認定を行う理由は，道路ネットワークの形成，通行者の安全の確保，地域の防災性の向上の３つの利益があるために行われようとしている。交通量が減少して道路ネットワークの形成の必要性は減少しているが，残りの通行者の安全の確保や地域の防災性の向上は，なお残存している。そうだとすれば，交通量が減少したからといって本件事業認定を直ちにやめる必要があるとはいえない。

そして，本件道路のルートの考慮の際に本件土地の自然環境の保護については考慮していない。しかし，本件道路の近くにある小学校への騒音は考慮している。また，本件土地には，学術上貴重な生物が生息しているわけではないので考慮する必要はない。

さらに，本件土地を掘削しても，その深さは２メートル程度なので地下水への影響はない。

そうだとすれば，Ｂ県の判断が社会通念に照らして著しく妥当性を欠くとはいえず，裁量権の逸脱濫用はない，とＢ県は反論する。

イ　しかし，上記の反論は，妥当ではない。

道路ネットワークの形成の利益が減少しても，残り２つの利益があるから，本件事業認定は合理的であると反論しているが，交通量が減って本件道路ネットワークの形成をする必要がない以上，残り２つの利益に意味はない。

そして，法１条には「私有財産の調整」という規定し，本件土地も財産権（憲法２９条１項）である以上，制限されるのは避けるべきである。

また，地下水への影響がないとはいえない以上，考慮するべきである。

ウ　したがって，考慮すべき事情を考慮していないので，社会通念に照らして，著しく妥当性を欠くため裁量権の逸脱濫用となり違法となる。

以　上

● 本答案は，平成22年調査の調査手法や正確性に問題があるというＡの主張を弁護士Ｅの立場から検討しておらず，不十分である。また，本答案は，平成22年調査を根拠に「本件事業認定を継続する意味はないとも思える」と論じているが，平成22年調査の意味（本件道路の整備による周辺環境への影響が大きいとはいえないとのＢ県・Ｃ市の判断の根拠としての意味）を正しく理解していない。

● 本答案は，「道路ネットワークの形成の利益が減少しても，残り２つの利益があるから，本件事業認定は合理的であると反論している」としているが，Ｂ県は，「道路ネットワークの形成」の必要性や利益があるとしており，事案を正しく把握できていない。

● 問題文や【会議録】の誘導に従った検討がほとんどできていない。採点実感によれば，時間切れの答案を除き，大体の要素を拾っている答案が大半であったため，本答案は相対的に低く評価されたものと考えられる。

予備試験

平成27年

問題文

［行政法］

Ａ県に存するＢ川の河川管理者であるＡ県知事は，１９８３年，Ｂ川につき，河川法第６条第１項第３号に基づく河川区域の指定（以下「本件指定」という。）を行い，公示した。本件指定は，縮尺２５００分の１の地図に河川区域の境界を表示した図面（以下「本件図面」という。）によって行われた。

Ｃは，２０００年，Ｂ川流水域の渓谷にキャンプ場（以下「本件キャンプ場」という。）を設置し，本件キャンプ場内にコテージ１棟（以下「本件コテージ」という。）を建築した。その際，Ｃは，本件コテージの位置につき，本件図面が作成された１９８３年当時と土地の形状が変化しているため不明確ではあるものの，本件図面に表示された河川区域の境界から数メートル離れており，河川区域外にあると判断し，本件コテージの建築につき河川法に基づく許可を受けなかった。そして，河川法上の問題について，２０１４年７月に至るまで，Ａ県知事から指摘を受けることはなかった。

２０１３年６月，Ａ県知事は，Ｃに対し，本件コテージにつき建築基準法違反があるとして是正の指導（以下「本件指導」という。）をした。Ｃは，本件指導に従うには本件コテージの大規模な改築が必要となり多額の費用を要するため，ちゅうちょしたが，本件指導に従わなければ建築基準法に基づく是正命令を発すると迫られ，やむなく本件指導に従って本件コテージを改築した。Ｃは，本件コテージの改築を決断する際，本件指導に携わるＡ県の建築指導課の職員Ｄに対し，「本件コテージは河川区域外にあると理解しているが間違いないか。」と尋ねた。Ｄは，Ａ県の河川課の担当職員Ｅに照会したところ，Ｅから「測量をしないと正確なことは言えないが，今のところ，本件コテージは河川区域外にあると判断している。」旨の回答を受けたので，その旨をＣに伝えた。

２０１４年７月，Ａ県外にある他のキャンプ場で河川の急激な増水による事故が発生したことを契機として，Ａ県知事は本件コテージの設置場所について調査した。そして，本件コテージは，本件指定による河川区域内にあると判断するに至った。そこで，Ａ県知事は，Ｃに対し，行政手続法上の手続を執った上で，本件コテージの除却命令（以下「本件命令」という。）を発した。

Ｃは，本件命令の取消しを求める訴訟（以下「本件取消訴訟」という。）を提起し，本件コテージが本件指定による河川区域外にあることを主張している。さらに，Ｃは，このような主張に加えて，本件コテージが本件指定による河川区域内にあると仮定した場合にも，本件命令の何らかの違法事由を主張することができるか，また，本件取消訴訟以外に何らかの行政訴訟を提起することができるかという点を，明確にしておきたいと考え，弁護士Ｆに相談した。Ｆの立場に立って，以下の設問に答えなさい。なお，河川法及び同法施行令の抜粋を資料として掲げるので，適宜参照しなさい。

〔設問１〕

本件取消訴訟以外にＣが提起できる行政訴訟があるかを判断する前提として，本件指定が抗告訴訟の対象となる処分に当たるか否かを検討する必要がある。本件指定の処分性の有無に絞り，河川法及び同法施行令の規定に即して検討しなさい。なお，本件取消訴訟以外にＣが提起できる行政訴訟の有無までは，検討しなくてよい。

〔設問２〕

本件コテージが本件指定による河川区域内にあり，本件指定に瑕疵はないと仮定した場合，Ｃは，本件取消訴訟において，本件命令のどのような違法事由を主張することが考えられるか。また，当該違法事由は認められるか。

【資　料】

○　河川法（昭和３９年７月１０日法律第１６７号）（抜粋）

（河川区域）

第６条　この法律において「河川区域」とは，次の各号に掲げる区域をいう。

一　河川の流水が継続して存する土地及び地形，草木の生茂の状況その他その状況が河川の流水が継続して存する土地に類する状況を呈している土地（中略）の区域

二　（略）

三　堤外の土地（中略）の区域のうち，第１号に掲げる区域と一体として管理を行う必要があるものとして河川管理者が指定した区域〔注：「堤外の土地」とは，堤防から見て流水の存する側の土地をいう。〕

２・３　（略）

４　河川管理者は，第１項第３号の区域（中略）を指定するときは，国土交通省令で定めるところにより，その旨を公示しなければならない。これを変更し，又は廃止するときも，同様とする。

５・６　（略）

（河川の台帳）

第１２条　河川管理者は，その管理する河川の台帳を調製し，これを保管しなければならない。

２　河川の台帳は，河川現況台帳及び水利台帳とする。

３　河川の台帳の記載事項その他その調製及び保管に関し必要な事項は，政令で定める。

４　河川管理者は，河川の台帳の閲覧を求められた場合においては，正当な理由がなければ，これを拒むことができない。

（工作物の新築等の許可）

第２６条　河川区域内の土地において工作物を新築し，改築し，又は除却しようとする者は，国土交通省令で定めるところにより，河川管理者の許可を受けなければならない。（以下略）

２～５　（略）

（河川管理者の監督処分）

第７５条　河川管理者は，次の各号のいずれかに該当する者に対して，（中略）工事その他の行為の中止，工作物の改築若しくは除却（中略），工事その他の行為若しくは工作物により生じた若しくは生ずべき損害を除去し，若しくは予防するために必要な施設の設置その他の措置をとること若しくは河川を原状に回復することを命ずることができる。

一　この法律（中略）の規定（中略）に違反した者（以下略）

二・三　（略）

２～１０　（略）

第１０２条　次の各号のいずれかに該当する者は，１年以下の懲役又は５０万円以下の罰金に処する。

一　（略）

二　第２６条第１項の規定に違反して，工作物の新築，改築又は除却をした者

三　（略）

○　河川法施行令（昭和４０年２月１１日政令第１４号）（抜粋）

（河川現況台帳）

第５条　（略）

２　河川現況台帳の図面は，付近の地形及び方位を表示した縮尺２５００分の１以上（中略）の平面図（中略）に，次に掲げる事項について記載をして調製するものとする。

一　河川区域の境界

二～九　（略）

出題趣旨

本問は，事案及び関係行政法規に即して，行政訴訟及び行政法の一般原則についての基本的な知識及び理解を運用する能力を試す趣旨の問題である。設問１は，河川管理者による河川区域の指定の処分性を問うものである。特定の者を名宛人とせずに特定の区域における土地利用を制限する行政庁の決定の処分性に関する最高裁判所の判例の趣旨を踏まえ，河川区域の指定の法的効果を河川法及び同法施行令の規定に即して検討し，処分性認定の要件に結びつけて論じることが求められる。設問２は，河川区域内に無許可で設置され改築された工作物の除却命令の違法性を問うものである。最高裁判所昭和６２年１０月３０日第三小法廷判決（判時１２６２号９１頁）の趣旨を踏まえ，河川区域内における工作物の設置を規制する河川法の趣旨との関係で，信義則が適用されるのはどのような場合か，そして，信義則の適用に当たっては，行政庁による公的見解の表示の有無，相手方が当該表示を信頼したことについての帰責事由の有無等の考慮が不可欠ではないかを検討した上で，本問の具体的な事実関係に即して，信義則の適用により除却命令が違法となるか否かについて論じることが求められる。

MEMO

再現答案①　A評価（S・Hさん　順位2位）

第１　設問１
１　「処分」（行政事件訴訟法（以下，略））とは，①公権力の主体たる国または公共団体の行為のうち，②直接国民の権利義務を形成し又はその範囲を確定することが法律上認められるものをいう。
２　まず，本件指定は，A県知事が河川法（以下，法）６条１項３号に基づいて一方的に行ったものであるから，①をみたす。
　次に，②をみたすか検討する。
　確かに，本件指定がなされると，指定された区域の土地工作物に建築制限が課される（法２６条）が，指定はある程度包括的な範囲になされるのであるから，対象が不特定で，一般的抽象的法効果しか有さないとも思える。
　しかし，河川区域は縮尺２５００分の１の平面図にその境界を示さなければならないとされている（法１２条３項，施行令５条２項１号）ことからすれば，河川区域はある程度特定された地域として取り扱うのが法の趣旨であるといえる。また，法２６条の建築制限は，河川区域に指定されれば，なんらの執行を待たずして課されるのであるから，建築制限は指定の直接的効果といえる。また，指定に処分性を認めないと，第三者効（３２条１項）が認められないため，ある者との関係では指定の効果が存続するが，他の者との関係では効果が消滅するという矛盾した状態になりかねない。
　したがって，ある程度特定の者に対して直接的に建築制限という効果を及ぼすものであり，取消訴訟などで争わせることが合理的な紛争解決手段といえるから，②を満たすというべきである。
３　よって，本件指定は「処分」に当たる。
第２　設問２
１　Cの主張
　本件コテージが実際には河川区域内にあるとしても，本件図面によると河川区域外と判断できるのであり，河川法上の問題について約１４年間何も指摘がなかった。また，改築の際に，A県建築指導課のDを通じて，河川課のEから，本件コテージは河川区域外にあると判断しているとの回答を得ている。以上からすると，Cが河川区域外であると信頼して，改築を行うことはやむを得ないのであるから，かかる正当な信頼を抱いたCを一方的に害することは信義則上許されない。したがって，Cに対して，一方的に本件除却命令を発することは，信義則に反し違法である，との主張をすると考えられる。
２　Cの主張の当否
(1)　確かに，Cは河川管理者たるA県知事が作成した本件図面及び河川課のEの回答を信頼して，本件コテージを改築

● 設問１では，「取消訴訟以外……」とされてはいるが，できれば「処分（３条７項等）」というように，条文の引用まで正確に行いたい。処分性の定義については，正確に論述できている。

● 本件では問題とならない公権力性の認定についても端的に触れられており，要件検討に漏れがない。

● 建築制限の中身を具体的に検討している点は，「河川法及び同法施行令の規定に即して」検討することを求める出題趣旨に合致する。本答案の論述に加え，河川管理者の監督処分を受け得るほか（法75Ⅰ①），刑事罰も科され得る（法102②）点も指摘できれば，より説得的であった。

● 第三者効の観点から処分性の有無を検討しようとする姿勢は良いが，②要件とは別の枠組みで論じるべきであった。

● 本答案は，Cの信義則違反に係る主張を検討するに当たり，信義則違反の主張の原因となる事実を具体的に摘示・評価している。このような論述は，「Cは，本件除却命令は信義則違反であると主張する。」といった簡素な論述と比べて，論理性・説得力に富み，高い評価が与えられるものと思われる。

しているのであるから，許可なく改築したことが法２６条に違反するとして，法７５条１項１号に基づき本件コテージの除却命令を下すことは信義則に反する余地がある。具体的には，①行政側の公的見解の表示があり，また，②Cがかかる見解を正当に信頼し，その通り行動したにもかかわらず，③なんらの代替的補償なく，多大な損失を与える処分を下したといえるような場合には，Cの信頼を不当に侵害する処分であるとして，信義則に反し，本件除却命令は違法となる。

(2)　本件において，本件図面では本件コテージが河川区域外と判断できるのであり，本件図面が記載されている河川台帳は第三者に閲覧させることが予定されている（法１２条３項）のであるから，これをもって公的見解の表示があったといえるとも思える。しかし，あくまで本件コテージが河川区域内であるかの判断は現在を基準にしてなされなければならない。そして，本件図面は１９８３年という約３０年前に作成されたものであって，現在では土地の形状などが変化していることは当然であるから，本件図面は，現在において，本件コテージが河川区域外であることを示すものではない。したがって，本件図面をもって公的見解の表示があったとはいえない。

一方，河川課の担当職員たるEが本件コテージは河川区域外であると判断している旨回答しているところ，これは行政側の公的見解の表示に当たる（①）。確かに，除却命令権者たるA県知事ではなく，Eの回答ではあるが，Eは河川課の担当職員であって，Aの手足といえる以上，Eの回答であっても公的見解の表示といえる。また，Cは改築に当たって多額の費用を費やしているため，本件コテージの除却命令をなんらの補償もなく発することは，Cに多大な損失を与えるものといえる（③）。しかし，②が認められないというべきである。すなわち，Eは回答に当たって，測量をしないと正確なことは言えないとの留保を付している以上，Eが真に河川区域外であると判断したものとはいえないのが明らかであるから，これをもってただちに河川区域外であると考えるのは不用意であるといわざるを得ない。したがって，Cの信頼は正当とはいえない。

(3)　以上より，本件除却命令は信義則に反するとはいえず，Cの主張する違法事由は認められない。

以　上

● 出題趣旨で求められていた「行政庁による公的見解の表示の有無，相手方が当該表示を信頼したことについての帰責事由の有無等の考慮」という判例（最判昭62.10.30／百選Ⅰ［第７版］〔24〕）の趣旨を適切に提示できている。

● ①行政側の公的見解の表示の有無について，単に事実を羅列するのではなく，時系列に沿って事情を詳細に分析することができている。

● 実際に見解を述べたのがＡ県知事ではない点について，その法的な意味合いを評価しつつ，結論に結び付けている点は説得的である。

● 一方的な当てはめに終始せず，職員Ｅの発言に評価を加えて反対の結論を導けている。

● 自らが定立した規範に対して，３つの要件ごとに丁寧に事実を摘示し，評価することができている。

再現答案②　B評価（S・Kさん　順位1533位）

第一　設問１について
１　本件指定に処分性があるか。本件指定が行政庁の「処分」（行訴法３条２項以下）に当たるかが問題となる。
⑴　まず，「処分」とは，国または行政団体が行う行為のうち，その行為によって直接国民の権利義務を形成し，又はその範囲を確定するものをいう。
そして，本件指定はＢ川の河川管理者であるＡ県知事が行ったものであるから，本件指定は行政団体が行う行為といえる。
⑵　では，本件指定は直接国民の権利利益を形成し，又はその範囲を確定するものといえるか。以下，河川法（以下，「法」という。）及び同法施行令（以下「施行令」という。）に即して検討する。
まず，本件指定は法６条１項３号に基づきなされている。そして，かかる指定を受けた区域内では工作物の新築，改築，除却について河川管理者の許可を受けることが必要になる（法２６条１項）。
そして，同項の規定に違反した場合は罰則が課され（法１０２条），また，河川管理者は河川の原状回復命令をすることもできる（法７５条１項）。
かかる負担は，河川区域内に工作物を所持する者の義務であり，本件指定によって直接にかかる義務は形成されたといえる。
よって，本件指定は直接国民の権利利益を形成し，又はその範囲を確定するものといえる。
２　したがって，本件指定には処分性が認められ，抗告訴訟の対象となる処分に当たる。
第二　設問２について
１　Ｃは，本件訴訟において，本件命令のどのような違法事由を主張することが考えられるか。
⑴　違法事由を考える前提として，本件命令にＡ県知事の裁量が認められるかが問題となる。
まず，法７５条は「除去・・・を命ずることができる」として，文言上命令を発することについて裁量が認められることがうかがえる。
また，命令を発するか否かの判断には，河川について専門的知識を有する河川管理者の専門技術的な判断が必要となるのであり，このような命令の性質からも，裁量が認められる。
よって，本件命令にＡ県知事の裁量が認められる。
⑵　したがって，本件命令は，その処分につき裁量の逸脱・濫用があった場合に限り取り消すことができる（行訴法３０条）ところ，本件命令に裁量の逸脱・濫用が認められるか。

●　処分性に関するリーディングケース（最判昭39.10.29／百選Ⅱ［第７版］〔148〕）は，行政庁の処分とは「公権力の主体たる国または行政団体が行う行為のうち，その行為によって，直接国民の権利義務を形成しまたはその範囲を確定することが法律上認められているものをいう」としている。本答案が書き落としている「公権力の主体」という点,「法律上認められている」という点は処分性の中核要素であるから，書き落とさないように注意を要する。また，公権力性の認定に係る論述は良いが，「団体」の当てはめのみとなっており，公権力性に着目しているかどうかが明らかでない。

●　本件指定は一般的な指定であることから，「直接」国民の権利義務を形成するかについて争いがある。本答案は，「直接」性について明確に問題提起しているわけではないが，建築制限に着目した上で，それに違反した場合の罰則，監督処分について触れられている。もっとも，出題趣旨は「同法施行令に即して検討」することを求めている以上，施行令についても何らかの形で言及するべきであった。

●　前提として効果裁量の有無を論じても良いが，その後の論述で信義則違反に基づく本件除却命令の違法性を直に主張するならば，一般論を大展開する必要はなかった。なお，出題趣旨記載の判例（最判昭62.10.30／百選Ⅰ［第７版］〔24〕）では，裁量論についての言及はない。

まず，Cは２０００年に本件コテージを建築して以来，２０１４年７月に至るまで，Ａ県知事から指摘を受けなかったのであり，かつ本件指導に基づいて本件コテージを改築する際に，Ａ県の建築指導課の職員Ｄから，「本件コテージは河川区域外にある」との回答を得ているのであるから，本件命令には信義則違反の違法があると主張する。かかるＣの主張は認められるか。

ア　まず，信義則は法の一般原則であるから，行政法関係においてもその適用があると解する。

そして，信義則違反があるか否かは，被処分者の行政側の行為に対する信用が形成され，それについて行政側に帰責性があるか否かにより決するべきである。

具体的には，信頼の期間，被処分者の行動，行政側の行動等を考慮して信義則違反の有無を判断すべきである。

イ　これを本問についてみると，まず，Cは２０００年に本件コテージを建設して以来，２０１４年に至るまでＡ県知事から指摘を受けることはなく，河川区域外にあるものと１４年間の長期にわたり信じていたのである。

そして，Cは本件指導を受け，本件コテージについて改築をほどこす際，職員Ｄに対し，本件コテージが河川区域外にあるか確認している。そして，Ｄは河川管理について相当の知識を有すると考えられる河川課の担当職員Ｅに照会したうえで，Ｃに対して回答をしているのであるから，被処分者Ｃは確認義務を果たし，行政側は誤ってＣの信頼を形成してしまったといえる。

よって，行政側の行為に対する被処分者の信用が形成され，それについて行政側に帰責性があるといえる。

ウ　したがって，本件命令には信義則違反の違法があり，裁量の逸脱・濫用があったといえ，Ｃの上記主張は認められると解する。

2　以上より，Ｃは本件命令につき，信義則違反の違法事由を主張することが考えられ，この違法事由は認められる。

以　上

●　本件事実関係から具体的に信義則違反の主張を構成できていることは，出題趣旨に沿う。もっとも，Ｅから回答を得たＤは，Ｃに対して「測量をしないと正確なことは言えないが……」とも伝えており，この点を除いて「本件コテージは河川区域外にある」という点のみを抽出したのは問題がある。

●　信義則という一般条項について具体的に判断基準を定立する点は出題趣旨に沿う。もっとも，行政処分の相手方の信頼保護を図る上で，その要件を「相手方の帰責性」とするのではなく「行政側の帰責性」とする点には疑問の余地がある。相手方の信頼を保護するという信義則の趣旨に照らせば，行政側に帰責性がなくても，相手方の信頼を保護すべき場合がありうるため，「行政側の帰責性」を要件として定立する必要性は高くないように思われる。出題趣旨においても，判例（最判昭62.10.30／百選Ⅰ［第７版］〔24〕）を意識し，「行政庁による公的見解の表示の有無，相手方が当該表示を信頼したことについての帰責事由の有無」の検討をすることが求められていた。

●　ＤとＥについて，その能力に着目するのではなく，Ａ県職員や担当職員という立場に着目し，公的な見解としての外観をＣに与えたかどうかについて評価すべきであった。また，行政側に帰責性があることを前提にしても，それでもなおＣを保護しなければ信義則に反するといえないか，すなわちＣの帰責性の有無を検討する必要があった。

再現答案③　C評価（A・Yさん　順位214位）

第1　設問1
1　処分性は，行政庁の行為が「公権力の行使」（行訴法（以下省略）3条1項）にあたる場合に認められる。
　そして，「公権力の行使」とは，①公権力の主体たる国または地方公共団体の行為であって，②その行為によって直接に特定の国民の権利義務の内容を形成し，又はその範囲を確定することが法律により認められているものをいう。
　ただし，行政行為の態様が多様化していることから，紛争の成熟性等も加味して判断すべきである。
2(1)　本件指定は，A県知事が行ったものであり，これは河川法（以下，「法」とする）6条1項3号に基づき①公権力の主体として行われたものである。
(2)　しかし，本件指定による効果は，指定された区域につき工作物の新築等が制限されるというものである（法26条）。これは，河川区域内で工作物の新築等を行おうとする者に対し，一般的に効果を有するのであるから，②直接に特定の国民の権利義務の内容を形成し，又はその範囲を確定するものではない。
(3)　また，河川区域内とされた場所で工作物の新築等を行おうとする者は，河川管理者の許可（法26条）に対して取消訴訟（3条2項）及び義務付け訴訟（3条6項2号）で，除却命令等（法75条）に対して取消訴訟で争うことができる。そのため，紛争の成熟性も認められない。
3　以上より，本件指定は「公権力の行使」にあたらず，処分性は認められない。

第2　設問2
1　Cが主張する違法事由
(1)　Cは，本件指導を受けるに際し，A県知事から「本件指導に従わなければ建築基準法に基づく是正命令を発する」と迫られている。
　是正命令はCにとって「不利益な取扱い」（行手法32条2項）にあたるから，Cが本件指導に従わないことを条件に是正命令を発すると迫ったことは，同項に反し，違法である。
　そして，本件指導の違法性は，本件命令に承継されるから，本件命令も違法である。
(2)　Cは，2000年から2014年7月に至るまで，14年にわたりA県知事から指摘を受けていない。さらに，本件指導に従い多額の費用をかけて本件コテージを改築している。しかも，A県の職員から「本件コテージは河川区域外にある」との回答を得ている。
　以上からすれば，本件命令はCの信頼を裏切るものであって，信義則（民法1条2項）に反し違法である。
2　違法事由が認められるか

●　処分性に関するリーディングケース（最判昭39.10.29／百選Ⅱ［第7版］〔148〕）は，処分性の意義を行政庁の処分（行訴3Ⅱ）の解釈として示している。

●　「『公権力の行使』とは」と論述している点は誤りであるが，処分性の意義は正確に提示できている。

●　建築制限については，河川管理者の監督処分（法75Ⅰ①）や刑事罰（法102②）も踏まえた上での検討が望まれた。

●　紛争の成熟性といった別の観点からの検討を加える論述は，他の答案と比べてより精度の高い詳細な論述が可能となる点で，より高く評価されるものと思われる。

●　本問の事案において，是正命令（本件除却命令）が発せられるとすれば，それは建築基準法の要件を満たすからであって，行政指導に従わないからではない。この違法事由については，その後の論述で自ら否定しており，およそ成立し得ない違法事由を主張すべきではない。

●　本件事実関係から信義則違反の主張を構成できている点は，出題趣旨に沿う。

●　行政庁の行為に関する信義則ないし信頼保護原則については，「法の一般原理」から導くのが一般的である。出題趣旨に挙げられている判例

(1) 建築基準法に基づく是正命令は，建築基準法に違反する建築物につき当然になされるものであって，その状態が解消されない限り，むしろなすべき処分である。

そのため，是正命令は「不利益な取扱い」にあたらず，本件指導は行手法３２条２項に違反しない。

したがって，その違法性が本件命令に承継されることもない。

(2) まず，私法の規定が公法関係に適用されるかが問題となるところ，取引安全という趣旨は公法関係には妥当しないから，原則として否定すべきである。もっとも，当事者の信頼を保護する必要性は公法関係においても変わらないから，信義則は適用を認めるべきである。

本件においては，Ｃは１４年にわたってＡ県知事から指摘を受けておらず，さらに，Ａ県河川課の担当職員Ｅの上記回答を，Ａ県職員Ｄを通じて得ている。そのため，本件コテージが河川区域外にあるというＣの信頼は保護に値する。

また，Ｃは，本件指導に従い本件コテージを改築するために多額の費用を費やしているから，本件命令を認めるとＣに著しい損害を与えることとなる。

以上からすれば，本件命令は信義則に違反し，違法である。

以　上

(最判昭62.10.30／百選Ⅰ［第７版］〔24〕）も「法の一般原理である信義則の法理」と判示している。

● 判例や一般的な理解に従い，信義則を民法１条２項ではなく「法の一般原理」から導いていれば，「私法の規定が公法関係に適用されるか」という出題趣旨において全く問われていない問題を検討する必要はなかった。むしろ，出題趣旨記載の検討事項からすれば，この点は一切省いた上で，信義則違反の規範を提示し，本問の事案における信義則適用の有無をより厚く検討すべきであった。

● 出題趣旨によれば，判例（最判昭62.10.30／百選Ⅰ［第７版］〔24〕）の趣旨を踏まえ，行政庁による公的見解の表示の有無の他に，「相手方が当該表示を信頼したことについての帰責事由の有無」の検討が求められていた。

平成28年

問題文

［行政法］

株式会社Ｘ（代表取締役はＡ）は，Ｙ県で飲食店Ｂを経営しているところ，平成２８年３月１日，Ｂ店において，Ｘの従業員Ｃが未成年者（２０歳未満の者）であるＤら４名（以下「Ｄら」という。）にビールやワイン等の酒類を提供するという事件が起きた。

Ｙ県公安委員会は，Ｘに対し，風俗営業等の規制及び業務の適正化等に関する法律（以下「法」という。【資料１】参照。）第３４条第２項に基づく営業停止処分をするに当たり，法第４１条及び行政手続法所定の聴聞手続を実施した。聴聞手続においては，以下のとおりの事実が明らかになった。

① 未成年者の飲酒に起因する事故等が社会的な問題となり，飲食店業界においても，未成年者の飲酒防止のために積極的な取組が行われているところ，Ｂ店では，未成年者に酒類を提供しないよう，客に自動車運転免許証等を提示させて厳格に年齢確認を実施していた。

② 事件当日には，未成年者であるＤらとその友人の成年者であるＥら４名（以下「Ｅら」という。）が一緒に来店したために，Ｃは，Ｄらが未成年者であることを確認した上で，Ｄらのグループと Ｅらのグループを分けて，それぞれ別のテーブルに案内した。

③ Ｃは，Ｄらのテーブルには酒類を運ばないようにしたが，二つのテーブルが隣接していた上に，Ｃの監視が行き届かなかったこともあって，ＤらはＥらから酒類を回してもらい，飲酒に及んだ。

④ その後，Ｂ店では，このような酒類の回し飲みを防ぐために，未成年者と成年者とでフロアを分けるといった対策を実施した。

聴聞手続に出頭したＡも，これらの事実について，特に争うところはないと陳述した。その後，聴聞手続の結果を受けて，Ｙ県公安委員会は，法第３４条第２項に基づき，Ｘに対し，Ｂ店に係る飲食店営業の全部を３か月間停止することを命じる行政処分（以下「本件処分」という。）をした。

その際，本件処分に係る処分決定通知書には，「根拠法令等」として「法第３２条第３項，第２２条第６号違反により，法第３４条第２項を適用」，「処分の内容」として「平成２８年５月１日から同年７月３１日までの間（３か月間），Ｂ店に係る飲食店営業の全部の停止を命ずる。」，「処分の理由」として，「Ｘは，平成２８年３月１日，Ｂ店において，同店従業員Ｃをして，Ｄらに対し，同人らが未成年者であることを知りながら，酒類であるビール及びワイン等を提供したものである。」と記されてあった。

Ｙ県公安委員会は，「風俗営業等の規制及び業務の適正化等に関する法律に基づく営業停止命令等の基準」（以下「本件基準」という。【資料２】参照）を定めて公表しているところ，本件基準によれば，未成年者に対する酒類提供禁止違反（法第３２条第３項，第２２条第６号）の量定は「Ｂランク」であり，「４０日以上６月以下の営業停止命令。基準期間は，３月。」と定められていた（本件基準１，別表［飲食店営業］〈法（中略）の規定に違反する行為〉(10)）。

Ａは，処分決定通知書を本件基準と照らし合わせてみても，どうしてこのように重い処分になるのか分からないとして，本件処分に強い不満を覚えるとともに，仮に，Ｂ店で再び未成年者に酒類が提供されて再度の営業停止処分を受ける事態になった場合には，本件基準２の定める加重規定である「最近３年間に営業停止命令を受けた者に対し営業停止命令を行う場合の量定は，（中略）当該営業停止命令の処分事由について１に定める量定の長期及び短期にそれぞれ最近３年間に営業停止命令を受けた回数の２倍の数を乗じた期間を長期及び短期とする。」が適用され，Ｘの経営に深刻な影響が及ぶおそれがあるかもしれないことを危惧した。

そこで，Ｘは，直ちに，Ｙ県を被告として本件処分の取消訴訟を提起するとともに，執行停止の申立てをしたが，裁判所は「重大な損害を避けるため緊急の必要がある」とは認められないとして，この申立てを却下した。

Ｘの立場に立って，以下の設問に答えなさい。

なお，法の抜粋を【資料１】，本件基準の抜粋を【資料２】として掲げるので，適宜参照しなさい。

〔設問１〕

本件処分の取消訴訟の係属中に営業停止期間が満了した後には，いかなる訴訟要件が問題となり得るか。また，当該訴訟要件が満たされるためにＸはどのような主張をすべきか，想定されるＹ県の反論を踏まえつつ検討しなさい。

〔設問２〕

本件処分の取消訴訟につき，本案の違法事由としてＸはどのような主張をすべきか，手続上の違法性と実体上の違法性に分けて，想定されるＹ県の反論を踏まえつつ検討しなさい。なお，本件処分について行政手続法が適用されること，問題文中の①から④までの各事実については当事者間に争いがないことをそれぞれ前提にすること。

【資料１】

○　風俗営業等の規制及び業務の適正化等に関する法律（昭和２３年法律第１２２号）（抜粋）

（禁止行為）

第２２条　風俗営業を営む者は，次に掲げる行為をしてはならない。

一～五　（略）

六　営業所で二十歳未満の者に酒類又はたばこを提供すること。

（深夜における飲食店営業の規制等）

第３２条

１・２　（略）

３　第２２条（第３号を除く。）の規定は，飲食店営業を営む者について準用する。（以下略）

（指示等）

第３４条

１　（略）

２　公安委員会は，飲食店営業者〔（注）「飲食店営業者」とは，「飲食店営業を営む者」をいう。〕若しくはその代理人等が当該営業に関し法令（中略）の規定に違反した場合において，（中略）少年の健全な育成に障害を及ぼすおそれがあると認めるとき（中略）は，当該飲食店営業者に対し，当該施設を用いて営む飲食店営業について，６月を超えない範囲内で期間を定めて営業の全部又は一部の停止を命ずることができる。

（聴聞の特例）

第４１条　公安委員会は，（中略）第３４条第２項，（中略）の規定により営業の停止を（中略）命じようとするときは，行政手続法（平成５年法律第８８号）第１３条第１項の規定による意見陳述のための手続の区分にかかわらず，聴聞を行わなければならない。

２～４（略）

【資料２】

○　風俗営業等の規制及び業務の適正化等に関する法律に基づく営業停止命令等の基準（抜粋）

［飲食店営業］

（量定）

１　営業停止命令の量定の区分は，次のとおりとし，各処分事由に係る量定は，別表に定めるところによるものとする。

Ａランク　６月の営業停止命令。

Ｂランク　４０日以上６月以下の営業停止命令。基準期間は３月。

Ｃランク～Ｈ３ランク　（略）

（常習違反加重）

２　最近３年間に営業停止命令を受けた者に対し営業停止命令を行う場合の量定は，その処分事由に係る量定がＡランクに相当するときを除き，当該営業停止命令の処分事由について１に定める量定の長期及び短期にそれぞれ最近３年間に営業停止命令を受けた回数の２倍の数を乗じた期間を長期及び短期とする。ただし，その長期は，法定の期間を超えることができない。

（営業停止命令に係る期間の決定）

３　営業停止命令により営業の停止を命ずる期間は，次のとおりとする。

⑴　原則として，量定がＡランクに相当するもの以外のものについて営業停止命令を行う場合は，１に定める基準期間（２に規定する場合は当該処分事由について定められた基準期間の２倍の期間を基準期間とする。）によることとする。

⑵　量定がＡランクに相当するもの以外のものについて営業停止命令を行う場合において次に掲げるような処分を加重し，又は軽減すべき事由があるときは，⑴にかかわらず，情状により，１に定める量定の範囲内において加重し，又は軽減するものとする。

ア　処分を加重すべき事由とは，例えば，次のようなものである。

㈦　最近３年間に同一の処分事由により行政処分に処せられたこと。

㈡　指示処分の期間中にその処分事由に係る法令違反行為と同種の法令違反行為を行ったこと。

㈰　処分事由に係る行為の態様が著しく悪質であること。

㈤　従業者の大多数が法令違反行為に加担していること。

㈥　悔悛の情が見られないこと。

㈮　付近の住民からの苦情が多数あること。

㈯　結果が重大であり，社会的反響が著しく大きいこと。

㈸　１６歳未満の者の福祉を害する法令違反行為であること。

イ　処分を軽減すべき事由とは，例えば，次のようなものである。

㈦　他人に強いられて法令違反行為を行ったこと。

㈡　営業者（法人にあっては役員）の関与がほとんどなく，かつ，処分事由に係る法令違反行為を防止できなかったことについて過失がないと認められること。

㈰　最近３年間に処分事由に係る法令違反行為を行ったことがなく，悔悛の情が著しいこと。

㈤　具体的な営業の改善措置を自主的に行っていること。

⑶　量定がＡランクに相当するもの以外のものについて，処分を軽減すべき事由が複数あり，営業停止処分を行うことが著しく不合理であると認められるときは，⑴⑵にかかわらず，営業停止処

分を行わないこととする。

別表（抜粋）

［飲食店営業］

＜法若しくは法に基づく命令又は法に基づく条例の規定に違反する行為＞

(10)　未成年者に対する酒類・たばこ提供禁止違反（第３２条第３項，第２２条第６号）の量定

Ｂランク

MEMO

出題趣旨

本問は，公安委員会が，未成年者に酒類を提供した飲食店に対して行った風俗営業等の規制及び業務の適正化等に関する法律（以下「風営法」という。）に基づく営業停止処分に関する法的争点について検討させるものである。

設問１は，営業停止期間の経過により狭義の訴えの利益（行政事件訴訟法第９条第１項括弧書き）が消滅するか否かを問うものである。狭義の訴えの利益に関する一般論を展開した上で，過去の一定期間内に処分を受けたことを理由として処分を加重する旨の加重規定が法令ではなく，処分基準に定められている場合において，処分の直接的効果が営業停止期間の経過によりなくなった後においても，なお当該処分の取消しによって回復すべき法律上の利益を有するものといえるかを検討することが求められている。

この論点に関する近時の重要判例として最高裁判所平成２７年３月３日第三小法廷判決・民集６９巻２号１４３頁がある。同判決は，本問と同様に，処分の加重規定が処分基準に定められている事案であり，行政手続法第１２条第１項により定められ公にされている処分基準に一種の拘束力を認めて，処分の直接的効果が期間の経過によりなくなった後においても，なお一定の期間，狭義の訴えの利益が存続することを明らかにしたものである。同判決の正しい理解を前提として，処分基準の内容及び性質を踏まえた検討を加えていることは加点事由となる。

設問２は，営業停止処分の適法性について問うものであるが，手続的瑕疵と実体的瑕疵の二つに分けて検討することが求められている。

手続的瑕疵については，不利益処分の理由提示に関する重要判例である最高裁判所平成２３年６月７日第三小法廷判決・民集６５巻４号２０８１頁を踏まえて，行政手続法第１４条第１項本文に基づき要求される理由提示の程度に関する一般論を展開した上で，営業停止処分につき処分基準の適用関係が示されていない本件の事情の下，理由提示の瑕疵が認められるか否かや，理由提示の瑕疵を肯定する場合にはこれが処分の取消事由となるかを検討することが求められている。上記平成２３年判決の事例との相違について検討を加えていることは加点事由となる。

また，実体的瑕疵については，公安委員会がした営業停止処分が処分基準に即しているか否かを検討した上で，処分基準からの逸脱が裁量の逸脱・濫用を導くか否かについて検討することが求められている。

処分基準は行政規則にすぎないとはいえ，合理的な理由なく処分基準から逸脱することは，信義則や平等原則の観点から処分の違法をもたらすとも考えられる。このような観点から，Ｘに有利となる事情とＸに不利となる事情をそれぞれ踏まえた上で，処分基準に即して裁量権の逸脱・濫用の有無を検討することが求められている。

MEMO

再現答案① A評価（T・Kさん 順位50位）

第１ 設問１
１ 前段
Xが提起しているのは，「処分」の取消訴訟である（行政事件訴訟法（以下，「行訴法」とする）３条２項）。同抗告訴訟の訴訟要件は，処分性，原告適格，被告適格，訴えの利益等である。
本件では，訴えの利益が問題となる。なぜならば，処分が一定の期間を経過した後は被処分者に何ら不利益を残存させないように思えるからである。
２ 後段
(1) 仮に本件処分を受け入れた上，その停止期間を経過した場合，本件基準２の累犯となる。そして，より多くの不利益を被ることが予定されている。そうだとすれば，次に停止命令を受けた場合に累犯となるか初犯となるかで営業停止期間に差異があることからすれば，営業停止期間が満了した後であっても，法律上の利益がある。
(2) これに対して，Y県の反論としては，累犯加重規定は風営法の委任に基づかない本件基準に基づくものであるから，Y県は同基準に従う法律上の義務を有するものではなく，それに従わない処分をすることが可能であることから，累犯加重規定の適用による不利益を免れる利益は法律上の利益には当たらないと主張する。

● 訴えの利益が問題となる理由について端的に述べられており，丁寧に解答しようとする姿勢がうかがわれる。

● 出題趣旨によれば，「狭義の訴えの利益に関する一般論を展開した上で」，営業停止期間満了後もなお処分の取消しによって回復すべき法律上の利益があるかどうかを論述することが求められているところ，本答案は，狭義の訴えの利益に関する一般論を展開できていない。この点，再現答案②のような論述ができれば，より高い評価を得られたものと思われる。

(3) 上記反論について，たしかに法律の委任を受けていない本件基準は，法３４条２項の処分をするにあたり，いかなる処分をするかについて定めた処分基準であり，行政規則である。そうだとすれば，Y県は必ずしもこれに従う法律上の義務はない。
しかし，一般に行政庁は自らが定めた処分基準に従って各処分を行うことが通常期待されており，また，これに反した処分をする場合，法令違反とはならないが，具体的状況に照らして平等原則違反等になる可能性がある。そうだとすれば，処分基準の形式的な適用ではなく，個別的事情を踏まえた処分をすべき例外的な事情がない限り，同基準に従った処分がなされる。
したがって，処分基準の適用により不利益を被る可能性がある場合，これが行政規則であるとしても，その適用を免れる利益は法律上の利益といえる。
第２ 設問２
１ 手続上の違法
(1) 本件処分がなされる際に，聴聞手続はなされており（法４１条，行手法１３条１項，１条２項），Xとしては，理由提示（行手法１４条１項）違反の主張をする。
(2) Y県としては，本件処分に係る処分決定通知書に「根拠法令等」や「処分の内容」及び「処分の理由」をすべて記

● 本答案は，本件基準が処分基準（行政規則）であること，及び「Y県は必ずしもこれに従う法律上の義務はない」ことを論述しており，「加重規定が法令ではなく，処分基準に定められている場合」（出題趣旨参照）についての問題点を正しく把握することができている。

● 判例（最判平27.3.3／百選Ⅱ［第7版］〔175〕）を正しく理解した上での論述となっており，出題趣旨に合致する適切な解答といえる。

● 想定されるY県の反論として適切であり，忠実に設問２に解答しよう

載した通知をしていることから，理由提示に違法はないと主張する。

⑶　理由提示の趣旨は，行政庁に判断の慎重さを確保させることで公正な処分がなされることを担保する点，及び被処分者の不服申立ての便宜を図る点にある。そうだとすれば，原則として，いかなる事実にいかなる条項が適用されたのかを被処分者が記載自体から直接了知することができる程度の記載が足りる。もっとも，処分をする際に処分基準等が複雑である場合には，事実及び法律の条項だけでは適用関係が明らかにならず，なぜその処分がなされたのかを被処分者が理解できない場合がある。そこで，不服申立ての便宜という趣旨を全うするために，処分基準の適用関係までも明らかにするべきである。

本件では，たしかに，本件基準が公表されているとはいえ，処分基準への本件事実の具体的な適用関係が明らかになっていないため，Xは，どうして３か月もの厳しい営業停止命令がなされたか記載自体から了知できない。

したがって，法１４条の要求する理由提示がされておらず，違法である。

2　実体法上の違法

⑴　本件処分をしたことには裁量権の逸脱濫用があり，無効である（行訴法３０条）。

法３４条１項は営業停止期間について６月を超えない期間として幅を持たせていること，また，営業停止によって法が獲得しようとする公衆衛生の維持増進は処分者の専門性や技術性が要求される事柄であり，裁量が認められる。

そこで，裁量権の行使が社会通念上著しく妥当性を欠く場合には，違法となる。

⑵　本件において，Xの経営するB店では厳格に年齢確認をしていたこと，及び未成年者と成年者を別のテーブルにして未成年者が酒の提供を受けないようにしたことは，本件基準3⑵イ(イ)に該当する事実である。また，B店では，未成年者と成年者のフロア自体を分けるという自主的な措置を実施しており，これは同(エ)該当事実である。

これら軽減事由に当たる事実があるにもかかわらず，Yはこれらを一切考慮せずに，本件基準1を形式的に適用して基準期間の３か月の停止命令をしていることは，考慮すべき事情を考慮していないものといえ，裁量権行使が社会通念上著しく妥当性を欠くものとして，違法となる。

よって，裁量権の逸脱濫用という違法がある。

以　上

とする姿勢がうかがわれる。

●　本答案は，理由提示の程度に関する一般論を，判例（最判昭60.1.22／百選Ⅰ［第７版］〔121〕，最判平23.6.7／百選Ⅰ［第７版］〔120〕等）を意識して展開できており，出題趣旨に合致する。なお，どの程度の理由まで提示すべきかについては，前掲判例（最判平23.6.7）に基づいて，本件事実関係の下で「当該処分の根拠法令の規定内容，当該処分に係る処分基準の存否及び内容並びに公表の有無，当該処分の性質及び内容，当該処分の原因となる事実関係の内容等を総合考慮」して決定できると，さらに良かった。

●　前掲判例（最判平23.6.7／百選Ⅰ［第７版］〔120〕）は，処分要件を定める法の規定が抽象的である一方，複雑かつ詳細な処分基準が予め定められ，かつ公にされていたという事案において，「いかなる理由に基づいてどのような処分基準の適用によって免許取消処分が選択されたのかを知ること」ができるような理由提示を必要としたものである。本答案は，上記判例を踏まえて論述できており，出題趣旨に合致する。

●　本件基準の「処分を軽減すべき事由」が考慮されていないことを，本問に即して具体的かつ詳細に論じられている点は良い。もっとも，判例（最判平27.3.3／百選Ⅱ［第７版］〔175〕）によれば，合理的な理由なく処分基準から逸脱することは，「平等な取扱いの要請」や「相手方の信頼の保護等の観点」から処分の違法をもたらすから，「Xに不利となる事情」（出題趣旨参照）も踏まえて裁量権の逸脱・濫用の有無を検討することが肝要である。この点，本答案は「Xに有利となる事情」しか引用しておらず，この点で出題趣旨に十分に応えた論述とまではいえない。

再現答案② A評価（Y・Mさん 順位375位）

第１　設問１について

１　狭義の訴えの利益（行政事件訴訟法（以下，行訴法という）９条１項かっこ書）が問題となる。

２　狭義の訴えの利益は，訴えの提起後に事情が変動し，紛争の解決を図る必要性が消滅した場合になお訴訟を維持して処分の取消しを求める必要性がないことから，そのような場合に訴訟を終了させる機能を有する訴訟要件の一つである。本件においても，問題となる営業停止処分が終了しているため，かかる訴訟要件を欠くのではないかが問題となる。

　Xとしては，本件処分が取り消されなければ，本件処分を前提としてのちに本件基準２の定める加重規定が適用され得る地位に立たされること，かかる処分が取り消されないことによりXの営業に深刻な影響を及ぼすことをもって，狭義の訴えの利益がいまだ存することを主張すると考えられる。

　これに対し，Yとしては，本件処分を前提としてのちに加重規定が適用され得る地位があり，Xの営業に対する影響があるとしても，かかる地位は事実上の不利益にすぎず，なお取消訴訟を維持して処分を取り消す法的利益が認められないことをもって，これに反論すると考えられる。

　もっとも，本件基準は本件法と一体となって処分の内容を決定づけるものであるから，本件処分が取り消されないことにより，加重規定の適用の前提となる地位となることは，法の適用に影響を与えるものとして，なお取消訴訟を維持する法的利益を有する地位にあるということができる。また，営業の自由は憲法２２条１項で保障される重要な利益であり，本件処分は３か月もの長期間にわたり営業の停止を命じるものであることからすれば，かかる処分が取り消されないことによるXの不利益は重大であり，法的保護に値するものということができるから，Xはなお取消訴訟を維持する法的利益を有するといえる。

　以上から，本件において，Xに狭義の訴えの利益は認められるということができるから，Xは上記事実を主張すべきであると考える。

第２　設問２について

１　手続上の違法性について

(1)　本件処分は，法「３４条第２項……の規定により営業の停止を……命じ」るものであるから，法４１条により聴聞手続が必要であるところ，本問では法定の手続に従い聴聞手続が行われているため，同４１条，行政手続法（以下行手法という）１３条の違反はない。

(2)　そこで，Xとしては，理由の提示に瑕疵があったとして同１４条違反があったと主張すると考えられる。理由の提示は，行政手続の根幹をなすものであるといえるため，かかる手続に瑕疵があった場合には，取消訴訟の違法事由となると考えられるからである。

●　本答案は，狭義の訴えの利益に関する一般論を論じた上で，本問におけるXに狭義の訴えの利益が認められるかを検討しており，「狭義の訴えの利益に関する一般論を展開した上で」本問において法律上の利益が認められるかを検討すべきとする出題趣旨に合致する。

●　本答案は，「加重規定が適用され得る地位」は「事実上の不利益」にすぎない旨抽象的に反論している。この点については，加重規定を定めている本件基準は処分基準（行政規則）であり，被処分者を法的に拘束するものではないこと（本件基準の定めと異なる取扱いがなされる可能性もある以上，加重規定が適用されることが確実とまではいえないこと）を指摘できると，なお良かった（再現答案①参照）。

●　設問１は「本件処分の取消訴訟の係属中に営業停止期間が満了した後」を問題としているから，本件処分それ自体の不利益の重大性を指摘するのではなく，後になされ得る加重された営業停止処分の不利益の重大性を指摘すべきである。

これに対し，Ｙとしては，「法第３２条第２項，第２条第６号違反により，法第３４条第２項を適用」と根拠法令を記載し，「Ｘは……ビール及びワイン等を提供したものである」と処分の理由を記載していることから，同条違反はないと反論すると考えられる。

この点について検討するに，そもそも，理由の提示の機能は，恣意抑制機能と争訟便宜機能にあるから，理由の提示に瑕疵があったか否かは，これらの機能が害されたか否かを基準に判断すべきであると考える。具体的には，いかなる事実に対しいかなる法令がどのように適用されたかが判明しなければ，国民は攻撃防御を十分に行うことができないから，このような適用関係までが記載されていない場合には，少なくとも争訟便宜機能を害するとして同条違反となると解する。

本件についてみるに，本件処分決定通知書には，上記のように根拠法令と処分の理由となった事実が記載されているのみであり，これらの法令がこれらの事実にどのように適用されて本件処分が決定されたかという適用関係についての記載はなされていない。

したがって，適用関係まで記載されていない本件処分は，行手法１４条違反の違法があるとＸは主張すべきである。

２　実体上の違法性について

本件において，ＸはＤらに酒類を提供したことは認めており，かかる事実からすれば，本件が法３２条３項・２２条６号・法３４条２項の要件に該当することに争いはない。そこで，Ｘとしては，営業停止処分の中でも３か月の営業停止を命じた本件処分は行政庁の効果裁量を逸脱濫用するものであり，「裁量権の範囲をこえ又はその濫用があつた」（行訴法３０条）として，同条違反の違法があると主張すると考えられる。

法３４条２項の「飲食店営業者が……法令……に違反した場合において，少年の健全な育成に障害を及ぼすおそれがあると認めるとき」に当たる場合であっても，その態様は様々であり，いかなる処分を下すかについては個別具体的な事情に照らした専門的判断が必要となる。また，同項は「６月を超えない範囲内で期間を定めて営業の全部又は一部の停止を命ずることができる」と規定しており，Ｙ県公安委員会には裁量が与えられていると読める。したがって，Ｙ県公安委員会には営業停止処分につき効果裁量が認められる。

また，本件では本件審査基準が定められているところ，本件のような審査基準が定められているような場合には，国民の信頼を確保するために，行政庁は当該審査基準に拘束され，かかる基準に反する場合には，特段の事情がない限り裁量違反となると解する。

本件についてみるに，争いのない事実から，Ｘは上記のように３２条２項・２２条６号違反行為を行っており，Ｂランクに

●　具体的な事実を摘示してＹ県の反論を述べることができている。

●　理由提示の趣旨にさかのぼって，要求される理由提示の程度に関する一般論を展開している点は，出題趣旨に合致する。もっとも，規範やその論理展開が再現答案①と比してやや抽象的である点，及び処分決定通知書に処分基準の適用関係が示されていないことに言及できていない点で，判例を踏まえた出題趣旨に合致する十分な論述とまではいえない。

●　営業停止処分をするに当たり，Ｙ県公安委員会に裁量が認められるか否かについて，処分の性質と法律の文言の両面から丁寧に検討することができている。

●　判例（最判平27.3.3／百選Ⅱ［第7版］〔175〕）を踏まえた規範を定立することができており，「合理的な理由なく処分基準から逸脱することは，信義則や平等原則の観点から処分の違法をもたらすとも考えられる」との出題趣旨にも沿う。

当たる本件違反についての営業停止命令の基準期間は，本件基準1より3か月であるといえる。そして，Xの経営するB店では，本件事件後に未成年者と成年者とでフロアを分けるといった対策をしているところ，これは本件基準3⑵イ㈡の自主的な改善措置に当たるのであるから，営業停止命令の期間を減軽すべきであった。したがって，減軽を行っていないY県公安委員会の処分には本件基準違反があり，他に特段の事情もないことから，本件処分には行訴法30条違反の違法があるというべきである。

これに対し，Y県としては，フロアを分ける程度の措置では「改善措置」に当たらず，本件基準違反はないと反論すると考えられる。

もっとも，通常，飲食店の経営において，成年者と未成年者とでフロアを分けることは重大な負担を要するものであり，かかる負担を負ってまで未成年飲酒防止対策をとったXの措置は，同基準の定める「改善措置」に当たると評価するのが相当である。

以上から，Xとしては，上記基準違反があり，特段の事情もないことから，行訴法30条違反を主張すべきであると考える。

以　上

※　実際の答案は4頁以内におさまっています。

● 出題趣旨は，「Xに有利となる事情とXに不利となる事情をそれぞれ踏まえ」ることを求めているところ，本答案は，Xが違反行為をしていること，及び3か月の営業停止期間は本件基準に定められた基準期間に従ったものであることを指摘できており，「Xに不利となる事情」の摘示ができている。他方，本件基準3⑵イ㈡に該当する事実があることを指摘できており，「Xに有利となる事情」の摘示もできている。ここでは，以上の検討に加えて，本件基準3⑵イ㈠についても事実を摘示した上で，何らかの言及ができていればさらに高い評価を得られたものと考えられる。

MEMO

再現答案③　B評価（Y・Nさん　順位91位）

設問１
１　本件処分の取消訴訟の係属中に営業停止期間が満了した後には，訴えの利益（行訴法９条１項かっこ書）の有無が問題となる。
２　Y県は，本件処分の取消訴訟の係属中に営業停止期間が満了すれば，Xは営業を再開できるのだから，訴えの利益を喪失したという反論をすると思われる。
３⑴　しかし，訴えの利益は，取消訴訟を続ける合理的理由があれば，失われない。
⑵　本件では，たしかに，本件処分の取消訴訟の係属中に営業停止期間が満了すれば，Xは営業を再開できる。しかし，本件処分を取り消さなければ，Xは営業停止命令を受けたという法的地位を有することとなり，再度，営業停止命令を受ける際に，本件基準２の加重規定が適用され，通常より重い不利益処分を受けることとなってしまう。以上の事態を避けるには，本件処分の取消訴訟を継続し，認容判決を確定させることが必要であるから，取消訴訟を続ける合理的理由があるといえ，訴えの利益が肯定されるべきである，とXは主張すべきである。
設問２
第１　手続上の違法性について
１⑴　本件処分に係る処分決定通知書には，本件処分の理由が示されているが，これは理由提示として不十分であると主張すべきである。本件処分は不利益処分であるところ，不利益処分の際，理由提示が要求される（行手法８条）趣旨は，行政庁の恣意抑制と不服申立ての便宜を図る点にある。そこで，理由提示として十分といえるには，不利益処分の理由とされる，違反事実と，それに対して法令及び処分基準の適用関係が，理由の記載自体から明確に読み取れることを要する。
⑵　本件では，根拠法令，処分の内容，処分の理由について記載されている。しかし，各々分けて記載されており，不利益処分の理由とされる，違反事実と，それに対して法令及び処分基準の適用関係が，理由の記載自体から明確に読み取れるとはいえない。
　以上より，本件処分の際の理由提示は不十分であり，行手法８条に違反する。
２　そして，不利益処分の際の理由提示は，重要な手続だから，本件処分の違法事由を構成する。
３　以上を，Xは主張するべきである。
第２　実体法上の違法性について
１⑴　本件処分は，法３４条２項に基づくところ，「できる」（法３４条２項）との文言は，風俗営業等の規制について，国民の生命，身体等の利益について諸般の事情を考慮

●　訴えの利益が問題となる理由について端的に論述できると，解答としてより丁寧・適切といえる。

●　本答案のようなY県の反論は，むしろ狭義の訴えの利益に関する一般論として論述すべきである。ここでは，本件基準が行政規則にすぎないことから，Xが享受する利益は「法律上の利益」（行訴９Ⅰかっこ書）ではない，といった反論を立てるのが適切である（再現答案①参照）。

●　本件基準は行政規則であるため，Y県は本件基準に法的に拘束されるわけではないという点を正しく理解できていない。そのため，出題趣旨に十分に応えた論述であると評価することはできない。

●　行手法８条は，「申請により求められた許認可等を拒否する処分をする場合」に関する規定である。本問では，営業停止処分という不利益処分がなされているから，摘示すべき条文として正しいのは行手法14条１項本文である。

●　本問で問題となるのは，処分決定通知書に本件基準の適用関係が明示されていなかった点であり，根拠法令等が分けて記載されている点ではない。

●　どのように「重要な手続」なのかが不明確であり，説得力に欠ける。

する必要があり，専門技術的裁量を認める趣旨と解される。そこで，本件処分には，効果裁量が認められる。

もっとも，本件処分は，重要な事実の基礎を欠くか，社会通念上，裁量権の逸脱，濫用が認められる場合，違法となる（行訴法３０条）。

(2) 本件では，①～④の事実から，本件基準３(2)イの(イ)～(エ)を充足するため，「処分を軽減すべき事由が複数あり」（本件基準３(3)）の要件をみたす。

そして，①～④の事実から，Ｘが違反行為とされる行為を行ったのは，今回の一回のみであり，Ｘの店員に故意はなく，どんなに注意をしていたとしても，未成年者の飲酒が生じ得たといえ，Ｘだけに責任を帰すべきではない。また，経営基盤が盤石とはいえない飲食業において，営業停止命令が出されただけでも，風評等により，Ｘが廃業するおそれがあることからすると，本件処分の不利益の程度は過度に大きい。以上より，「営業停止処分を行うことが著しく不合理であると認められる」（本件基準３(3)）ため，Ｙ県公安委員会は，本件処分よりも軽い処分を出さなければならない。にもかかわらず，本件処分を出しているから，本件処分は，社会通念上，裁量権の逸脱が認められる場合といえ，違法となる。

２　以上を，Ｘは主張すべきである。　以　上

● 裁量処分の取消しに関する規範が不正確である。小田急高架訴訟本案判決（最判平18.11.2／百選Ⅰ［第７版］〔75〕）が「重要な事実の基礎を欠くこととなる場合……等によりその内容が社会通念に照らし著しく妥当性を欠くものと認められる場合に限り，裁量権の範囲を逸脱し又はこれを濫用したものとして違法となる」としているように，「重要な事実の基礎を欠くこと」は，裁量権の逸脱・濫用を認めるための１要素にすぎず，裁量権の逸脱・濫用と同列に扱うべきものではない。

● 具体的に事実を摘示した上で評価を加えることができている点は良いが，「信義則や平等原則の観点」（出題趣旨参照）から裁量権の逸脱・濫用の有無を検討することができておらず，出題趣旨に十分に合致するとはいえない。なお，本答案は，「経営基盤が盤石とはいえない飲食業において，営業停止命令が出されただけでも，風評等により，Ｘが廃業するおそれがあることからすると，本件処分の不利益の程度は過度に大きい」としているが，そのように考えると，飲食業において営業停止処分を行うことは極めて限られることとなり，風営法の目的を十分に達成することが困難になるとも思われる。

再現答案④　C評価（K・Mさん　順位583位）

第１　設問１
１　問題となる訴訟要件は，訴えの利益である。
２　まず，訴えの利益とは，処分の取消判決の効力（行政事件訴訟法（以下，「行訴法」）３２条１項，３３条１項）を得て，回復できる利益があり，取消訴訟をすることが争訟の解決において有効かつ適切であれば，訴えの利益が認められる。

Ｘは，次のように主張する。まず，取消判決を得れば，処分の取消しによってＸの営業を再開できるのであり，回復できる利益があり，取消訴訟をすることが，争訟の解決において有効かつ適切なので，訴えの利益が認められる。

もっとも，Ｙは，処分の取消訴訟の係属中に営業停止期間が満了したので，もはや，取消しによって回復できる利益はないと反論する。すなわち，停止期間の満了によって営業できるので，処分を取り消しても，現在の営業できている状態からは何も状態が変動しないので，処分の取消しによって，回復できる利益はないというのである。

しかし，処分の取消訴訟の係属中に営業停止期間が満了しても，なお，処分の取消判決の効力を得て，回復できる利益があり，取消訴訟をすることが，争訟の解決において有効かつ適切であれば，訴えの利益が認められる。

まず，営業停止期間が満了しても本件基準２の加重規定の「最近３年間に営業停止命令を受けた者」にＸはあたり得るので，本件処分の取消しをして，この加重規定に該当しないようにするという利益がＸにはあり，この利益獲得のためには，取消処分でしかできないことから，取消訴訟をすることが争訟の解決において有効かつ適切である。以上より，なお，本件では訴えの利益が認められる。

第２　設問２
１　手続上の違法性

本件処分は法３４条２項に基づくものであり，法４１条１項より，行政手続法（以下，「行手法」）１３条１項の聴聞手続をしなければならないところ，本件では，これはなされているので，この点での手続上の違法はない。

次に，本件処分は「不利益処分」（行手法２条４号，１４条１項）であって，同項より，理由提示が必要となる。そして，本件でも，処分の理由が提示されているが，本件の程度で十分な記載となるか。

そもそも，理由提示の趣旨は，不服申立ての便宜のためにあるところ，不服申立ての際にどの根拠条文に基づき，どのような事由に該当したのかが明確になっていなければ，理由提示として不十分であると解する。

本件では，処分の根拠法令が明示されており，処分発生の要件となる事実も記載されており，この要件は「営業所で２

● 出題趣旨によれば，「狭義の訴えの利益に関する一般論を展開」することを求めている。ここでは，狭義の訴えの利益（当該処分を取り消す実際上の必要性）の意義を端的に示した上で，営業停止期間が満了した後でも本件処分を取り消す実際上の必要性があるのか，行訴法９条１項かっこ書の該当性が問題となる旨論述できると良かった（再現答案②参照）。

● 本答案は，Ｙの反論として営業停止期間が満了していることを挙げているが，これは，先のコメントのとおり，行訴法９条１項かっこ書の該当性が問題となることを示すものにすぎず，設問１後段部分のＹの反論としては不適切である。ここでは，加重規定が法令ではなく処分基準（行政規則）にすぎないことから，Ｘは「法律上の利益」を有するとはいえない，といった反論をする必要があった。

● 出題趣旨によれば，不利益処分の理由提示の瑕疵について，判例（最

０歳未満のものに酒類……を提供すること」（法３２条３項，２２条６号）であるが，この記載でこの要件に該当することが十分に分かる。

以上より，根拠条文，どのような事由に該当したかが明確になっているので，理由提示として十分であるため，この点でも手続上の違法はない。

２　実体上の違法性

Ｘの違反事由は，酒類提供禁止違反（法３２条３項，２２条６号）であるため，本件基準別表⑽より，Ｂランクの量定に相当する。よって，本件基準３⑵に基づき，量定の加重減軽が行われる。そして，Ｂ店にかかる飲食店営業の全部を３か月間停止するという本件処分は，本件基準１より，Ｂランクの処分にあたり，Ｘはこれが重いと判断しているので，Ｘの主張としては，本件基準３⑵イに該当する事由が複数あり，⑶の要件を充足するので，営業停止処分が行われないことになるはずであると主張する。以下，この主張の当否を検討する。

まず，イ㈠には該当しない。なぜなら，Ｙがこのように反論するからである。年齢確認をしていたり，未成年者と成年者とを別のテーブルに分けていたとしても，隣同士のテーブルであれば，酒の回し飲みが起きることは確実に予想できる。そして，このような事を未然に防ぐようにという注意をあらかじめ，営業者Ａが従業員らにすることは可能であるため，「処分事由にかかる法令違反行為を防止できなかったことについて」注意義務違反がＡに認められ，過失が認められるからである。

次に，イ㈣には該当する。なぜなら，Ｘの配下のＢ店が，本件処分の原因事実の後に，酒類回し飲みを防ぐために，未成年者と成年者とでフロアを分けるといった改善措置を，自主的に行っているからである。

また，本件処分の原因事実の前，「最近三年間に処分事由にかかる法令違反行為を行ったことがない」ので，イ㈢に該当する。

以上より，処分を軽減すべき事由が複数ある。

そして，本件処分の原因事実は一件だけであり，また，自主的に改善策をつくっているため，営業停止処分を行うことまでは著しく不合理である。したがって，本件処分３⑶に該当し，営業停止処分を行ってはならなかった。

よって，本件で営業停止処分をした本件処分は違法である。

以　上

判平23.6.7／百選Ⅰ［第７版］〔120〕）を踏まえて論述することが求められている。上記判例は，当該事案の下で，いかなる理由に基づいてどのような処分基準の適用によって当該取消処分が選択されたのかを知ることができる程度の内容の理由提示を必要としているところ，本答案は，処分基準との関係に全く触れることなく，理由提示の瑕疵を否定している点で，著しく不当である。

● 出題趣旨によれば，「実体的瑕疵については，公安委員会がした営業停止処分が処分基準に即しているか否かを検討した上で，処分基準からの逸脱が裁量の逸脱・濫用を導くか否かについて検討する」ことが求められている。この点，本答案は，結論として「本件処分は違法である」としているが，その判断枠組み（再現答案②参照）が一切示されていない。そのため，単なる価値判断によって違法かどうかを判断していると誤解されても，やむを得ない。

ここでは，まず，本件処分を行うについて，Ｙ県公安委員会に裁量権が認められること，及びその逸脱・濫用（行訴30）が認められ，違法となることを指摘する必要がある。なお，具体的事実の摘示，及びその評価は良く検討できている。

平成29年

問題文

［行政法］

産業廃棄物の処分等を業とする株式会社Ａは，甲県の山中に産業廃棄物の最終処分場（以下「本件処分場」という。）を設置することを計画し，甲県知事Ｂに対し，廃棄物の処理及び清掃に関する法律（以下「法」という。）第１５条第１項に基づく産業廃棄物処理施設の設置許可の申請（以下「本件申請」という。）をした。

Ｂは，同条第４項に基づき，本件申請に係る必要事項を告示し，申請書類及び本件処分場の設置が周辺地域の生活環境に及ぼす影響についての調査の結果を記載した書類（Ａが同条第３項に基づき申請書に添付したもの。以下「本件調査書」という。）を公衆の縦覧に供するとともに，これらの書類を踏まえて許可要件に関する審査を行い，本件申請が法第１５条の２第１項所定の要件を全て満たしていると判断するに至った。

しかし，本件処分場の設置予定地（以下「本件予定地」という。）の周辺では新種の高級ぶどうの栽培が盛んであったため，周辺の住民及びぶどう栽培農家（以下，併せて「住民」という。）の一部は，本件処分場が設置されると，地下水の汚染や有害物質の飛散により，住民の健康が脅かされるだけでなく，ぶどうの栽培にも影響が及ぶのではないかとの懸念を抱き，Ｂに対して本件申請を不許可とするように求める法第１５条第６項の意見書を提出し，本件処分場の設置に反対する運動を行った。

そこで，Ｂは，本件申請に対する許可を一旦留保した上で，Ａに対し，住民と十分に協議し，紛争を円満に解決するように求める行政指導を行った。これを受けて，Ａは，住民に対する説明会を開催し，本件調査書に基づき本件処分場の安全性を説明するとともに，住民に対し，本件処分場の安全性を直接確認してもらうため，工事又は業務に支障のない限り，住民が工事現場及び完成後の本件処分場の施設を見学することを認める旨の提案（以下「本件提案」という。）をした。

本件提案を受けて，反対派住民の一部は態度を軟化させたが，その後，上記の説明会に際してＡが，(ｱ)住民のように装ったＡ社従業員を説明会に参加させ，本件処分場の安全性に問題がないとする方向の質問をさせたり意見を述べさせたりした，(ｲ)あえて手狭な説明会場を準備し，賛成派住民を早めに会場に到着させて，反対派住民が十分に参加できないような形で説明会を運営した，という行為に及んでいたことが判明した。

その結果，反対派住民は本件処分場の設置に強く反発し，Ａが本件処分場の安全性に関する説明を尽くしても，円満な解決には至らなかった。他方で，建設資材の価格が上昇しＡの経営状況を圧迫するおそれが生じていたことから，Ａは，本件提案を撤回し，説明会の継続を断念することとし，Ｂに対し，前記の行政指導にはこれ以上応じられないので直ちに本件申請に対して許可をするように求める旨の内容証明郵便を送付した。

これを受けて，Ｂは，Ａに対し，説明会の運営方法を改善するとともに再度本件提案をすることにより住民との紛争を円満に解決するように求める行政指導を行って許可の留保を継続し，Ａも，これに従い，月１回程度の説明会を開催して再度本件提案をするなどして住民の説得を試みたものの，結局，事態が改善する見通しは得られなかった。そこで，Ｂは，上記の内容証明郵便の送付を受けてから１０か月経過後，本件申請に対する許可（以下「本件許可」という。）をした。

Ａは，この間も建設資材の価格が上昇したため，本件許可の遅延により生じた損害の賠償を求めて，国家賠償法に基づき，甲県を被告とする国家賠償請求訴訟を提起した。

他方，本件予定地の周辺に居住するＣ１及びＣ２は，本件許可の取消しを求めて甲県を被告とする取消訴訟を提起した。原告両名の置かれている状況は，次のとおりである。Ｃ１は，本件予定地から下流側に約２キロメートル離れた場所に居住しており，居住地内の果樹園で地下水を利用して新種の高級ぶどうを栽培しているが，地下水は飲用していない。Ｃ２は，本件予定地から上流側に約５００メートル離れた場所に居住しており，地下水を飲用している。なお，環境省が法第１５条第３項の調査に関する技術的な事項を取りまとめて公表している指針において，同調査は，施設の種類及び規模，自然的条件並びに社会的条件を踏まえて，当該施設の設置が生活環境に影響を及ぼすおそれがある地域を対象地域として行うものとされているところ，本件調査書において，Ｃ２の居住地は上記の対象地域に含まれているが，Ｃ１の居住地はこれに含まれていない。

以上を前提として，以下の設問に答えなさい。

なお，関係法令の抜粋を**【資料】**として掲げるので，適宜参照しなさい。

〔設問１〕

Ａは，上記の国家賠償請求訴訟において，本件申請に対する許可の留保の違法性に関し，どのような主張をすべきか。解答に当たっては，上記の許可の留保がいつの時点から違法になるかを示すとともに，想定される甲県の反論を踏まえつつ検討しなさい。

〔設問２〕

上記の取消訴訟において，Ｃ１及びＣ２に原告適格は認められるか。解答に当たっては，①仮に本件処分場の有害物質が地下水に浸透した場合，それが，下流側のＣ１の居住地に到達するおそれは認められるが，上流側のＣ２の居住地に到達するおそれはないこと，②仮に本件処分場の有害物質が風等の影響で飛散した場合，それがＣ１及びＣ２の居住地に到達するおそれの有無については明らかでないことの２点を前提にすること。

【資料】

○　廃棄物の処理及び清掃に関する法律（昭和４５年法律第１３７号）（抜粋）

（目的）

第１条　この法律は，廃棄物の排出を抑制し，及び廃棄物の適正な分別，保管，収集，運搬，再生，処分等の処理をし，並びに生活環境を清潔にすることにより，生活環境の保全及び公衆衛生の向上を図ることを目的とする。

（産業廃棄物処理施設）

第１５条　産業廃棄物処理施設（廃プラスチック類処理施設，産業廃棄物の最終処分場その他の産業廃棄物の処理施設で政令で定めるものをいう。以下同じ。）を設置しようとする者は，当該産業廃棄物処理施設を設置しようとする地を管轄する都道府県知事の許可を受けなければならない。

２　前項の許可を受けようとする者は，環境省令で定めるところにより，次に掲げる事項を記載した申請書を提出しなければならない。

一～九　（略）

３　前項の申請書には，環境省令で定めるところにより，当該産業廃棄物処理施設を設置することが周辺地域の生活環境に及ぼす影響についての調査の結果を記載した書類を添付しなければならない。（以下略）

４　都道府県知事は，産業廃棄物処理施設（中略）について第１項の許可の申請があつた場合には，遅滞なく，第２項（中略）に掲げる事項，申請年月日及び縦覧場所を告示するとともに，同項の申請書及び前項の書類（中略）を当該告示の日から１月間公衆の縦覧に供しなければならない。

５　（略）

６　第４項の規定による告示があつたときは，当該産業廃棄物処理施設の設置に関し利害関係を有する者は，同項の縦覧期間満了の日の翌日から起算して２週間を経過する日までに，当該都道府県知事に生活環境の保全上の見地からの意見書を提出することができる。

（許可の基準等）

第１５条の２　都道府県知事は，前条第１項の許可の申請が次の各号のいずれにも適合していると認めるときでなければ，同項の許可をしてはならない。

一　その産業廃棄物処理施設の設置に関する計画が環境省令で定める技術上の基準に適合していること。

二　その産業廃棄物処理施設の設置に関する計画及び維持管理に関する計画が当該産業廃棄物処理施設に係る周辺地域の生活環境の保全及び環境省令で定める周辺の施設について適正な配慮がなされたものであること。

三　申請者の能力がその産業廃棄物処理施設の設置に関する計画及び維持管理に関する計画に従

つて当該産業廃棄物処理施設の設置及び維持管理を的確に，かつ，継続して行うに足りるものとして環境省令で定める基準に適合するものであること。

四　（略）

２～５　（略）

○　廃棄物の処理及び清掃に関する法律施行規則（昭和４６年厚生省令第３５号）（抜粋）

（生活環境に及ぼす影響についての調査の結果を記載した書類）

第１１条の２　法第１５条第３項の書類には，次に掲げる事項を記載しなければならない。

一　設置しようとする産業廃棄物処理施設の種類及び規模並びに処理する産業廃棄物の種類を勘案し，当該産業廃棄物処理施設を設置することに伴い生ずる大気質，騒音，振動，悪臭，水質又は地下水に係る事項のうち，周辺地域の生活環境に影響を及ぼすおそれがあるものとして調査を行つたもの（以下この条において「産業廃棄物処理施設生活環境影響調査項目」という。）

二　産業廃棄物処理施設生活環境影響調査項目の現況及びその把握の方法

三　当該産業廃棄物処理施設を設置することが周辺地域の生活環境に及ぼす影響の程度を予測するために把握した水象，気象その他自然的条件及び人口，土地利用その他社会的条件の現況並びにその把握の方法

四　当該産業廃棄物処理施設を設置することにより予測される産業廃棄物処理施設生活環境影響調査項目に係る変化の程度及び当該変化の及ぶ範囲並びにその予測の方法

五　当該産業廃棄物処理施設を設置することが周辺地域の生活環境に及ぼす影響の程度を分析した結果

六　大気質，騒音，振動，悪臭，水質又は地下水のうち，これらに係る事項を産業廃棄物処理施設生活環境影響調査項目に含めなかつたもの及びその理由

七　その他当該産業廃棄物処理施設を設置することが周辺地域の生活環境に及ぼす影響についての調査に関して参考となる事項

出題趣旨

設問１は，産業廃棄物処理施設の設置許可の申請に対し，知事が許可を留保した上で，周辺住民との紛争を調整する行政指導を行った事例について，国家賠償法上の違法性の検討を求めるものである。

マンションの建築確認を留保して周辺住民との紛争を調整する行政指導を行った事案である最判昭和６０年７月１６日民集３９巻５号９８９頁を踏まえ，行政指導が継続されている状況の下で許可の留保が違法になる要件として，申請者において許可を留保されたままでの行政指導にはもはや協力できないとの意思を真摯かつ明確に表明したこと，及び，申請者が受ける不利益と行政指導の目的とする公益上の必要性とを比較衡量して，申請者の行政指導への不協力が社会通念上正義の観念に反するといえるような特段の事情がないことの二つを適切に示すことが求められる。

その上で，問題文中に示された事実を適切に上記の要件に当てはめて，許可の留保の違法性を主張することが求められる。具体的には，真摯かつ明確な意思の表明に関する事情として，内容証明郵便の送付が挙げられる。次に，特段の事情の有無に関わる事情として，①Ａの受ける不利益（建設費用の高騰による経営の圧迫），②行政指導の目的とする公益（周辺住民との十分な協議による紛争の円満解決），③社会通念上正義の観念に反する事情（説明会におけるＡの不誠実な対応やＡが示した譲歩策の撤回）が挙げられる。これらの事実を示した上で説得力ある主張を展開することが求められる。なお，上記①及び③の事情については，意思表明の真摯性と関係付けて論じることも考えられる。

設問２は，付近住民が産業廃棄物処理施設の設置許可に対する取消訴訟を提起した場合に，原告適格が認められるか否かを問うものである。「法律上の利益」の解釈を踏まえ，行政事件訴訟法第９条第２項の考慮要素に即して，関係する法令の規定や原告らの置かれている利益状況を適切に考慮して，その有無を判断することが求められる。

まず，法令の趣旨・目的の検討については，廃棄物の処理及び清掃に関する法律第１条の目的規定に定める「生活環境の保全及び公衆衛生の向上」や第１５条第６項の定める利害関係者の意見提出権，第１５条の２第１項第２号の許可基準の定める「周辺地域の生活環境の保全」等が原告適格を基礎付ける要素に当たるか，また，同法施行規則第１１条の２が「周辺地域の生活環境に及ぼす影響」の調査を求めていることが原告適格を基礎付ける要素に当たるかを検討することが求められる。

次に，設置許可において考慮されるべきＣ１及びＣ２それぞれの利益の内容・性質について検討することが求められる。本件処分場がもたらす環境影響として，有害物質の飛散と地下水の汚染がもたらす健康被害や生業上の損害（農作物への被害）が考えられるが，これらの利益の内容及び性質（重要性や回復可能性等）や侵害の可能性を踏まえて判断することが求められる。

さらに，原告適格が認められる者の具体的範囲について，本件調査書における「対象地域」をどのように考慮し得るかが問題となる。近時の判例（最判平成２６年７月２９日民集６８巻６号６２０頁）では，本問と類似の事案において，具体的な権利侵害の証明がされない場合でも，対象地域内に居住すること等を考慮して原告適格が認められており，この判断を踏まえた検討がされることが望ましい。

MEMO

再現答案① A評価（T・Mさん 順位38位）

設問１

１ Ａは，本件申請に対する許可の留保は，ＡがＢに対し直ちに本件申請に対して許可をするように求める内容証明郵便を送った時点から，国家賠償法１条１項上「違法」となると主張することが考えられる。

２ これに対し，甲県側からは，Ａの不協力が正義の観念に反する特段の事情があるため，許可の留保は「違法」とならないとの反論が想定される。

ここで，申請に対する許可の留保及びこれに伴う行政指導が，いかなる場合に同法上「違法」となるのかが問題となる。

⑴ 行政指導は，相手方の任意の協力（行政手続法３２条１項）に基づく限り，違法とはならないのが原則である。

もっとも，相手方が行政指導に従う意思がない旨を表明したにもかかわらず，その者の権利行使を妨げるようなことをしてはならない（同法３３条）。そこで，①相手方が行政指導に従わない旨を明確に表明した場合には，②相手方の不協力が社会通念上正義の観念に反する特段の事情がない限り，申請に対する許可の留保及びこれに伴う行政指導は違法となると解する。

⑵ 本件についてこれをみると，Ａは，上記の内容証明郵便によって，行政指導に従わない旨を明確に表明している（①）。

確かに，Ａは，住民に対する説明会において，（ア）住民のように装ったＡ社従業員を参加させ，質問や意見をさせることで，本件処分場の安全性に問題がないとの方向に議論を誘導させている。また，（イ）あえて手狭な説明会場を準備し，賛成派住民を早めに会場に到着させるといった工作活動も行っている。こうした事情からは，Ａの不協力は正義の観念に反するとも思える。

しかし，（ア）については，説明会の進行の円滑のために，議論をある程度誘導することも社会通念上不相当とまではいえない。むしろ，こうした行為は，住民に対し本件処分場の安全性に問題がないことへの理解を得てもらおうという姿勢の表れとして，積極的な評価さえできる。また，（イ）についても，説明会を円滑に進行させるために必要なことであるし，反対派の住民の参加を拒否しているわけではない。

そして，Ａの住民に対する説明会の実施や本件提案は，終始一貫して住民の理解を得ようとする真摯な対応であり，Ａが最終的に行政指導への不協力に転じたとしても，社会通念上正義の観念に反する特段の事情があるとはいえない。

３ したがって，Ａは以上のような主張をすべきである。

設問２

Ｃ１及びＣ２は「法律上の利益を有する者」（行政事件訴訟法９条１項）にあたり，原告適格が認められないか。

１ 「法律上の利益を有する者」とは，当該処分によって自己の権利若しくは法律上保護された利益を侵害され，又は必然的に

● 本件申請に対する許可の留保がいつの時点から違法になるかを冒頭で明確に示しており，設問の指示に適切に従っている。

● 設問１の「想定される甲県の反論を踏まえ」るという指示にも忠実に従っている。

● 本答案は，行政指導が継続されている状況下で許可の留保が違法になる要件として，判例（最判昭60.7.16／百選Ⅰ［第７版］〔124〕）を踏まえ，２つの要件を示すことができており，出題趣旨に合致する。もっとも，②の要件については，「申請者が受ける不利益と行政指導の目的とする公益上の必要性とを比較衡量」して判断するという要件も指摘すべきであった。

● 出題趣旨によれば，特段の事情の有無に関わる事情として，「①Ａの受ける不利益（建設費用の高騰による経営の圧迫），②行政指導の目的とする公益（周辺住民との十分な協議による紛争の円満解決），③社会通念上正義の観念に反する事情（説明会におけるＡの不誠実な対応やＡが示した譲歩策の撤回）」などを挙げることができる。本答案は，上記③については設問の指示どおりＡ側に立った検討ができているが，上記①②については検討できていない。これは，規範定立において，比較衡量の視点に言及できなかったためであると考えられる。

侵害されるおそれのある者をいう。

そして，法律上保護された利益といえるかどうかは，当該処分の根拠法令が，不特定多数人の具体的利益を専ら一般的公益として吸収解消させるにとどめず，それが帰属する個々人の個別的利益としてもこれを保護する趣旨を含むかどうかによって判断する。

2　以下，C１及びC２のそれぞれにつき検討する。

(1)　C１

ア　C１の求めている利益は，自己の栽培する果樹が，本件処分場から有害物質が地下に漏れ出すことによって被害を受けない利益である。

本件許可の根拠法令である法１５条１項は，産業廃棄物処理施設を設置しようとする者は都道府県知事の許可を得なければならない旨規定する。そして，同条２項の申請書には，周辺地域に影響を及ぼすおそれに関する調査結果を記載しなければならない（同条３項，法施行規則１１条の２第５号）。そのため，法１５条１項は，周辺地域の生活環境，特に地下水に係る環境利益について（法施行規則１１条の２第１号参照），特別の配慮をしていると解される。

また，果樹園の経営に関する利益は，憲法２２条１項，２９条１項によっても保護される重要な利益であるところ，本件処分場から有害物質が漏れ出すと，日々被害が反復継続して蓄積されることで，重大な損害をもたらすおそれがある。

そこで，本件処分場から有害物質が地下水に漏れ出すことによって，著しい被害を直接受けるおそれのある者は，法律上保護された利益を必然的に侵害されるおそれがあると解する。

なお，環境省が公表している指針は，あくまで行政内部の基準にすぎず，当該指針に従えば法施行規則１１条の２第１号の「周辺地域」に居住地が含まれるか否かは，直ちには原告適格の有無の判断に影響しないと解すべきである。

イ　C１は，本件処分場から下流側に約２キロメートル離れた居住地において，地下水を利用して果樹園を経営している。そのため，本件処分場から有害物質が地下水に漏れ出すことによって，著しい被害を直接受けるおそれがある。

ウ　したがって，C１は「法律上の利益を有する者」にあたり，原告適格が認められる。

(2)　C２

ア　C２の求めている利益も，C１同様，本件処分場からの有害物質の漏出によって，健康を害されない利益である。

健康を害されない利益は，高次的で重要な利益であり，C１同様，被害の反復継続により重大な損害が生じるおそれがある。

そこで，本件処分場から有害物質が地下水に漏れ出すこと

●　出題趣旨によれば，原告適格の有無を判断するに当たっては，「『法律上の利益』の解釈を踏まえ，行政事件訴訟法第９条第２項の考慮要素に即して……適切に考慮」することが求められている。本答案は，「法律上の利益」の解釈を的確かつ端的に示すことができているが，同法９条２項に関して明確に言及できていない。

●　法15条について，具体的な検討がなされている。もっとも，出題趣旨では，法１条（目的規定）や法15条６項（利害関係者の意見提出権），法15条の２第１項２号（許可基準の「周辺地域の生活環境の保全」という定め）等が，原告適格を基礎付ける要素に当たるか等についても検討することが求められていた。

●　出題趣旨は，本件調査書における「対象地域」をどのように考慮し得るかについて，判例（最判平26.7.29／H26重判〔３〕，本問と類似の事案において，具体的な権利侵害の証明がされない場合でも，対象地域内に居住すること等を考慮して原告適格を認めた）の判断を踏まえた検討が望ましいとされている。本答案は，「指針に従えば法施行規則11条の２第１号の『周辺地域』に居住地が含まれるか否かは，直ちには原告適格の有無の判断に影響しない」と言及はしているものの，具体的な検討がなされておらず，上記判例を踏まえた検討ができているとは言い難い。

によって，著しい被害を直接受けるおそれのある者は，原告適格が認められると解する。

イ　Ｃ２は，本件処分場の上流側に居住し，地下水の利用によっても著しい被害を直接受けるおそれはない。

ウ　したがって，Ｃ２に原告適格は認められない。

以　上

※　実際の答案は４頁以内におさまっています。

●　Ｃ２の原告適格の有無について，「本件処分場から有害物質が地下水に漏れ出すことによって，著しい被害を直接受けるおそれ」があるか否か，という基準に従い，具体的な検討がなされている。もっとも，出題趣旨によると，本問では，地下水の汚染のほか，有害物質の飛散による健康被害についても検討することが求められていたところ，本答案はこれについて言及することができていない。

また，本問は，判例（最判平26.7.29／H26重判〔3〕）からすると，「対象地域」に居住しているＣ２には原告適格が認められるとも考えられるため，この点についての配慮があれば，なお良かったといえる。

MEMO

再現答案② A評価（N・Yさん 順位120位）

第１　設問１
１　本件における２回目の許可の留保は行政手続条例（以下，行手条例という。）３３条に違反し違法でないか。なお，本件は甲県知事という地方公共団体が行っている行政指導に当たり，行政手続法３条３項本文より適用除外となるため，行手条例が適用される。
２⑴　では，許可の留保はいかなる場合において違法となるか。
⑵　そもそも，行手条例７条においては，申請に対する応答義務を定めるところ，原則として申請の許可を留保することは考えられない。しかしながら，行政指導という緩やかな手段を用いている点に鑑みると，一定程度許容することも考えられる。そこで，もはや行政指導に応ずる意思がないことを明確に表明したにもかかわらず，許可の留保を行うことは原則として違法である。もっとも，許可の留保によって被る申請者の不利益と，これを行う行政庁側の公益上の利益を総合考慮した上で，許可の留保を行わないことが社会正義の観念に反するような特段の事情がある場合には，例外的に許可の留保は適法となる。
⑶ア　本件では，説明会を行った後にＡは行政指導にこれ以上応じられないと内容証明郵便にてＢに意思表示しており，行政指導に応ずる意思がないことを明確に表明している。よって，これ以降の許可の留保の継続は原則として違法である。
イ（ア）そして，特段の事情の有無についてみるに，Ｂの反論として，説明会においては，Ａは住民のように装った従業員を参加させ，Ａに有利になるよう働きかけを行っており，また，あえて手狭な説明会場を準備し反対住民を十分に参加させないようにさせている。これらをみるに，Ａ社が被る不利益に対して，公益を大きく侵害しているため，社会正義の観念に反する特段の事情があると反論する。
（イ）これに対し，Ａとしては，建築資材の価格が上昇しており，Ａの経営状況を圧迫するというＡに大きな不利益があることを主張し，説明会の不備については，一応の説明会を開催したのだからそれほど大きな公益の侵害はないと主張する。よって，社会正義の観念に反する特段の事情はない。
３　したがって，原則通り本件許可の留保は違法である。
第２　設問２
１　Ｃ１及びＣ２に原告適格（行政事件訴訟法（以下，行訴法という。）９条）は認められるか。
２⑴　「法律上の利益」（行訴法９条１項）とは，自己の権利もしくは法律上保護された利益を侵害され，または必然的に侵害されるおそれのあるものをいう。法律上保護された利益とは，当該処分を定めた行政法規が，不特定多数人の具体的利益を専ら一般的公益に吸収解消させるにとどめず，これが帰属する個々人の個別的利益としても保護する趣旨を有する場合には，これにあたるとする。そして，かかる判断において行訴法９条

● 本問で直接問題となっているのは，「本件申請に対する許可の留保の違法性」であり，行政指導の違法性ではない。そして，本件申請に対する許可は，廃棄物の処理及び清掃に関する法律を根拠とするものであるため，行政手続法の適用がある（同法３Ⅲかっこ書参照）。

● 本問では行政手続法７条は問題とならない。すなわち，本問では，「Ｂは，……許可要件に関する審査を行」ったとされているため，遅滞なく申請の審査を開始しているといえる。したがって，遅滞なく申請の審査を開始すべき旨を定める行政手続法７条に違反しているとはいえない。
　しかし，本答案は，行政指導が継続されている状況下で許可の留保が違法になる要件として，判例（最判昭60.7.16／百選Ⅰ［第７版］〔124〕）を踏まえた規範を示すことができており，この点で，出題趣旨に合致する。

● 出題趣旨によれば，特段の事情の有無に関わる事情として，「①Ａの受ける不利益（建設費用の高騰による経営の圧迫），②行政指導の目的とする公益（周辺住民との十分な協議による紛争の円満解決），③社会通念上正義の観念に反する事情（説明会におけるＡの不誠実な対応やＡが示した譲歩策の撤回）」などが挙げられる。本答案は，①～③のいずれも検討できており，出題趣旨に合致する。

● 出題趣旨によれば，原告適格の有無を判断するに当たっては，「『法律上の利益』の解釈を踏まえ，行政事件訴訟法第９条第２項の考慮要素に即し」た判断が求められていた。本答案は，『法律上の利益』の意義を示した上で，その判断基準を正確に摘示しており，行政事件訴訟法９条

２項の考慮要素を用いる。
(2)　Ｃ１について
ア　Ｃ１は地下水については飲用水としてはいないものの，ぶどうを栽培するために用いており，安全なぶどうを栽培するという利益が侵害される。
イ　これが，一般的公益として保護されているかみるに，本件は法１５条１項に基づき各項の要件を踏みながら許可を出している。また，その基準は法１５条の２に基づいている。そして，法１５条３項は周辺地域の生活環境に及ぼす影響についての調査書類の添付を要求しており，法１５条の２の基準は第２号で周辺地域の生活環境の保全を要件としている。また，法１５条６項は，周辺住民による生活環境の保全上の見地からの意見書を許容している。これらから，法は周辺住民の生活環境の保全の利益を保護しているといえる。よって，ぶどうの栽培を安全に行う利益も周辺住民の環境保全の一部であり，これが一般的公益として保護されているといえる。
ウ　次に，これが個別的にも保護されているかみるに，行訴法９条２項を勘案する。ぶどうの栽培を安全に行う利益は，これを販売することによって営業上の利益を得る財産的利益である。財産的利益は個別性が弱い。もっとも，委任のされていない行政規則である廃棄物の処理……施行規則（以下，本件規則という。）１１条の２によると，大気質による環境の影響についても加味しているものといえる。したがって，これによる不利益は一応保護されているといえる。よって，風等による不利益がある可能性があり，これが本件調査書のいう対象地域に入っている場合には，ぶどうを安全に栽培する自由は個別的にも保護されているといえる。
　本件についてみるに，Ｃ１の地域については風等が到達するおそれの有無は明らかでないものの，一応不利益がある可能性がある。しかしながら，Ｃ１は本件調査書のいう生活環境に影響を及ぼすおそれの対象地域に含まれておらず，これは満たさない。
エ　よって，個別的に保護されているといえず，原告適格は満たさない。
(3)　Ｃ２について
ア　Ｃ２は飲料水を飲用しており，健康上の不利益がある。
イ　これが一般的公益として保護されているかをみるに，前述のとおり，法は周辺住民の生活環境の保全を保護している上，法の趣旨を勘案するため本件規則をみると，地下水による不利益を考慮しており，法１条においても生活環境の保全及び公衆衛生の向上を掲げている。これらから，法は周辺住民の生活環境の保全及び公衆衛生の向上を保護しているといえる。そして，健康は生活環境や公衆衛生に関連するものであるから，健康上の不利益は一般的公益として保護される。

２項についても言及できているため，出題趣旨に合致する。

● 出題趣旨に挙げられている，法15条６項や同15条の２第１項２号等を摘示しながら，法令の目的・趣旨を検討できており，出題趣旨に沿う。もっとも，本答案は，Ｃ１の主張する利益を「安全なぶどうを栽培するという利益」とし，これは「一般的公益として保護されている」としているが，法が保護する生活環境保全の利益の中にこのような農業経営に関する利益まで含まれるかは，疑問である。
　なお，処分の名宛人以外の第三者の原告適格を論じるに当たっては，①処分の根拠法規が，②原告の主張する被侵害利益を，③個別的利益として保護する趣旨を含むか（一般的公益として保護されるかどうかは検討しなくてよい），④どの範囲の者が原告適格を有するかを検討するのが一般的である（平成28年司法試験出題趣旨（行政法）参照）。

● 本答案は，有害物質の飛散に伴う不利益について検討することができており，この点では出題趣旨に合致する。もっとも，出題趣旨では，有害物質の飛散等により侵害された利益の回復可能性についての言及も求められていたといえるが，本答案は，この点について言及できていない。また，地下水の汚染による不利益の有無についても言及できていない。なお，法施行規則は，法15条３項による委任があるため，「委任のされていない行政規則である」との記述は誤りである。

ウ　では，これが個別的利益として保護されるか。健康上の不利益は，人の生命身体に関わるものでこれは高次の利益であり，個別性の高いものである。また，法は，地下水による健康上の害悪を考慮している。そうすると，周辺住民であれば，その健康上の不利益は保護されているといえる。

　本件についてみるに，Ｃ２は５００ｍという近くに居住しており，周辺住民である。また，Ｃ２は飲料水として飲まれていることからいっても，健康上の不利益はある。よって，Ｃ２の健康上の不利益は個別的にも保護されているといえる。

エ　よって，Ｃ２には原告適格がある。

以　上

※　実際の答案は４頁以内におさまっています。

● 地下水の汚染により侵害される利益の性質について検討できており，この点では出題趣旨に合致する。これに加え，有害物質の飛散についても言及できると，なお良かった。

● 「有害物質が地下水に浸透した場合，……上流側のＣ２の居住地に到達するおそれはない」という，問題文で示された前提を見落としている。また，判例（最判平26.7.29／H26重判〔3〕）にも言及することができていない。

MEMO

再現答案③　B評価（M・Hさん　順位40位）

第１　設問１
１　Ａのすべき主張について
⑴　国家賠償法１条１項の「違法」は，公権力行使はその法規適合性が重要であるから，その行為を基準に判定すべきで，具体的にはその行為が職務上履行すべき注意義務に反した場合にこれを「違法」というべきである。
　そして，特に行政指導（行政手続法２条６号）は，「相手方の任意の協力によってのみ実現される」（同法３２条１項）ことを考えれば，行政指導に対して，その不服従の旨を真摯に表明した後は，原則として行政指導の継続は許されず，それ以降の行政指導は国家賠償法上「違法」というべきである。
⑵　本件においても，Ａは最初に行政指導を受けてから，住民への説明会や本件提案など，地元住民の理解が得られるよう方策を尽くしていたのであり，それが奏功しなかったため，これ以上本件行政指導に従えない旨の通知を内容証明郵便で甲県に送付したのであるから，真摯に不服従の旨を表明したといえる。
⑶　よって，この内容証明郵便送付以降，１０か月に渡って本件行政指導を継続したことは，国家賠償法上「違法」である。
２　想定される反論について
⑴　公法関係とはいえ，権利の濫用を許すべきでない。行政指導の継続が原則として禁止される場面であっても，そもそも行政指導への不服従が社会通念上著しく正義に反する場合には，例外的に行政指導の継続が許されるというべきである。
⑵　本件においても，Ａが地元住民のために行った説明会の実際は，Ａのサクラを参加させ，意見を述べさせたのであり，これはＡの手によって偽りの地元住民の民意を創出したに等しい。また，あえて手狭な会場を使用して本来説明をなすべき住民を締め出したともいえる。これでは地元住民との紛議解決という正当な目的の行政指導に対し，これに対する実質的な取り組みをしたとはいえない。それにもかかわらず，本件行政指導に対し服従しないのは，著しく社会正義に反するものというべきである。
⑶　よって，本件では例外的に行政指導への継続が許容され，国家賠償法上「違法」の問題を生じない。
３　以上を受けて考えられる主張について
⑴　確かに，Ａが地元住民への説明会で以上の不正を行ったことは否定できない。しかし，あくまで行政指導の目的は地元住民との紛議解決にある以上，かかる目的への努力が十分尽くされた段階になれば，その指導への不服従が社会通念上著しく正義に反するものとはいえないというべきである。
⑵　本件でも，確かに内容証明郵便送付時においては，Ａにおいて十分に地元住民との紛議解決への努力がなされていたとはいえない。しかしその後，月１回のペースでＡが住民の説得を試みているのであり，結果として事態の改善する見通しが得られ

●　国賠法上の「違法」性の判断基準を挙げているものの，結局答案上でこの判断基準を用いた当てはめは行われていない。そのため，判断基準を挙げた意味がなくなっている。

●　設問１の問題文は，「許可の留保の違法性に関し，どのような主張をすべきか」となっているため，設問１で問題とすべきは行政指導継続の違法性ではなく，確認処分を留保することの違法性であったといえる。本答案は設問１の意図を正確に把握できておらず，その結果，以降の記述についても出題趣旨からのズレが生じている。
　なお，出題趣旨で言及されている判例（最判昭60.7.16／百選Ⅰ［第７版］〔124〕）で問題となったのも，行政指導の継続ではなく，行政指導が行われているとの理由で確認処分を留保することの違法性である。

●　判例（最判昭60.7.16／百選Ⅰ［第７版］〔124〕）は，「社会通念上正義の観念に反するものといえる」か否かについては，「建築主が受ける不利益と右行政指導の目的とする公益上の必要性とを比較衡量して」判断するという判断基準を採用しているため，答案上でもこのような判断基準を示すべきであった。
　また，当てはめでもＡが「受ける不利益」に言及すべきである。

●　本答案が指摘する，「月１回のペースでＡが住民の説得を試みている」というＡの行為は，内容証明郵便による不服従の旨の意思表明後，再度なされたＢの行政指導にＡが従った

なかったのである。とすれば，かかる説明会を行い，地元住民との決裂が決定的になった以降の段階においては，もはやAにおいて求めうる努力は尽くされたものといえる。よって，この時点以降においては，Aが行政指導に従わなかったとしても社会通念上著しく不正義であるとはいえない。

(3) 以上より，内容証明郵便の発送ののち，Aと地元住民との決裂が決定的になった段階以降は，本件行政指導の継続は「違法」というべきである。

第２　設問２

１　Ｃ１，Ｃ２に原告適格が認められるには，本件処分の取消しについて「法律上の利益を有する」（行政事件訴訟法９条１項）ことを要する。「法律上の利益」とは，法律上保護された利益をいい，法律上保護された利益は，当該利益につき，処分の根拠法令が，これを一般的公益に吸収させ得ぬものとして個別に保護しているといえる場合に認められると解する。そして，その判断に際して，Ｃ１，Ｃ２は処分の相手方以外の第三者であるから，同条２項を基準とする。

２(1) まず，主張しうる被侵害法益として，Ｃ１は果樹園経営のために清潔な地下水を利用する権利，Ｃ２は生活用水として清潔な地下水を利用する権利を各々主張することが考えられる。

(2) この点について，法令の目的を検討すると，法１条は「生活環境を清潔にし」，これを「保全し」，なおかつ「公衆衛生の向上」を目的としている。もっとも，この文言からのみでは，公衆の生活環境を包括的に保護することを読み取れるのみで，個別に特定の利益を保護する趣旨は読み取れない。

しかし，法１５条３項，同法施行規則１１条の２第１号は，「地下水に関わる事項のうち，周辺地域の生活環境に影響を及ぼす」おそれがあるとして調査した事項についての報告義務を定め，また「土地利用その他社会的条件の現況」（同３号），さらに「周辺地域の生活環境に及ぼす影響の程度」についても報告させる（同５号）。これは，地下水を利用する周辺の住民や土地利用者について，既存の環境を享受する利益を保護する趣旨である。また，このことから考えれば，意見書の提出が許される「利害関係を有する者」（法１５条６項）とは，地下水を利用する周辺住民並びに土地利用者と解すべきであり，このことも以上の趣旨を裏付ける。

(3) 次に，本件処分によって侵害される権利の重要性並びにその回復困難の程度について，生活用水としての水，また農業などのための水を享受する権利は，それぞれ生存権（憲法２５条１項）や職業の自由（憲法２２条１項）といった人権の基礎となるもので，極めて重大な価値を有する。さらに，一度，産業廃棄物処理施設が置かれるなどして土壌が汚染されたとすれば，これを原状に復することは，大規模な土地改良などを要する。よって，その回復は極めて困難といえる。

結果行われたものである。そのため，この事情を考慮する場合，内容証明郵便の送付をもって，真摯かつ明確な不服従の意思の表明があったとしてよいかという疑問が生じる。

● 出題趣旨によれば，原告適格の有無を判断するに当たっては，「『法律上の利益』の解釈を踏まえ，行政事件訴訟法第９条第２項の考慮要素に即して……適切に考慮」することが求められている。本答案は，「法律上の利益」の判断基準を正確に摘示している点で，出題趣旨に合致する。

● 「法律上の利益」の判断に際しては，まずは処分の根拠法規を確認し，その後，「当該法令の趣旨及び目的」として法１条の目的規定等からうかがわれる法の趣旨・目的を検討すべきである。

● 本答案は，出題趣旨に挙げられている各条文を摘示しながら，法令の目的・趣旨を一応検討できており，出題趣旨に沿う。これに加え，法15条の２第１項２号（許可基準の「周辺地域の生活環境の保全」という定め）についても言及できると，さらに良かった。

● 考慮されるべき利益の内容・性質の検討において，農業などのための水を享受する利益の重要性や回復の困難性を論じることができており，「利益の内容及び性質（重要性や回復可能性等）」を踏まえた判断を求める出題趣旨に合致する。

(4)　これらを考慮すると，法は，産業廃棄物処理施設の設置により，現に利用する地下水の水質等によってその生活環境並びに土地の利用に重大な影響を被るおそれのある者に対し，清潔な地下水を利用する利益を個別に保護する趣旨であると解するべきである。

　この点，Ｃ１は，本件予定地の下流２キロで，地下水を利用して果樹園を営んでいる。もし本施設が汚染物質を排出すれば，下流で地下水を利用する果樹園はその果物の品質劣化等，重大な影響を被るといえる。よって，Ｃ１は「法律上保護された利益」を有するといえ，原告適格が認められる。

　一方，Ｃ２は，本件予定地の直近５００メートルに居住する者であるが，その位置は上流に位置し，汚染された地下水を利用するような事態には陥らない。その他にも，風などの影響で有害物質の飛散を受けるおそれについても明らかでない以上，Ｃ２は法が個別に保護する権利を特に有していないといえる。よって，「法律上保護された利益」を有さず，原告適格が認められない。

(5)　以上より，Ｃ１のみに原告適格が認められ，Ｃ２には認められない。

以　上

※　実際の答案は４頁以内におさまっています。

●　Ｃ１の居住地が法15条３項の調査の対象地域に含まれていないという問題文の事情について言及できていない。ここでは，判例（最判平26.7.29／H26重判〔３〕）を踏まえた上での検討が求められていた。

●　出題趣旨は，本件調査書における「対象地域」をどのように考慮し得るかについて，判例（最判平26.7.29／H26重判〔３〕，本問と類似の事案において，具体的な権利侵害の証明がされない場合でも，対象地域内に居住すること等を考慮して原告適格を認めた）の判断を踏まえた検討が望ましいとされている。そのため，Ｃ２の居住地は，有害物質等による影響の有無が明らかではないことのみから原告適格を否定するのではなく，同人の居住地が本件調査書の対象地域に含まれていることについても検討することが望まれていたといえるが，本答案はこの点について検討できていない。

MEMO

再現答案④　C評価（G・Sさん　順位477位）

第１　設問１
１　Ａは以下のように主張するべきである。
２(1)　まず，国家賠償法１条１項の「違法」とは，公務員の行為の法規適合性を重視するべきであるから，その行為に着目すべきである。そして，国家賠償訴訟は，損害の負担の帰属を決するという点で，行政行為の有効性を問題とする取消訴訟（行政事件訴訟法３条２項）とは制度趣旨を異にする。そこで，両者の違法性は相対的に考え，前記「違法」とは公務員が職務上尽くすべき注意義務を尽くさなかったことをいうと考える。

そして，行政指導を行って申請に対する応答を留保することについては，相手方が任意に応じているのであれば許容されるが，行政指導は事実行為であって何ら法的拘束力を伴うものではない。したがって，相手方が行政指導に従わない旨を真摯かつ明確に表示した場合，相手方に公序良俗に反するような特段の事情のない限り，その時点以降は，公務員が職務上尽くすべき注意義務を尽くさなかったとして，「違法」となる（行政手続法４６条，３３条参照）。

(2)　本件で，ＡはＢに対し，行政指導に応じられない旨を内容証明郵便をもって真摯かつ明確に表示している。このため，これがＢに到達した以降は，Ｂは本件申請に対する許可をなし得たといえる。したがって，これが到達してから本件許可がなされるまでの１０か月間については，Ｂの留保に「違法」があったといえる。

これに対し，Ｂは，（ア）Ａが住民に対する説明会において住民のように装ったＡ社従業員を説明会に参加させ，Ａに有利な質問をさせたことや，（イ）あえて手狭な説明会場を準備し，賛成派住民を早めに会場に到着させ，反対派住民が十分に参加できないような形で説明会を運営していたことが，前記特段の事情にあたり，Ｂの留保は「違法」ではないと反論しうる。

しかし，そもそもＡには，本件申請に対する応答の留保に応じなければならない法的根拠がなかった。また，本件処分場については，法１５条の２第１項各号の要件を満たしており，本件申請の段階でＢは許可（１５条１項）をすべき状況にあった。このため，前記（ア），（イ）が多少不相当なものであるとしても，公序良俗に反するとまではいえず，Ｂの留保を肯定すべき特段の事情はなかった。

(3)　以上より，ＡのＢに対する行政指導に従わない旨の表示がＢに到達した時点以降，本件許可がなされるまでの１０か月間については，Ｂは職務上尽くすべき注意義務を尽くさなかったとして，「違法」となる。

第２　設問２

● 本問で問われているのは，「本件申請に対する許可の留保の違法性」に関するＡの具体的な主張であり，国家賠償法１条１項の解釈に関する一般論を展開する必要はない。

● 行政指導が継続している状況下での許可の留保が違法になる要件について，判例（最判昭60.7.16／百選Ⅰ［第７版］〔124〕）を意識していることはうかがえるものの，規範が不正確である。

● 本答案は，真摯かつ明確な意思の表明に関する事情として，「内容証明郵便の送付」を指摘できている点で，出題趣旨に合致する。

● 本問においても，前記判例（最判昭60.7.16／百選Ⅰ［第７版］〔124〕）においても，問題となっているのは，一度任意に行政指導に応じ，許可の留保を承諾した者が，その後において前言を翻した場合の処理である。そのため，ここで「応答の留保に応じなければならない法的根拠がなかった」というのはこれまでの議論の前提を覆すものであり，反論として不適切である。また，「本件申請の段階でＢは許可（15条１項）をすべき状況にあった」というのであれば，本件申請時，すなわち，留保開始当初より留保を違法と

1　本件許可の名宛人でないＣ１及びＣ２に，本件の取消訴訟の原告適格が認められるためには，両者が「法律上の利益を有する者」（行政事件訴訟法９条１項）でなければならない。

⑴　「法律上の利益を有する者」とは，当該処分により自己の権利若しくは法律上保護された利益を侵害され，又は必然的に侵害されるおそれのある者をいう。

そして，当該処分を定めた行政法規が不特定多数者の具体的利益を専ら一般的公益に吸収・解消させるにとどめず，それが帰属する個々人の個別的利益としてもこれを保護すべき趣旨を含むと解される場合にも，法律上保護された利益を有する者にあたると解する。

それでは，Ｃ１，Ｃ２について，この法律上保護された利益を有する者にあたるか。同条２項に従い判断する。

⑵ア　本件で，Ｃ１は，ぶどう栽培という営業の利益を主張するものと考えられる。他方，Ｃ２は自らの生命・身体の安全を利益として主張すると解される。

イ　本件許可の根拠規定たる法１５条１項に際して前提となる申請書については，「周辺地域の生活環境に及ぼす影響」についての調査書類が添付されていなければならないことが規定されている（同条３項）。

また，同法の目的としては，「生活環境の保全及び公衆衛生の向上」が掲げられている（１条）。

さらに，１５条の２第１項２号は，「周辺地域の生活環境の保全」に配慮することを求めている。

以上より，法は，本件許可により直接の損害を被る者に対しては，その利益を法律上保護された利益として保護していると解される。

ウ　Ｃ１について，本件処分場による有害物質に混入した地下水がその居住地に到達するおそれがあり，本件許可により直接営業の利益が害されるおそれがあり，法律上保護された利益を有する。

他方，Ｃ２について，有害物質の混入した地下水がその居住地に到達するおそれはない。また，本件調査書の対象地域に含まれるとしても未だ具体性があるとはいえず，生命・身体の安全が直接に害されるとして法律上保護された利益を有するとはいえない。

2　以上より，Ｃ１には原告適格が認められ，Ｃ２には認められない。

以　上

するのが素直であるところ，本答案は，この点に何も触れないまま「行政指導に従わない旨の表示がＢに到達した時点」から違法になるとしており，論述に矛盾が生じている。

● 出題趣旨によれば，原告適格の有無を判断するに当たっては，「『法律上の利益』の解釈を踏まえ，行政事件訴訟法第９条第２項の考慮要素に即して……適切に考慮」することが求められている。本答案は，「法律上の利益」の解釈を的確かつ端的に示すことができている上に，行訴法９条２項の考慮要素に従い判断するとしており，出題趣旨に合致する。

● 本答案は，法１条（目的規定）や法15条の２第１項２号（許可基準の「周辺地域の生活環境の保全」という定め）等，出題趣旨に挙げられているいくつかの条文に言及しているものの，単に条文を羅列したのみにとどまり，法令の趣旨・目的や当該法令がどのような利益を保護しようとしているのか等の点について，具体的に論じられていない。

● Ｃ１の居住地が本件調査書の対象地域に含まれていない点について，指摘できていない。

● 出題趣旨によれば，「判例……では，本問と類似の事案において，具体的な権利侵害の証明がされない場合でも，対象地域内に居住すること等を考慮して原告適格が認められて」いるところ，本答案は，「本件調査書の対象地域に含まれるとしても未だ具体性があるとはいえ」ないこと等を理由に原告適格を否定しており，判例（最判平26.7.29／H26重判〔3〕）を踏まえた検討ができていない。

平成30年

問題文

［行政法］

Ｘは Ｙ県において浄水器の販売業を営む株式会社であるところ，Ｙ県に対して「Ｘが消費者に対して浄水器の購入の勧誘を執拗に繰り返している。」との苦情が多数寄せられた。Ｙ県による実態調査の結果，Ｘの従業員の一部が，購入を断っている消費者に対して，㈠「水道水に含まれる化学物質は健康に有害ですよ。」，㈡「今月のノルマが達成できないと会社を首になるんです。人助けだと思って買ってください。」と繰り返し述べて浄水器の購入を勧誘していたことが判明した。

そこでＹ県の知事（以下「知事」という。）は，Ｘに対してＹ県消費生活条例（以下「条例」という。）第４８条に基づき勧告を行うこととし，条例第４９条に基づきＸに意見陳述の機会を与えた。Ｘは，この意見陳述において，①Ｘの従業員がした勧誘は不適正なものではなかったこと，②仮にそれが不適正なものに当たるとしても，そのような勧誘をしたのは従業員の一部にすぎないこと，③今後は適正な勧誘をするよう従業員に対する指導教育をしたことの３点を主張した。

しかし知事は，Ｘのこれらの主張を受け入れず，Ｘに対し，条例第２５条第４号に違反して不適正な取引行為を行ったことを理由として，条例第４８条に基づく勧告（以下「本件勧告」という。）をした。本件勧告の内容は，「Ｘは浄水器の販売に際し，条例第２５条第４号の定める不適正な取引行為をしないこと」であった。

本件勧告は対外的に周知されることはなかったものの，Ｘに対して多額の融資をしていた金融機関Ａは，Ｘの勧誘についてＹ県に多数の苦情が寄せられていることを知り，Ｘに対し，Ｘが法令違反を理由に何らかの行政上の措置を受けて信用を失墜すれば，融資を停止せざるを得ない旨を通告した。

Ｘは，融資が停止されると経営に深刻な影響が及ぶことになるため，Ｙ県に対し，本件勧告の取消しを求めて取消訴訟を提起したが，さらに，条例第５０条に基づく公表（以下「本件公表」という。）がされることも予想されたことから，本件公表の差止めを求めて差止訴訟を提起した。

以上を前提として，以下の設問に答えなさい。

なお，条例の抜粋を【資料】として掲げるので，適宜参照しなさい。

〔設問１〕

Ｘは，本件勧告及び本件公表が抗告訴訟の対象となる「行政庁の処分その他公権力の行使に当たる行為」に当たることについて，どのような主張をすべきか。本件勧告及び本件公表のそれぞれについて，想定されるＹ県の反論を踏まえて検討しなさい。

〔設問２〕

Ｘは，本件勧告の取消訴訟において，本件勧告が違法であることについてどのような主張をすべきか。想定されるＹ県の反論を踏まえて検討しなさい（本件勧告の取消訴訟が適法に係属していること，また，条例が適法なものであることを前提とすること）。

【資料】

○　Ｙ県消費生活条例

（不適正な取引行為の禁止）
第２５条　事業者は，事業者が消費者との間で行う取引（中略）に関して，次のいずれかに該当する不適正な取引行為をしてはならない。
一～三　（略）
四　消費者を威迫して困惑させる方法で，消費者に迷惑を覚えさせるような方法で，又は消費者を心理的に不安な状態若しくは正常な判断ができない状態に陥らせる方法で，契約の締結を勧誘し，又は契約を締結させること。
五～九　（略）

（指導及び勧告）
第４８条　知事は，事業者が第２５条の規定に違反した場合において，消費者の利益が害されるおそれがあると認めるときは，当該事業者に対し，当該違反の是正をするよう指導し，又は勧告することができる。

（意見陳述の機会の付与）
第４９条　知事は，前条の規定による勧告をしようとするときは，当該勧告に係る事業者に対し，当該事案について意見を述べ，証拠を提示する機会を与えなければならない。

（公表）
第５０条　知事は，事業者が第４８条の規定による勧告に従わないときは，その旨を公表するものとする。

（注）Ｙ県消費生活条例においては，資料として掲げた条文のほかに，事業者が第４８条の規定による勧告に従わなかった場合や第５０条の規定による公表がされた後も不適正な取引行為を継続した場合に，当該事業者に罰則等の制裁を科する規定は存在しない。

出題趣旨

設問１は，Ｙ県消費生活条例（以下「条例」という）に基づく勧告と公表のそれぞれについて，その処分性（行政事件訴訟法第３条第２項にいう「行政庁の処分その他公権力の行使に当たる行為」への該当性）の有無の検討を求めるものである。

まず，最高裁判所昭和３９年１０月２９日判決（民集１８巻８号１８０９頁。大田区ゴミ焼却場事件）などで示された処分性の一般論を正しく説明し，処分性の有無を判定する際の考慮要素を挙げることが求められる。また，最高裁判所平成２０年９月１０日判決（民集６２巻８号２０２９頁。土地区画整理事業計画事件）などの近時の判例では，実効的な権利救済を図るという観点を考慮する場合もあるが，このような実効的な権利救済について指摘することは加点事由となる。

その上で，勧告の処分性については，「公表を受け得る地位に立たされる」という法効果が認められるか否か，条例第４９条に基づく手続保障の存在が処分性を基礎付けるか否か，勧告段階での実効的な救済の必要が認められるか否か，の３点について当事者の主張を展開することが求められる。

同様に，公表の処分性についても，公表のもたらす信用毀損等が法的な効果に当たるか否か，公表に制裁的機能が認められるか否か，公表に対する差止訴訟を認めることが実効的な権利救済の観点から必要か否か，の３点について当事者の主張を展開することが求められる。

設問２は，勧告に処分性が認められることを前提にした上で，勧告の違法性について検討を求めるものである。

まず，条例の文言の抽象性，侵害される権利利益の性質・重大性，専門的判断の必要性の３つを踏まえて，行政庁の裁量権が認められるか否かについて，当事者の主張を展開することが求められる。

次に，Ｘがした勧誘行為が条例第２５条に掲げる「不適正な取引行為」の類型に当てはまるか否かの検討が必要となる。具体的には，同条第４号にいう「威迫して困惑させること」，「迷惑を覚えさせること」，「心理的に不安な状態若しくは正常な判断ができない状態にすること」の３つの要件の該当性を検討することが求められる。

また，条例第４８条にいう「消費者の利益が害されるおそれ」の要件については，将来において違反行為が繰り返される可能性を踏まえて，その有無を検討することが求められる。

３つ目として，仮に要件該当性が認められるとしても，その効果として，勧告を行うことが比例原則に反するか否か，あるいは裁量権の逸脱・濫用に当たるか否かの検討が求められる。具体的には，前者については，比例原則に関する一般論を展開した上で，Ｘの違反行為の態様やその後の対応，Ｘが受ける不利益の程度を考慮に入れて当事者の主張を展開することが求められる。また，後者については，裁量権の逸脱・濫用に関する一般論を展開した上で，Ｘの違反行為の態様やその後の対応，Ｘが受ける不利益の程度を考慮に入れて当事者の主張を展開することが求められる。

MEMO

再現答案① A評価（A・Tさん 順位53位）

第1 設問1
1 本件勧告の処分性について
⑴ まず，「処分」（行政事件訴訟法（以下「行訴法」とする。）3条2項）とは，国または地方公共団体が行う行為のうち（①公権力性），その行為によって直接国民の権利義務を形成し又はその範囲を確定することが法律上認められているもの（②直接具体的な法効果性）である。
⑵ そして，本件勧告はＹ県知事が行ったものであり①を満たす。もっとも，Ｙ県から，勧告は行政指導であり，対外的に周知されることはないから，勧告によってＸは何ら不利益を受けることはないとして，②を満たさないとの反論が考えられる。
⑶ア ここで，たしかに，勧告は行政指導の一種として法的効果を持たないため処分性が否定されるのが原則である。もっとも，勧告であったとしても後の処分が行われることが相当程度確実であり，後の処分を争うことによっては権利救済が図れないといえる場合は，例外的に法効果性を認め処分性を肯定すべきである。
イ 本件では，本件勧告の後に公表が予定されており，勧告に従わなかった場合には公表が行われることが条文上定められており（Ｙ県消費生活条例（以下，「条例」とする）５０条），勧告の後に公表がなされることが相当程度確実であるといえる。また，公表がなされれば販売業を営んでいるＸとしては消費者からの信用が失墜し経営上大きな影響が考えられるし，信用を失墜すればＡ社から融資を停止すると通告されており，その場合経営が立ち行かなくなる可能性もある。そのため，公表がなされる前に勧告段階で争う必要性が高い。
したがって，本件勧告は法効果性を持つものであり，②を満たす。
⑷ よって，本件勧告に処分性が認められる。
2 本件公表について
⑴ 本件公表に「処分」性（行訴法2条7項）が認められるか。前述の規範に照らして検討する。
⑵ まず，公表もＹ県知事によってなされているから，①は満たす。もっとも，Ｙ県から本件公表は情報提供のためになされているものであり，懲罰的にされたものではないから②を満たさないとの反論が考えられる。
⑶ 本件では，たしかに，本件公表は消費者に対して違反した事業者を公表することで消費者に対する情報提供を行うものであり，懲罰的目的は認められないようにも思える。もっとも，消費者への情報提供の反面で公表された事業者は信用の低下などの不利益を被るし，条例上も公表以外の罰則・制裁規定がおかれていないことからしても，条例違反に対しては公表を罰則規定としていると考えられる。そのため，本件公表に懲罰的目的

● 本答案は，「地方公共団体が行う行為のうち……」と述べているが，判例（最判昭39.10.29／百選Ⅱ［第７版］〔148〕）は，処分性の定義について，「公共団体が行う行為のうち……」と判示しており，地方公共団体の行為に限定していない点に注意を要する。

● 本件勧告が行政指導（行手２⑥）にすぎず，法効果性が認められないのではないかという点や，本件勧告に周知性がない点を指摘して，適切にＹ県の反論を論じることができている。

● 出題趣旨によれば，勧告の処分性については，①「公表を受け得る地位に立たされる」という法効果が認められるか否か，②条例49条に基づく手続保障の存在が処分性を基礎付けるか否か，③勧告段階での実効的な救済の必要が認められるか否か，の３点について検討することが求められていた。
本答案は，上記②について検討できていないが，条例50条を摘示して，「公表を受け得る地位に立たされる」という法効果が認められるということを，「相当程度確実である」という判例（最判平17.7.15／百選Ⅱ［第７版］〔160〕）の表現を用いて上記①を検討できていることに加え，Ｘの現状を踏まえて上記③も検討することができている点で，出題趣旨に合致する。

● 出題趣旨によれば，公表の処分性については，①公表のもたらす信用毀損等が法的な効果に当たるか否か，②公表に制裁的機能が認められるか否か，③公表に対する差止訴訟を認めることが実効的な権利救済の観点から必要か否か，の３点について検討することが求められていた。

がないとはいえない。
また，他に罰則・制裁規定がおかれていない以上，公表の時点で争うことを認めなければ権利救済が全うできない。
したがって，本件公表は懲罰的にされたものであるため，②を満たす。
⑷ よって，本件公表に処分性が認められる。
第２ 設問２
１ まず，本件勧告には手続的な違法はないか検討する。もっとも，勧告に先立って意見陳述の機会（条例４９条）を与えているため，手続的側面に違法はない。
２ では，実体法上違法であるといえるか。Xに２５条４号違反があったといえるか。
⑴ まず，勧告を行うためには，条例２５条４号に当たることが必要である。そして，かかる条文において，「困惑させる方法」「迷惑を覚えさせるような方法」「心理的に不安な状態若しくは正常な判断ができない状態に陥らせる方法」といった抽象的な文言が使われており，かかる判断に当たっては消費者の目線に立った上で適切な判断が求められる以上，知事の専門的な判断が求められているといえ，知事に裁量が認められる。そのため，２５条４号にあたるとの判断に著しく不合理な点がある場合に限り，裁量の逸脱濫用となると考える。
⑵ 本件では，Xの従業員の一部とはいえ，詐欺的な勧誘

本答案は，上記①については詳細に検討できていないものの，上記②③については罰則等の制裁を科する規定が存在しないことを指摘して，詳細に検討することができており，出題趣旨に合致する。

● 出題趣旨によれば，設問２では，まず行政庁の裁量権が認められるか否かについて，①条例の文言の抽象性，②侵害される権利利益の性質・重大性，③専門的判断の必要性の３点から検討することが求められているところ，本答案は，上記②については言及できていないが，上記①③に言及することができている。

（㈠），同情を買って買わせるような発言（㈡）がなされており，不適切な方法による勧誘がなされていることは事実である。そのため，２５条４号に当たると判断した知事の判断には著しく不合理な点があるとはいえず，裁量の逸脱濫用は認められない。
３ では，意見陳述においてXの主張にも関わらず勧告がなされたことは違法であるとはいえないか。
⑴ まず，本件勧告を行うためには「消費者の利益が害されるおそれがあると認めるとき」（条例４８条）である必要がある。そして，「害されるおそれ」という文言は抽象的であるし，知事によって，どのような態様・方法で違反行為がなされたか検討しなければ勧告を行うことが妥当か判断することができないため，知事の裁量が認められているといえる。
そのため，「害されるおそれ」があるかどうかの判断に著しく不合理な点がある場合に限り裁量の逸脱濫用があると考える。
⑵ 本件では，たしかにXの従業員の一部によって違反行為が行われていたものの，勧誘を行ったのは従業員の一部であり，その後従業員に対しXは指導教育を行っている。とすれば，再発の可能性は低く，「害されるおそれ」が認められないと考える。しかし，従業員の一部によって違反行為が行われたという事実を重視し，一部の従業員により行われたこと，再発防止措

● 出題趣旨によれば，Xがした勧誘行為が条例25条に掲げる「不適正な取引行為」の類型に該当するかの検討に際しては，同条４号にいう「威迫して困惑させる」こと，「迷惑を覚えさせる」こと，「心理的に不安な状態若しくは正常な判断ができない状態」に陥らせることの３つの要件の該当性を検討することが求められていた。この点について，本答案は，抽象的に「不適切な方法による勧誘がなされていることは事実である」とするのみで，上記３つの要件の該当性を個別具体的に検討することができていない。

● 出題趣旨によれば，「条例第48条にいう『消費者の利益が害されるおそれ』の要件については，将来において違反行為が繰り返される可能性を踏まえて，その有無を検討することが求められる」ところ，本答案は，違反行為が再発する可能性や再発防止措置が採られていることを指

置が取られたことを考慮しなかった点に裁量の逸脱濫用が認められる。そのため，Xの主張を考慮せず勧告をしたことは違法である。

4　また，裁量権の範囲内の行為であっても比例原則は及ぶと考えられるところ，前述のようにXの違反行為が軽微なものであることからすれば，勧告までは行う必要がなかったといえ，過度な権限行使であり，この点にも裁量権の逸脱濫用が認められる。

5　よって，本件勧告は違法である。

以　上

※　実際の答案は4頁以内におさまっています。

摘して，これらの要素を検討できている点で，出題趣旨に合致する。

●　出題趣旨によれば，「仮に要件該当性が認められるとしても，その効果として，勧告を行うことが比例原則に反するか否か，あるいは裁量権の逸脱・濫用に当たるか否かの検討が求められる」ところ，本答案は，裁量権の逸脱・濫用の有無の検討と比例原則違反の有無の検討の双方をすることができている。

MEMO

再現答案② A評価（T・Hさん 順位254位）

第１ 設問１ 本件勧告について

１ 「行政庁の処分その他公権力の行使に当たる行為」（以下「処分」という。）とは，国又は地方公共団体が行う行為（公権力性）のうち，直接国民に権利義務を発生させ，又はその範囲を確定することが法律上認められているもの（法的効果性）をいう。

２ 以下，本件について検討する。

⑴ まず，本件勧告はＹ県の行政庁である知事によって，一方的になされており公権力性を有する。

⑵ Ｘは，本件勧告は直接Ｘに義務を課すものであるから「処分」にあたると主張する。

想定される反論として，本件勧告は「行政機関」たるＹ県が一定の行政目的を実現するため「一定の……不作為」を求める「勧告」であり，行政指導にあたるから（行政手続法２条６号），事実上の行為にすぎず，法的効果性を有しないというものが考えられる。

⑶ これに対して，Ｘは以下のように主張するべきである。

ア まず，知事が条例４８条による勧告をする際には，同４９条により事業者に対し，意見陳述の機会という不服申立ての手続が法定されている。これは，勧告が事業者に不利益を与える法的効果性を有するものであることを，条例が認める趣旨であると考えられる。

● 処分性の一般論について，判例（最判昭39.10.29／百選Ⅱ［第７版］〔148〕）の規範を正確に論述することができており，出題趣旨に合致する。

● 本件勧告が行政指導（行手２⑥）にすぎず，法効果性が認められないのではないかという点を指摘して，適切にＹ県の反論を論じることができている。ここでは，再現答案①のように，本件勧告に周知性がない点も指摘できれば，さらに効果的な反論になったと考えられる。

イ また，条例５０条によれば，同４８条の勧告がなされ，これに従わない者には，その旨が公表されることになっている。そして，Ｘは本件勧告自体に不服があり，Ｘがこれに従わなければ，ほぼ確実にかかる公表がなされる状況にある。

したがって，後述の通り，公表により重大な不利益がＸに生じることを考慮すれば，本件勧告の段階でその有効性を争わせる紛争の成熟性が認められ，本件勧告には法的効果性を有するといえる。

ウ よって，本件勧告は「処分」にあたる。

第２ 設問１ 本件公表について

１ 本件公表が「処分」にあたるかについて，前述の基準で検討する。

２ まず，公権力性が認められることについては争いがない。

３ Ｘは，本件公表にも法的効果性が認められ，「処分」にあたると主張するが，これに対して，Ｙは，公表は，行政庁のなす事実上の行為にすぎず，法的効果性を有しないと反論することが想定される。これに対して，Ｘは以下のように主張すべきである。

⑴ 本件公表は確かに，事実的行為にすぎないものの，一般に商品を販売する事業者にとっては，その信用が取引に際して重要な要素である。そして，事業者が行政上の措置に従わないとの公表がなされれば，事業者は著しい経済的不利益を被る。

また，実際に，Ｘは多額の融資をしている金融機関から行政

● 出題趣旨によれば，勧告の処分性については，①「公表を受け得る地位に立たされる」という法効果が認められるか否か，②条例49条に基づく手続保障の存在が処分性を基礎付けるか否か，③勧告段階での実効的な救済の必要が認められるか否か，の３点について検討することが求められていた。

本答案は，再現答案①では論じられていなかった上記②に関する論述がなされているだけでなく，条例50条を摘示して上記①について検討し，公表による重大な不利益を指摘して上記③を検討できている点で，出題趣旨に合致する。

● 出題趣旨によれば，公表の処分性については，①公表のもたらす信用毀損等が法的な効果に当たるか否か，②公表に制裁的機能が認められるか否か，③公表に対する差止訴訟を認めることが実効的な権利救済の

上の措置を受けて信用が失墜すれば融資を差し止められるとの通告を受けており，本件公表がなされれば，Ｘは経済的不利益を受け，事業の継続が不可能となる地位に立たされるといえるから，本件公表は法的効果を有するといえる。
(2)　よって，本件公表は「処分」にあたる。
第３　設問２
１　条例４８条違反について
　条例４８条は，「事業者が２５条各号の規定に違反」が違反した場合に勧告をすることができる旨を規定しているところ，Ｘは，従業員がおこなった(ア)水道水に含まれる物質は有害（以下「勧誘(ア)」）と(イ)人助けだと思って買ってください（以下「勧誘(イ)」）などの勧誘は，２５条４号には違反しない旨を主張することが考えられる。
　想定される反論として，Ｘの従業員が行った勧誘はいずれも同条４号にあたるというのが考えられる。
　しかし，勧誘(ア)は，事実を述べたのみであり，ことさらに消費者を不安にさせるものではなく，勧誘(イ)は，あくまで従業員が個人的にしたお願いであり，「迷惑を覚えさせる」ものにはあたらないと主張することが考えられる。
２　本件勧告という措置をとることが裁量権の逸脱・濫用にあたることについて
(1)　Ｘは，本件勧告という措置を選択した知事の裁量権の行使に逸脱・濫用があり，違法だと主張する（行政事件訴訟法３０条）。
(2)　まず，条例４８条が「できる」と規定しており，また，消費者の利益が害されることを防ぐために事業者に対していかなる措置をとるかは専門的技術的判断を必要とするから，同条に基づきいかなる措置をとるかについて，知事に裁量が認められる。
(3)　もっとも，考慮すべきでない事項を考慮するなど，考慮した事項について評価の明白な誤りがあり，他方で，考慮すべき事項を考慮せず，その結果，裁量権の行使が社会通念上著しく妥当性を欠くものである場合，裁量権の逸脱・濫用といえる。
　Ｙの反論として，本件勧告をとったＹの裁量権の行使には妥当なものであるとの反論が想定される。
　これに対し，Ｘは以下のように主張するべきである。
　まず，Ｘの従業員がした勧誘はその一部の者によってなされたにすぎず，これを受けてＸは従業員に対して指導をしており，再発は十分防止できる状況にあった。それにもかかわらず，Ｙはかかる事項を考慮することなく，のちに公表という重い手段が控えている「勧告」という重い措置をとっている。
　したがって，本件勧告は，考慮すべき事項を考慮しなかった結果，勧告という不必要に重い手段をとっている点で，比例原則に反する処分といえる。
(4)　よって，本件勧告は裁量権の逸脱・濫用として違法である。
以　上

観点から必要か否か，の３点について検討することが求められていた。
　本答案は，本件公表によってＸが著しい経済的不利益を被るという点を強調して本件公表の処分性を認めているが，再現答案①のように，罰則等の制裁を科する規定が存在しないこと等を踏まえた上記②に関する検討がない点で，不十分である。

●　本答案は，Ｘの従業員の行った(ア)の発言について，「事実を述べたのみであり，ことさらに消費者を不安にさせるものではな」いとしているが，その評価には無理がある（でなければ，Ｙ県に多数の苦情が寄せられることはないはずである）。また，(イ)の発言は「あくまで従業員が個人的になしたお願い」であるとしているが，そうだとしても購入を断っている消費者に対して「迷惑を覚えさせる」ことに変わりはないから，これも無理がある主張である。
　さらに，本答案は，条例48条の「消費者の利益が害されるおそれ」の要件について検討できていない。

●　裁量権の逸脱・濫用について，①Ｘの違反行為の態様，②その後の対応，③Ｘが受ける不利益の程度を検討しており，出題趣旨に合致する。

再現答案③　B評価（N・Iさん　順位58位）

第一　設問１
１　処分性の意義について
　行政事件訴訟法８条１項にいう「処分」の意義は，公権力の主体たる国または地方公共団体による行為であって，直接国民の権利義務を形成し又はその範囲を確定することが法律上認められているものをいうと解する。そして，処分性の有無についての判断については，個別法の仕組みも考慮に入れ，法が当該処分を「処分」として扱うという趣旨であるかどうか，及び実際の運用等についても考慮する。
２　本件勧告の処分性
　Ｘは，次のように処分性が肯定されると主張する。すなわち，条例２５条４号に違反し，かつ消費者の利益を害する場合には，４８条により勧告がなされる。そして，勧告に従わないときにはその旨が公表される（条例５０条）。この点について，本件公表の法的性格は制裁的な公表であると解される。これは，勧告の際には意見陳述の機会及び証拠提示の機会を与えなければならない（条例４９条）とされ，行政手続法１３条１項類似の手続が法定されていることからも裏付けられる。以上から，条例は勧告を処分として扱っていると考えられる。そして，本件勧告はＹ県知事による行為であるから，地方公共団体による行為である。そして，本件勧告によりＸは事実上それに従わざるを得なくなることから直接義務を形成したといえる。以上から，本件勧告の処分性は肯定される。
　これに対して，Ｙ県としては以下のように反論する。すなわち，本件勧告の法的性質は行政指導である。行政指導は法的拘束力なしに私人に対して行政目的達成のための協力を求める行為形式である。したがって，本件勧告によって直接何らかの義務を形成したといえず，処分性は否定される。
　この点について，確かに本件勧告は行政指導としての性格を有するから処分性は否定されるようにも思える。しかし，前述のとおり条例は法の仕組み上，本件勧告を処分として扱っていると考えられる。また，本件勧告は対外的には周知されないが，Ｘは本件勧告により融資を受けられなくなる危険がある。このような状況にあっては，Ｘは事実上本件勧告に従わざるを得ない地位にあるというべきである。したがって，本件勧告は直接義務を形成していると評価できる。
　以上より，本件勧告は処分性を肯定できる。
３　本件公表の処分性
　Ｘは次のように処分性が肯定されると主張する。すなわち，前述のとおり本件公表は制裁としての性格を有することから，直接義務を形成するといえ，処分性を肯定できる。
　これに対し，Ｙ県としては，本件公表はあくまで国民に対する情報提供を目的とした事実行為であって，法的に義務を

●　処分性の有無を検討する際に指摘すべき条文は，行訴法３条２項（「行政庁の処分その他公権力の行使に当たる行為」）である。

●　本答案は，判例（最判昭39.10.29／百選Ⅱ［第７版］〔148〕）等で示された処分性の一般論の引用がやや不正確（地方公共団体）ではあるものの，処分性の有無を判定する際の考慮要素を明示して論述している点は，出題趣旨に合致する。

●　法の仕組みを具体的に指摘・検討している点は評価されたと考えられる。もっとも，条例49条所定の手続保障は「勧告」に向けた手続保障であるが，これがどうして条例50条所定の「公表」の制裁的な機能を裏付けることになるのかの合理的な説明がない。また，勧告段階での実効的な救済の必要性に関する具体的な論述もなく，全体的に説得的な論理展開がなされているとは評価できない。

●　本件勧告が行政指導（行手２⑥）にすぎず，法効果性が認められないのではないかという点を指摘して，適切にＹ県の反論を論じることができている。ここでは，再現答案①のように，本件勧告に周知性がない点も指摘できれば，さらに効果的な反論になったと考えられる。

●　本件公表の処分性に関するＹ県の反論を適切に論述できている。

形成するものではないと反論することが考えられる。

この点について，条例が「消費者の利益が害される」（条例４８条）ときに勧告が行われ，これに従わないことを理由として公表が行われるという仕組みに鑑みれば，本件公表は制裁であると考えるべきである。また，条例が公表を除いて罰則のような他の制裁を法定していないことは本件公表が罰則に代わる制裁手段であるということの現れである。

以上より，本件公表の処分性は肯定される。

第二　設問２

１　Xは以下のように主張する。本件勧告は，条例４８条に定める要件を満たした際に知事が発することが「できる」ものである。この文言に鑑みて本件勧告は裁量処分であると考えられる。したがって，勧告について，裁量権の範囲を逸脱し又は濫用した場合には取り消されるべき違法の瑕疵を帯びる（行政事件訴訟法３０条）。そして，その判断基準としては，事実誤認その他，考慮不尽が存する場合には，裁量権の逸脱又は濫用があったと評価する。

２　本件では，まずXの従業員は「水道水には有害物質が含まれる」などの虚偽を述べたり，「ノルマが達成できないとクビになってしまう」などと申し向けて勧誘していることから，２５条４号にいう「消費者に迷惑を覚えさせるような方法で……契約の締結を勧誘し」にあたる。そして，このような虚偽の情報により浄水器を購入させられれば，消費者は本来購入することのない浄水器を購入させられることになり「消費者の利益が害される」といえる。よって，４８条の要件を満たす。

Y県としては，以上のように要件を満たしている以上は裁量権の逸脱又は濫用はないと主張するものと考えられる。

もっとも，Xは意見陳述の際に，勧誘を行ったのは従業員の一部であって全員ではないし，この点については今後従業員に対する教育を徹底すると主張しているにもかかわらず，知事は一切これらを考慮せずに本件勧告を行っている。したがって，この点について知事の考慮不尽が認められる。加えて，従業員への教育指導の成果を踏まえて処分を決めても十分であるにもかかわらず，この点を考慮しないのも不当である。

以上より，本件勧告は違法である。

以　上

● 公表に制裁的機能が認められるか否かについて，具体的に検討することができており，出題趣旨に合致する。もっとも，Y県の反論は，本件公表は法的義務を形成するものではないとするものであるのに対し，Xは，本件公表は制裁的機能を有する旨を論じるだけであり，両者の主張・反論が噛み合っていない。

● 出題趣旨によれば，行政庁の裁量権が認められるか否かについては，①条例の文言の抽象性，②侵害される権利利益の性質・重大性，③専門的判断の必要性の３つを踏まえて検討することが求められていたが，本答案は上記①しか指摘できていない。

● 条例48条にいう「消費者の利益が害されるおそれ」の要件については，将来において違反行為が繰り返される可能性も踏まえた検討が期待されていた。

● Xの違反行為の態様やその後の対応を考慮して裁量権の逸脱・濫用について論じている。もっとも，出題趣旨はXが受ける不利益の程度を考慮に入れることを要求しており，かかる点にも言及できれば良かった。

再現答案④　C評価（H・Iさん　順位785位）

第１　設問１
１　以下のように，本件勧告及び本件公表は「処分」（行政事件訴訟法（以下，法令名省略）３条２項）にあたると主張すべきである。
⑴　取消訴訟は，行政行為の公定力を排除するための訴訟類型であることに鑑みると，「処分」とは，公権力の主体たる国または公共団体の行う行為のうち（①公権力性），その行為により直接国民の権利義務を形成し，またはその範囲を確定することが法律上認められているものである（②直接・具体的法効果性）のが原則である。
⑵　もっとも，今日における国民と行政主体との関わりあいは従来想定されていた単純なものにとどまらない。そこで，上記基準を基本としつつも，立法者意思，紛争の成熟性，国民の実効的権利救済等の事情を考慮にいれて，処分性の有無を判断する。
2⑴　まず，本件勧告は，知事が条例４８条に基づき，一方的に行うものであり，公権力性が認められる（①充足）。
⑵　では，直接・具体的法効果性が認められるか。
ア　この点について，本件勧告はあくまで行政指導たる性質を有するものにすぎず，また条例を根拠とするものであり法律を根拠とするものではないため，直接・具体的法効果性は認められないとの反論が想定される。

イ　しかし，Ｘは本件勧告により，社会的な信用が失墜するおそれがあり，融資が停止されるなど経営に深刻な影響が及ぶ可能性がある。
ウ　また，条例には，本件勧告に従わなかった場合に罰則等が科される規定は存在しないため，Ｘはその後の処分の際に争うことはできない。さらに，意見陳述の機会の付与（条例４９条）が規定されていることから不利益処分と同様の取扱いがなされている。
　そして，条例を根拠とするものであっても，法律を根拠にするものと同様の効果を有するため，変わるところはない。
　以上を総合的に考慮すると，Ｘの実効的権利救済の観点から，直接・具体的法効果性が認められる（②充足）。
⑶　よって，本件勧告には処分性が認められる。
3⑴　次に，本件公表についても，知事が条例５０条に基づき一方的になされるものである（①充足）。
⑵　では，直接・具体的法効果性が認められるか。
ア　Ｙ県は，本件公表は事実上の行為にすぎず，Ｘに対して法効果を生じるものではないと反論することが想定される。
イ　確かに，一般的に公表は事実上の行為であるため，法

● 処分性の一般論について，判例（最判昭39.10.29／百選Ⅱ［第７版］〔148〕）の規範を正確に論述することができており，出題趣旨に合致する。

● 処分性の有無を判定する際に実効的な権利救済を図るという観点を考慮する近時の判例（最判平20.9.10／百選Ⅱ［第７版］〔152〕等）を意識できており，出題趣旨に合致する。

● 処分性の定義における「法律」の中に「条例」が含まれることには争いがないため，「法律を根拠とするものではないため，直接・具体的法効果性は認められない」との反論は妥当でない。

● 出題趣旨によれば，勧告の処分性については，①「公表を受け得る地位に立たされる」という法効果が認められるか否か，②条例49条に基づく手続保障の存在が処分性を基礎付けるか否か，③勧告段階での実効的な救済の必要が認められるか否か，の３点について検討することが求められていた。
　本答案は，勧告の処分性を肯定する上で極めて重要な上記①（本件勧告自体には法効果性が認められないことから，条例50条を指摘する等して，「公表を受け得る地位に立たされる」という法効果が認められるかを検討する必要がある）を検討できていないため，他の受験生との差が開いてしまったものと思われる。

効果が認められないのが原則である。しかし，公表がなされると，対外的に周知されるため，Ｘの社会的信用が一定程度失墜すると評価できる。

また，公表後にも不適正な取引行為を継続していると認定された場合であっても，罰則等の制裁を科する規定は存在しないため，後行処分を争って，事後的に争うことはできない。

ウ　これらの事情を考慮に入れると，本件公表により，Ｘに対して直接・具体的法効果性が認められると評価できる（②充足）。

(3)　よって，本件公表には処分性が認められる。

第２　設問２

１　本件勧告は，「できる。」（条例４８条）との文言及び，勧告をするか否かは，専門的，技術的判断を要するため，知事に効果裁量が与えられていると解すことができる。そうすると，裁量権の逸脱濫用が認められる場合に取り消される（３０条参照）。

２　本件では，不適正な勧誘を行ったのは一部の従業員にすぎないこと，今後は適正な勧誘をするように従業員に対する指導教育をした旨を主張している。そのため，既に改善の策をＸは講じているのであり，その上勧告を行うことは過剰であり，認められない。

したがって，本件処分は裁量権の逸脱濫用であり，違法である。

以　上

● 出題趣旨によれば，公表の処分性については，①公表のもたらす信用毀損等が法的な効果に当たるか否か，②公表に制裁的機能が認められるか否か，③公表に対する差止訴訟を認めることが実効的な権利救済の観点から必要か否か，の３点について検討することが求められていた。

本答案は，上記③について辛うじて検討できているものの，上記②については検討できておらず，上記①についても十分な検討ができているとはいえない。

● 出題趣旨によれば，行政庁の裁量権が認められるか否かについては，①条例の文言の抽象性，②侵害される権利利益の性質・重大性，③専門的判断の必要性の３つを踏まえて検討することが求められていたが，本答案は上記②を指摘できていない。

● 本答案は，勧誘をしたのは従業員の一部にすぎないことや，適正な勧誘をするよう従業員に対する指導教育をしたこと等の事実を摘示することはできているが，裁量権の逸脱・濫用の判断基準を示せていないため，適切な当てはめになっていない。

また，設問２においては，裁量権の有無のほか，条例25条・48条の要件該当性に関する具体的な検討も求められていたが，本答案はこの点の検討が一切できていない。

令和元年

問題文

[行政法]

屋外広告物法は，都道府県が条例により「屋外広告物」（常時又は一定の期間継続して屋外で公衆に表示されるものであって，看板，立看板，はり紙及びはり札並びに広告塔，広告板，建物その他の工作物等に掲出され，又は表示されたもの並びにこれらに類するもの）を規制することを認めており，これを受けて，Ａ県は，屋外広告物（以下「広告物」という。）を規制するため，Ａ県屋外広告物条例（以下「条例」という。）を制定している。条例は，一定の地域，区域又は場所について，広告物又は広告物を掲出する物件（以下「広告物等」という。）の表示又は設置が禁止されている禁止地域等としているが，それ以外の条例第６条第１項各号所定の地域，区域又は場所（以下「許可地域等」という。）についても，広告物等の表示又は設置には，同項により，知事の許可を要するものとしている。そして，同項及び第９条の委任を受けて定められたＡ県屋外広告物条例施行規則（以下「規則」という。）第１０条第１項及び別表第４は，各広告物等に共通する許可基準を定め，規則第１０条第２項及び別表第５二は，建築物等から独立した広告物等の許可基準を定めている。

広告事業者であるＢは，Ａ県内の土地を賃借し，依頼主の広告を表示するため，建築物等から独立した広告物等である広告用電光掲示板（大型ディスプレイを使い，店舗や商品のコマーシャル映像を放映するもの。以下「本件広告物」という。）の設置を計画した。そして，当該土地が都市計画区域内であり，条例第６条第１項第１号所定の許可地域等に含まれているため，Ｂは，Ａ県知事に対し，同項による許可の申請（以下「本件申請」という。）をした。

本件広告物の設置が申請された地点（以下「本件申請地点」という。）の付近には鉄道の線路があり，その一部区間の線路と本件申請地点との距離は１００メートル未満である。もっとも，当該区間の線路は地下にあるため，設置予定の本件広告物を電車内から見通すことはできない。また，本件申請地点は商業地域ではなく，本件広告物は「自己の事務所等に自己の名称等を表示する広告物等」には該当しない。これらのことから，Ａ県の担当課は，本件申請について，規則別表第５二(ハ)の基準（以下「基準１」という。）に適合しない旨の判断をした。他方，規則別表第４及び第５のその他の基準については適合するとの判断がされたことから，担当課は，Ｂに対し，本件広告物の設置場所の変更を指導したものの，Ｂは，これに納得せず，設置場所の変更には応じていない。

一方，本件申請がされたことは，本件申請地点の隣地に居住するＣの知るところとなった。そして，Ｃは，本件広告物について，派手な色彩や動きの速い動画が表示されることにより，落ちついた住宅地である周辺の景観を害し，また，明るすぎる映像が深夜まで表示されることにより，本件広告物に面した寝室を用いるＣの安眠を害するおそれがあり，規則別表第４二の基準（以下「基準２」という。）に適合しないとして，これを許可しないよう，Ａ県の担当課に強く申し入れている。

以上を前提として，以下の設問に答えなさい。

なお，条例及び規則の抜粋を**【資料】**として掲げるので，適宜参照しなさい。

〔設問１〕

Ａ県知事が本件申請に対して許可処分（以下「本件許可処分」という。）をした場合，Ｃは，これが基準２に適合しないとして，本件許可処分の取消訴訟（以下「本件取消訴訟１」という。）の提起を予定している。Ｃは，本件取消訴訟１における自己の原告適格について，どのような主張をすべきか。想定されるＡ県の反論を踏まえながら，検討しなさい。

〔設問２〕

Ａ県知事が本件広告物の基準１への違反を理由として本件申請に対して不許可処分（以下「本件不許可処分」という。）をした場合，Ｂは，本件不許可処分の取消訴訟（以下「本件取消訴訟２」という。）の提起を予定している。Ｂは，本件取消訴訟２において，本件不許可処分の違法事由として，基準１が条例に反して無効である旨を主張したい。この点につき，Ｂがすべき主張を検討しなさい。

【資料】

○　Ａ県屋外広告物条例（抜粋）

(目的)

第１条　この条例は，屋外広告物法に基づき，屋外広告物（以下「広告物」という。）及び屋外広告業について必要な規制を行い，もって良好な景観を形成し，及び風致を維持し，並びに公衆に対する危害を防止することを目的とする。

(広告物の在り方)

第２条　広告物又は広告物を掲出する物件（以下「広告物等」という。）は，良好な景観の形成を阻害し，及び風致を害し，並びに公衆に対し危害を及ぼすおそれのないものでなければならない。

(許可地域等)

第６条　次の各号に掲げる地域，区域又は場所（禁止地域等を除く。以下「許可地域等」という。）において，広告物等を表示し，又は設置しようとする者は，規則で定めるところにより，知事の許可を受けなければならない。

一　都市計画区域

二　道路及び鉄道等に接続し，かつ，当該道路及び鉄道等から展望できる地域のうち，知事が交通の安全を妨げるおそれがあり，又は自然の景観を害するおそれがあると認めて指定する区域（第１号の区域を除く。）

三，四　略

五　前各号に掲げるもののほか，知事が良好な景観を形成し，若しくは風致を維持し，又は公衆に対する危害を防止するため必要と認めて指定する地域又は場所

２　略

（許可の基準）

第９条　第６条第１項の規定による許可の基準は，規則で定める。

○　Ａ県屋外広告物条例施行規則（抜粋）

（趣旨）

第１条　この規則は，Ａ県屋外広告物条例（以下「条例」という。）に基づき，条例の施行に関し必要な事項を定めるものとする。

（許可の基準）

第１０条　条例第６条第１項の規定による許可の基準のうち，各広告物等に共通する基準は，別表第４のとおりとする。

２　前項に規定するもののほか，条例第６条第１項の規定による許可の基準は別表第５のとおりとする。

別表第４（第１０条第１項関係）

一　地色に黒色又は原色（赤，青及び黄の色をいう。）を使用したことにより，良好な景観の形成を阻害し，若しくは風致を害し，又は交通の安全を妨げるものでないこと。

二　蛍光塗料，発光塗料又は反射の著しい材料等を使用したこと等により，良好な景観の形成を阻害し，若しくは風致を害し，又は交通の安全を妨げるものでないこと。

別表第５（第１０条第２項関係）

一　略

二　建築物等から独立した広告物等

(イ)　一表示面積は，３０平方メートル以下であること。

(ロ)　上端の高さは，１５メートル以下であること。

(ハ)　自己の事務所等に自己の名称等を表示する広告物等以外の広告物等について，鉄道等までの距離は，１００メートル（商業地域にあっては，２０メートル）以上であること。

三～九　略

MEMO

出題趣旨

設問１においては，Ａ県屋外広告物条例（以下「条例」という。）に基づく広告物設置等の許可処分（以下「本件許可処分」という。）について，それにより景観や生活・健康が害されることを主張する隣地居住者の原告適格を，当該原告の立場から検討することが求められる。

まず，行政事件訴訟法第９条第１項所定の「法律上の利益を有する者」に関する最高裁判例で示されてきた判断基準について，第三者の原告適格の判断に即して，正しく説明されなければならない。

その上で，原告が主張する景観と生活・健康（安眠）に関する利益について，それぞれ，本件許可処分の根拠法規である条例やＡ県屋外広告物条例施行規則（以下「規則」という。）によって保護されているものであることが，許可の要件や目的などに即して，具体的に説明されなければならない。

さらに，これらの利益について，それらが一般的な公益に解消しきれない個別的利益といえることが，その利益の内容や範囲等の具体的な検討を通じて，説明されなければならない。

設問２においては，許可地域等において広告物等と鉄道等との距離を要件とする規則所定の許可基準について，条例がこれを委任した趣旨に適合し委任の範囲内にあるかを，その無効を主張する原告の立場から検討することが求められる。

まず，この規則が定める許可基準が条例の委任に基づいて定められた委任命令であり，条例の委任の趣旨に反すれば無効となることが明確にされなければならない。

つぎに，条例の委任の趣旨，言い換えれば条例が許可制度を設けた趣旨について，目的規定，許可地域等の定め方など，条例の規定に照らして，具体的に検討されなければならない。

最後に，こうした目的に照らして，鉄道から広告物等が見通せるか否かを問題にすることなく，それとの距離を要件とする許可基準の定め方につき，これが条例の委任の趣旨と矛盾することから，これを定める規則が無効であるとの結論が導かれるべきこととなる。

MEMO

再現答案①　A評価（H・Hさん　順位139位）

第1　設問1
1　まず，原告適格は「法律上の利益を有する者」（行政事件訴訟法【以下略】9条1項）に認められるので，その意義が問題となる。

「法律上の利益を有する者」とは，当該処分により自己の権利若しくは法律上保護された利益を侵害され又は必然的に侵害されるおそれのある者を言うのであり，当該処分を定めた行政法規が，不特定多数者の具体的利益を専ら一般的公益の中に吸収解消させるにとどめず，それが帰属する個々人の個別的利益としてもこれを保護すべきものとする趣旨を含むと解される場合には，かかる利益も法律上保護された利益にあたる。

2　本件では，Cが処分の名宛人ではないことから，9条2項に従い「法律上の利益」の有無を検討する。

(1)　Cには，本件広告物の設置により，景観と安眠が害されうるという2つの不利益がある。

(2)　では，このような利益を条例は保護しているか。まず，条例1条は，「良好な景観」と「公衆に対する危害を防止すること」を条例の目的として掲げている。また，条例2条も，広告物の一般的な原則として，「良好な景観の形成を阻害し」，「公衆に対し危害を及ぼすおそれ」がないものでなければならないとしている。

さらに，許可地域等の条件について定めた条例6条1項5号は，「良好な景観」の保護や，「公衆に対する危害を防止する」ために必要である場合には，許可地域に指定することができるとしている。また，A県屋外広告物条例施行規則は，条例9条や6条1項により，明示的な委任を受けて定められており，その限りにおいて法令の根拠を有する法規である。そのため，規則も9条2項の「法令」として参照できる。規則10条1項及び別表第4の2号は，「良好な景観」を条例6条1項柱書の許可基準として定めている。

これらの規定からは，条例が景観利益や，広告物により危害を受けない利益を一般的に保護する趣旨であることは明らかである。

(3)　では，このような利益を，条例はさらに住民の個別的利益としても保護していると言えるか。それぞれの利益に分けて検討する。

ア　景観利益について

これについては，A県から，その性質上広告物付近の住民が広く享受する利益であるから公益に吸収解消される「性質」（9条2項）の利益である。さらに，条例はとくに広告物の設置につき住民の意見を聴取する機会を設けるなどの定めを設けておらず，周辺住民の利益を特に保護するような趣旨が読み取れないとの反論がされうる。

しかし，たしかに一般論としては景観利益は公益に吸収解消されうる利益であるとしても，A県にはCの住むような落ち着

●　出題趣旨によれば，「法律上の利益を有する者」（行訴9Ⅰ）に関する最高裁判例で示されてきた判断基準について，第三者の原告適格の判断に即して，正しく説明することが求められていた。本答案は，判例（最判平4.9.22／百選Ⅱ［第7版］〔162〕等）の規範を正確に記述し，第三者の原告適格の判断枠組みを適切に示すことができている。

また，Cが処分の名宛人以外の第三者であることをきちんと指摘できている。

●　出題趣旨によれば，Cの利益が，本件許可処分の根拠法規である条例や規則によって保護されているものであること（保護範囲要件）を，許可の要件や目的などに即して，具体的に説明する必要がある。

本答案は，条例の目的規定のほか，条例や規則が定める許可要件について，各規定の文言を具体的に摘示しながら検討することができている。その際には，規則も根拠「法令」（行訴9Ⅱ）に当たることを丁寧に説明し，その趣旨及び目的が考慮の対象となることを明示できており，模範的な論述といえる。

●　本答案は，景観利益と安眠を害されない利益を別個に項目立て，これらの利益が一般的な公益に吸収解消させることのできないものであること（個別保護要件）について，A県の反論を具体的に踏まえつつ，各利益の性質や侵害の程度をそれぞれ具体的に検討できており，出題趣旨が想定する論述の流れに合致する優れた答案といえる。

いた住宅地が存在し，このような場所においては，落ち着いた環境であること自体がその場所に住む理由であると言える。そうであれば，少なくとも隣地の者については，派手な広告物の設置により景観が害されることで，その場所に住む理由がなくなるほどの甚大な不利益が生じうる。よって，少なくとも隣地に居住する者については景観利益も法律上保護された利益にあたると考えるべきである。

Cは本件広告物の隣地に居住しているのだから，原告適格が認められる。

イ　安眠を害されない利益について

これについても，A県としては条例の規定からは個別的利益として保護する趣旨を読み取れないとの反論がなされうる。

しかし，安眠を害されると健康を大きく損なうところ，健康の利益は「性質」として明らかに公益に吸収解消させることが困難である。しかも，Cのような近隣住民は，広告物の設置により，毎日反復継続して安眠を妨害されうると言える。よって，利益の「程度」としても大きいと言える。

よって，条例は，近隣住民のうち広告物の設置により健康を著しく害されうる者の利益を個別的利益として保障していると考える。

Cは，前記のように安眠という健康の基礎をなすものを毎日反復継続して侵害されうるから，明らかに健康を著しく害されうるといえ，原告適格が認められる。

3　Cとしては，上記のように主張すべきである。

第2　設問2

1　Bの主張は，具体的には，基準1が電車内から見通せない広告物についても規制の対象としていることが条例6条1項の委任の範囲を超えているという主張であると考えられる。

そして，本件では，条例6条1項及び基準1の規定により，広告物を鉄道から１００メートル以内の場所に所有することが禁じられており，これは財産権（憲法２９条１項）を制約している。さらに，Bのようにその場所で他者のコマーシャルを流そうとする者にとっては，職業の自由（憲法２２条１項）への制約にもなりうる。

さらに，許可地域においては，知事の許可がなければ広告物を設置できない（条例6条1項）ため，鉄道から１００メートル以内の場所では原則として広告物の設置が一切できない。いわゆる許可制が採られていると言え，上記自由そのものを制約しており，その度合いは強度である。

(1)　そこで，かかる場合，規則による権利制限が許されるためには，条例の文言や趣旨・目的から，条例が当該行為を規制する趣旨であることが明確に読み取れる場合でなければならない。

(2)　本件で，条例6条1項の規定を検討してみると，2号が特に鉄道周辺の地域について定めている。そして，まず2号は，鉄道に

● 景観利益が個別的利益として保護されるかの検討に際して，本件申請地点付近が落ち着いた住宅地であるという，Cが主張する事情を踏まえた検討ができている。これに加えて，本件広告物が広告用電光掲示板であり，派手な色彩や動きの速い動画が表示されるという点にも言及できれば，より分析的・説得的な検討となった。

● 安眠を害されない利益についても，A県の反論を想定しつつ，その利益の内容・性質や本件許可処分によって侵害される利益の態様・程度（行訴９Ⅱ参照）について具体的に検討できており，出題趣旨に合致する。

● 出題趣旨によれば，〔設問2〕では，許可地域等において広告物等と鉄道等との距離を要件とする規則所定の許可基準（基準1）について，条例がこれを委任した趣旨に適合し，委任の範囲内にあるかを検討するに当たり，「まず，この規則が定める許可基準が条例の委任に基づいて定められた委任命令であり，条例の委任の趣旨に反すれば無効となることが明確にされなければならない」が，本答案は，この点について明確に論述できていない。

● 判例（最判平25.1.11／百選Ⅰ［第７版］〔50〕）を意識した規範を定立している。なお，上記判例は，「新薬事法中の諸規定を見て，そこ

接続する地域については，「鉄道等から展望できる地域」に許可地域の対象を限定している。

さらに，２号はそのような地域の中でも，鉄道の「交通の安全を妨げる」か，「自然の景観を害する」おそれのある区域についてのみを許可地域としている。実際，鉄道等から展望できない広告物が，こうした法益を害することは通常あり得ないと言いうる。

これらのことからすると，条例６条１項から，１００メートル以内の広告物のうち，鉄道から見通せない広告物をも規制の対象とする趣旨を読み取ることは到底できず，むしろ規制しない趣旨であると言える。よって，上記場合にあたらず，基準１は委任の範囲を超えている。

２　よって，基準１は条例６条１項の委任の範囲を超え，違法である。

以　上

※　実際の答案は４頁以内におさまっています。

から，郵便等販売を規制する内容の省令の制定を委任する授権の趣旨が，上記規制の範囲や程度等に応じて明確に読み取れることを要する」としている。

● 出題趣旨によれば，条例の委任の趣旨（条例が許可制度を設けた趣旨）について，目的規定や許可地域等の定め方など，条例の規定に照らして具体的に検討した上で，基準１は条例の委任の趣旨と矛盾することから，無効であるとの結論を導くことが求められていた。

本答案は，鉄道接続地域について定める条例６条１項２号の規定を摘示し，鉄道等から展望できない広告物が自然の景観を害することは通常あり得ないとした上で，鉄道から広告物等を見通せるか否かを問題にすることなく，広告物等との距離制限を設ける基準１は，委任の範囲を超え，違法であるとの結論を導くことができており，出題趣旨に沿った検討ができている。

MEMO

再現答案② A評価（M・Nさん　順位157位）

第1　設問1

1　Cとしては，自身が本件許可処分の取消しを求めるにつき「法律上の利益を有する者」（行政事件訴訟法9条1項）にあたると主張すべきである。

2　「法律上の利益を有する者」とは，取消訴訟の客観訴訟化を防止する観点から，当該処分により自己の法律上保護された利益を侵害され，または必然的に侵害されるおそれのある者をいう。そして，当該処分を定めた行政法規が，不特定多数者の具体的利益をもっぱら公益に吸収・解消させるにとどめず，個々人の個別的利益としてもこれを保護する趣旨を含むものと解される場合には，そのような利益も法律上保護された利益にあたると解する。

3　Cが本件取消訴訟において主張する利益は，①良好な景観を保持する利益，及び②安眠を維持する利益である。

(1)　まず，本件許可処分の根拠条文である条例6条は，広告物等の設置につき許可を要することとする地域として，景観を害するおそれがあるものとして指定された地域（同条2号），美観風致及び公衆への危害の防止の観点から必要があるとして指定された地域（5号）を挙げている。したがって，①及び②の利益は，具体的利益として保護されている。

(2)ア　ここで，条例には景観利益や健康上の利益を害されるおそれのある者に対し，手続に関与する機会を保障する規定を設けていない。また，とくに景観利益については，その性質上もっぱら公益に吸収・解消される性質の利益である。これらのことから，①や②の利益はもっぱら公益に吸収・解消され，個別的利益としては保護されないとの反論が想定される。

イ　しかし，景観上の利益は，単なる財産権にとどまらず，私生活上の重要な利益であり，これが害されれば多大な精神的苦痛が生じる。また，安眠を保持する利益は，身体・生命の安全に関わる重大な利益である。そして，これらの利益は，広告物等が設置された場所に近づけば近づくほど，それに対する害の程度が大きくなっていく。このような利益につき，個々人の個別的利益としても保護する趣旨を含まないものとして立法がなされたとは考えにくい。したがって，これらは個々人の個別的利益としても保護されており，法律上保護された利益にあたる。

(3)　①及び②は法律上保護された利益にあたるから，Cが本件許可処分によりかかる利益を侵害されまたは必然的に侵害されるおそれがあると認められれば，Cは「法律上の利益を有する者」にあたる。この点につき，Cは本件広告物が設置される地点の隣地に居住しており，その設置により

● 判例（最判平4.9.22／百選Ⅱ［第7版］〔162〕等）を踏まえて，第三者の原告適格の判断枠組みを適切に示すことができている。
　もっとも，Cが処分の名宛人以外の第三者であることをきちんと確認すべきである（再現答案①，平成30年司法試験・採点実感（行政法）参照）。

● 出題趣旨によれば，Cの利益が，本件許可処分の根拠法規である条例や規則によって保護されているものであること（保護範囲要件）を，許可の要件や目的などに即して，具体的に説明する必要がある。
　本答案は，条例6条5号の文言にしか着目できておらず，規則に触れられていない点，及び許可の目的にも言及できていない点で，不十分である。

● 想定されるA県の反論について，条例の規定ぶりを根拠に具体的に記述することができている。

● 出題趣旨によれば，景観利益・安眠を害されない利益が一般的な公益に吸収解消させることのできない個別的利益であること（個別保護要件）について，「その利益の内容や範囲等の具体的な検討を通じて」説明されることが求められている。
　本答案は，再現答案①と比較すれば相当簡潔な記述となっている。

景観が害され，精神的苦痛が生ずる程度はきわめて大きい。また，本件広告物に面した寝室を利用していることから，設置により安眠が害され，身体・生命に害が生ずる高度の蓋然性が認められる。したがって，Cは本件許可処分により①及び②の利益を必然的に侵害されるおそれがあると認められるから，本件許可処分の取消しを求めるにつき「法律上の利益を有する者」にあたる。

4　以上より，Cは本件取消訴訟1につき原告適格を有する。

第2　設問2

1　本件不許可処分は，Bによる広告物等の設置を不許可とするものであるから，国民の権利を制約する行政行為である。したがって，法律の根拠なくしてすることはできない。そして，規則には法規範性がないから，条例による委任の範囲を超えるものは無効となり，そのような規則に従った処分は法律の根拠を欠くものとして違法となる。

2　基準1が条例の範囲内にとどまるか否かは，条例の趣旨・目的に照らして判断する。

(1)　これを本件についてみると，許可の基準にかかる規則についての委任規定は条例9条である。そして，許可を必要とする地域は，景観や風致，公衆への危害の観点から必要とされる地域とされている（条例6条各号）。したがって，規則により定められる基準は，景観や風致・公衆への危害の防止の観点から必要な範囲に限られると解すべきである。

(2)　規則別表第5二(ハ)の基準は，広告物等の設置につき，鉄道までの距離につき一定の制限を設ける規定である。しかし，鉄道からは広告物を見通すことができるとは限らないのであるから，鉄道から近い場所に広告物等が設置されたからといって，景観や風致が害されるとは認められない。また，広告物等により人々の生命や身体の安全が脅かされるわけでもないから，公衆への危害も認められない。したがって，基準1が条例の趣旨・目的に照らしてその委任の範囲内にあるとはいえない。

3　以上より，基準1は条例による委任の範囲を超えて無効であるから，これに従ってなされた本件不許可処分は違法である。

以　上

● 本答案は，再現答案①よりも詳しく，原告適格が認められる人的範囲の線引き（保護範囲の画定）について検討しているが，この思考プロセスでは，Cの利益が害されるかどうかについて具体的な結論を出す必要はない（かかる認定は本案審理に他ならない）。この思考プロセスは，あくまで訴訟要件である原告適格の判断であるから，個別的利益の侵害を受けるおそれのある者の範囲を抽象的に画定した上で，その範囲に含まれる者かどうかを検討すれば足りると解されている。

● 出題趣旨によれば，〔設問2〕では，規則の規定が条例の委任の趣旨に反するかどうかを検討する際には，「まず，この規則が定める許可基準が条例の委任に基づいて定められた委任命令であり，条例の委任の趣旨に反すれば無効となることが明確にされなければならない」が，本答案は，基準1が委任命令である点については言及できていないものの，これが条例の委任の範囲を超える場合は無効となる点を指摘できている点で，出題趣旨に合致する。

● 本答案は，条例6条各号の許可地域等の定めに照らし条例の委任の趣旨を検討しているが，再現答案①と比べれば，検討内容の充実性に劣る。もっとも，基準1が鉄道から広告物等を見通せるか否かを問題にすることなく，広告物等との距離制限を定めている点に着目し，委任の趣旨に反して無効であるとの適切な結論を導くことができている点で，出題趣旨に合致する。

再現答案③　B評価（R・Sさん　順位770位）

設問１
１　Cは原告適格を有するか。「法律上の利益」（行政事件訴訟法９条１項）とは，法律上保護される利益をいう。そして，処分を定めた根拠法規が不特定多数人の利益を専ら一般的公益の中に吸収解消させるにとどめず，個々人の個別的利益としてもこれを保護する趣旨を含むと解される場合には，このような利益も法律上保護された利益に当たる。Cは処分の相手方でない第三者であるので，９条２項により判断する。
２(1)　まず，Cは本件広告物について，周辺の景観を害することとCの安眠を害することを主張しており，①周辺の景観利益，②周辺の住民の安眠の利益がCの法律上保護された利益であるかが問題となる。
(2)　これに対し，A県は以下のようなことを反論として主張すると考えられる。①のような利益は専ら公益として保護されるものであり，また②は施行規則別表第４二で明文上保護されていない。さらに，②のような被侵害法益の性質は，寝室の遮光などにより自救できるものであり，重大とはいえない。
(3)　反論をもとにCのすべき主張につき検討する。本件条例は良好な景観風致の形成維持と屋外広告物による公衆に対する危害防止を目的とする（１条）。この目的に沿う形で，屋外広告物の在り方は定められている（２条）。屋外広告物が許可制となる地域は，人が集中する都市計画地域など，人の目につきやすい場所につき採用されている（６条）。そして，この条例の委任を受けた施行規則別表第４二では，これを目にする人が害を受けるような広告が具体的に不許可になることが定められている。以上から，問題となる広告により不利益を被りうる人を，本件条例は保護範囲に含むものであると考えられる。そして，広告が派手であったりすることは，直接的に周辺住民の住環境や健康に危害を加えるものではないものの，ひとたび広告が設置されれば継続的に侵害が継続するものであり，侵害の大きさは，広告物に近ければ近いほど増大する。そこで，広告物による被害が具体的といえるような近隣に居住する者の①②利益は，個別的利益としても本件条例は保護していると解すべきである。そして，Cは申請地点の隣地に居住しているのであるから，当然原告適格を有するといえる。

設問２
１　本件施行規則は，本件条例の委任（９条）を受けて制定された規則（地方自治法１５条１項）である。委任された規則は，「法令に違反しない限り」定めることができる。法令に違反する規則制定は，法律による行政の原理に反するからである。法令に違反するとは，法令の文言に直接違反するのみならず，委任の趣旨目的に実質的に違反する場合も含む。本

● 判例（最判平4.9.22／百選Ⅱ［第７版］〔162〕等）を踏まえて，第三者の原告適格の判断枠組みを示すことができているが，やや不正確である。
　もっとも，Cが処分の名宛人以外の第三者であることをきちんと指摘できている。

● 原告適格の有無を判断する場合，一般的に，①原告の利益が当該処分に関する個別行政法令により保護される利益の範囲に含まれるか（保護範囲要件），②その利益が一般的公益にとどまらず個々人の個別的利益としても保護されているか（個別保護要件），③原告適格が認められる人的範囲の線引き（保護範囲の画定）という３段階の思考プロセスを経る。
　再現答案①②は，上記のような３段階の思考プロセスを意識して検討しているが，本答案は，上記①（保護範囲要件）を検討する前に，景観利益は一般的公益の中に吸収解消される旨のA県の反論を想定するなどしており，３段階の思考プロセスを意識した論理展開とはなっていない。

● 本答案は，景観利益と生活・健康（安眠）に関する利益を区別することなく，それぞれの性質や侵害があった場合の程度・態様についてまとめて検討している。しかし，景観利益と生活・健康（安眠）に関する利益は，それぞれ性質や内容，侵害の程度や態様も異なるため，両者を区別して検討した方が内容の充実化を図ることができたものと思われる（再現答案①参照）。

件では基準１が本件条例の趣旨目的に反するかが問題となる。

2　本件条例の目的は，先述の通り，良好な景観の形成維持と，公衆への危害防止にある。そこで，６条１項２号が「鉄道等から展望できる地域のうち」と定めた趣旨は，そのような立地の広告が鉄道に乗車した多数人の目に触れることになるため許可制の規制を及ぼす必要があるからであると考えられる。これに対し，本件施行規則の基準１は，単に「鉄道等までの距離は」と定めている。本件のような鉄道が地下を走るような場合には形式的に基準に該当することとなるが，このような場合，条例の想定した，広告が不特定多数人の目に入るという弊害は生じない。よって，基準１は，条例の趣旨目的とは関係なく申請者に対し不利益を生じさせることとなり，法律による行政の原理に実質的に違反する。

3　よって，基準１は無効である。

以　上

● 出題趣旨によれば，〔設問２〕では，規則の規定が条例の委任の趣旨に反するかどうかを検討する際には，「まず，この規則が定める許可基準が条例の委任に基づいて定められた委任命令であり，条例の委任の趣旨に反すれば無効となることが明確にされなければならない」。本答案は，基準１が委任命令である点については明確に言及できていないものの，これが条例の委任の範囲を超える場合には無効になるという趣旨の論述ができている点で，出題趣旨に合致する。

● 本答案は，条例の目的や許可地域等を定めた６条１項２号の規定に照らし，条例の委任の趣旨を検討できている。その上で，鉄道等から広告物等を見通せるか否かを問題にすることなく，広告物等との距離制限を設けている基準１が，条例の趣旨に反し無効であるとの結論を導くことができており，出題趣旨に合致する。

再現答案④　C評価（T・Mさん　順位251位）

第1　設問1
1　Cは，以下の通りCが「法律上の利益を有する者」（行政事件訴訟法（以下法名略）9条1項）にあたり原告適格が認められると主張すべきである。
2(1)　「法律上の利益を有する者」とは，当該処分により自己の権利若しくは法律上保護された利益を侵害され又は必然的に侵害されるおそれのある者をいう。そして，当該処分の根拠法規が，不特定多数者の具体的利益を専ら一般的公益に吸収解消させるにとどめず，それが帰属する個々人の個別的利益としても保護する趣旨を含むと解される場合には法律上保護された利益にあたると考える。Cは本件許可処分の名宛人ではないため，具体的には9条2項に従い判断する。
(2)　Cは，①広告物により景観を害されない利益，②明るすぎる広告物により安眠を害されない利益を主張すると考えられる。
(3)ア　本件許可処分の根拠法規は条例6条1項であり，同項は許可地域等における広告物等の表示又は設置に知事の許可を要するとしている。そして，同項5号は知事が良好な景観を形成するために必要と認めた地域又は場所において許可が必要となると規定している。また，条例の解釈の方向性を定める目的規定である条例1条では良好な景観の形成が目的の1つとされ，同2条も広告物等が良好な景観の形成を害するおそれのないことを求めている。

したがって，条例は①の利益を少なくとも一般的公益として保護する趣旨を含むといえる。
イ　もっとも，①の利益のような景観の利益は公益にすぎず，個々人の個別的利益としては保護されないとの反論がありうる。そこで，Cとしては，以下のように主張すべきである。
条例9条に基づき条例と一体となって運用される許可基準である規則10条1項の別表第4は，許可の水準を満たさない広告物等の内容を具体的に規定しているため，条例は①の利益を一般的公益にとどまらず具体的に保護する趣旨を含むといえる。また，①のような良好な景観を享受する利益自体がその周辺住民にとって重大な利益であり，かかる利益は一旦害されると回復が困難である。そうだとすれば，本件許可処分の根拠法規たる条例6条は許可地域等の周辺住民の景観利益を個別的利益として保護する趣旨を含むと解される。
そこで，許可地域等の周辺住民は「法律上の利益を有する者」に当たると考える。
ウ　Cは許可地域等に含まれる本件申請地点の隣地に居住する者であるから，許可地域等の周辺住民にあたる。
したがって，Cは「法律上の利益を有する者」にあたり，原告適格が認められる。
(4)　②の利益についても，上記と同様に，条例6条1項5号，1条，2条から，条例が広告物等により公衆に対する危害を防

● 出題趣旨によれば，「法律上の利益を有する者」（行訴9Ⅰ）に関する最高裁判例で示されてきた判断基準について，第三者の原告適格の判断に即して，正しく説明することが求められていた。本答案は，判例（最判平4.9.22／百選Ⅱ［第7版］〔162〕等）の規範を正確に記述し，第三者の原告適格の判断枠組みを適切に示すことができている。
また，Cが処分の名宛人以外の第三者であることをきちんと指摘できている。

● 出題趣旨によれば，Cの利益が，本件許可処分の根拠法規である条例や規則によって保護されているものであること（保護範囲要件）を，許可の要件や目的などに即して，具体的に説明する必要がある。本答案は，規則に言及できていない点で不十分である（なお，「イ」以下で規則に言及しているが，出題趣旨のとおり，保護範囲要件の検討で言及すべきである）。

● A県の反論を示すことができている点では，設問の要求に応えることができている。ここでは，再現答案①②のように，広告物の設置に関して住民がその手続に関与する機会（住民の意見を聴取する機会等）を保障する規定が存在しないこと等も指摘できると，より説得的な反論を想定することができた。

● 再現答案③においても述べたとおり，原告適格の有無を判断する場合，一般的に，①原告の利益が当該処分に関する個別行政法令により保護される利益の範囲に含まれるか（保護範囲要件），②その利益が一般的公益にとどまらず個々人の個別的

止するという趣旨を含むと解される。そこで，Cとしては安眠を害することが「公衆に対する危害」にあたるとして，②の利益が法律上保護された利益にあたると主張する。

これに対して，A県としては，別表第4が「交通の安全を妨げるものでないこと」と規定していることから，「危害」とは専ら交通の安全を妨げることを指し，広告物等により安眠を害することは「危害」にあたらないと反論する。

かかる反論に対して，Cは以下のように主張すべきである。

確かに，反論のとおり「危害」とは交通の安全に対するものが主として想定されていると考えられるが，このことから直ちに条例は交通の安全以外の利益を保護しない趣旨を含むとはいえない。そして，基準2は蛍光塗料等の明るさを発する広告物等を規制するものであるところ，このような規則から，条例は広告物による光から健康被害を受けない利益を保護する趣旨を含むといえる。そのうえで，明るい光を発する広告物等に近接しているほど，継続的にその光により安眠を妨げられることによる健康被害が生じるといえる。

そこで，日常的に広告物等の光を直接受けることで著しい健康被害を生じる者の②の利益は法律上保護された利益といえ，このような者には原告適格が認められると考える。

Cは本件広告物に面した寝室を用いる者であるから，日常的に本件広告物の光を直接受けることで安眠を害され，著しい健康被害を生じる者といえる。

したがって，Cは「法律上の利益を有する者」にあたり，原告適格が認められる。

第2　設問2

1　本件不許可処分は基準1に基づきなされたものである。そして，基準1は法令ではなく行政規則にすぎないが，これが公開されている以上は国民の信頼保護や平等の観点から，かかる規則に従って処分をすべきであるのが原則である。

もっとも，規則に従い処分することが裁量権の逸脱・濫用（30条）とならないためには，①当該規則自体が合理的であり，②当該規則に従い処分することが不合理でないことを要する。

2　では，基準1は条例に反する点で①に反しないか。

本件不許可処分は条例6条1項2号に基づくものであるところ，同号は鉄道から展望できる地域における広告物等の設置を規制して交通の安全や自然の景観を保護する点に趣旨があるといえる。そうだとすれば，地下の鉄道から見通せない広告物等という上記趣旨に反しない広告物等まで，単に距離という制限をもって規制することは過剰であり，上記条例の趣旨に反する。

3　したがって，基準1は合理的とはいえず①に反するから基準1に基づきなされた本件不許可処分は裁量権の逸脱・濫用にあたり違法である。

以　上

利益としても保護されているか（個別保護要件），③原告適格が認められる人的範囲の線引き（保護範囲の画定）という3段階の思考プロセスを経る。

本答案は，上記③（保護範囲の画定）及びその当てはめを適切に論述できている。

● 基準2は光を発する広告物等を規制するものであるという点に着目できており，本問の事案に沿った，具体的な検討を加えることができている。

● 本答案は，原告適格の有無を判断する思考プロセス③（保護範囲の画定）及びその当てはめを適切に論述できている。

● 出題趣旨によれば，〔設問2〕では，規則の規定が条例の委任の趣旨に反するかどうかを検討する際には，「まず，この規則が定める許可基準が条例の委任に基づいて定められた委任命令であり，条例の委任の趣旨に反すれば無効となることが明確にされなければならない」。

本答案は，委任命令である基準1を誤って行政規則としている点，及び基準1は「委任の趣旨に反し無効ではないか」という問題ではなく「裁量権の逸脱・濫用」という問題を検討している点で，出題趣旨が期待する論述から大きく外れている。そのために，相対的に低い評価になったものと考えられる。

司法試験&予備試験
論文5年過去問 再現答案から出題趣旨を読み解く。行政法

2020年5月15日　第1版　第1刷発行
2022年6月10日　　　　　第2刷発行

編著者●株式会社　東京リーガルマインド
LEC総合研究所　司法試験部

発行所●株式会社　東京リーガルマインド
〒164-0001　東京都中野区中野4-11-10
アーバンネット中野ビル
LECコールセンター　0570-064-464
受付時間　平日9:30〜20:00/土・祝10:00〜19:00/日10:00〜18:00
※このナビダイヤルは通話料お客様ご負担となります。
書店様専用受注センター　TEL 048-999-7581 / FAX 048-999-7591
受付時間　平日9:00〜17:00/土・日・祝休み
www.lec-jp.com/

印刷・製本●株式会社シナノパブリッシングプレス

ISBN978-4-8449-7196-2

れっくLEC Webサイト ▷▷▷ www.lec-jp.com/

情報盛りだくさん！

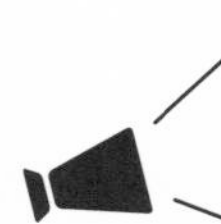

資格を選ぶときも、
講座を選ぶときも、
最新情報でサポートします！

最新情報

各試験の試験日程や法改正情報、対策講座、模擬試験の最新情報を日々更新しています。

資料請求

講座案内など無料でお届けいたします。

受講・受験相談

メールでのご質問を随時受付けております。

よくある質問

LECのシステムから、資格試験についてまで、よくある質問をまとめました。疑問を今すぐ解決したいなら、まずチェック！

書籍・問題集（LEC書籍部）

LECが出版している書籍・問題集・レジュメをこちらで紹介しています。

充実の動画コンテンツ！

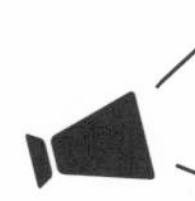

ガイダンスや講演会動画、
講義の無料試聴まで
Webで今すぐCheck！

動画視聴OK

パンフレットやWebサイトを見てもわかりづらいところを動画で説明。いつでもすぐに問題解決！

Web無料試聴

講座の第1回目を動画で無料試聴！気になる講義内容をすぐに確認できます。

スマートフォン・タブレットからはQRコードでのアクセスが便利です。

自慢のメールマガジン配信中！（登録無料）

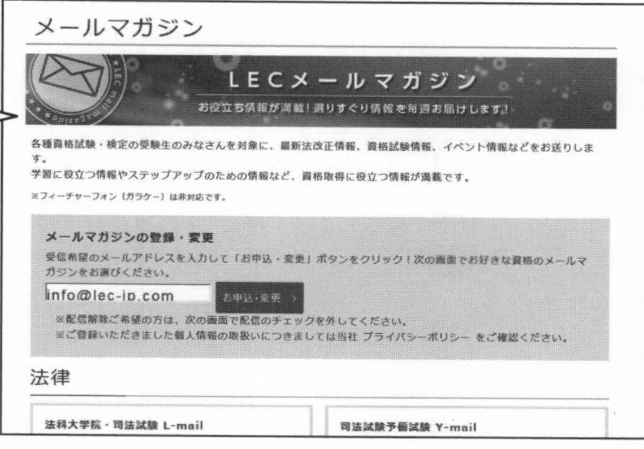

LEC講師陣が毎週配信！　最新情報やワンポイントアドバイス、改正ポイントなど合格に必要な知識をメールにて毎週配信。

www.lec-jp.com/mailmaga/

LEC E学習センター

新しい学習メディアの導入や、Ｗｅｂ学習の新機軸を発信し続けています。また、ＬＥＣで販売している講座・書籍などのご注文も、いつでも可能です。

online.lec-jp.com/

LEC電子書籍シリーズ

LECの書籍が電子書籍に！　お使いのスマートフォンやタブレットで、いつでもどこでも学習できます。

※動作環境・機能につきましては、各電子書籍ストアにてご確認ください。

www.lec-jp.com/ebook/

LEC書籍・問題集・レジュメの紹介サイト **LEC書籍部** www.lec-jp.com/system/book/

- LECが出版している書籍・問題集・レジュメをご紹介
- 当サイトから書籍などの直接購入が可能(*)
- 書籍の内容を確認できる「チラ読み」サービス
- 発行後に判明した誤字等の訂正情報を公開

*商品をご購入いただく際は、事前に会員登録(無料)が必要です。
*購入金額の合計・発送する地域によって、別途送料がかかる場合がございます。

※資格試験によっては実施していないサービスがありますので、ご了承ください。

LEC 全国学校案内

＊講座のお問合せ、受講相談は最寄りのLEC各校へ

LEC本校

北海道・東北

札　幌本校　☎011(210)5002
〒060-0004 北海道札幌市中央区北4条西5-1　アスティ45ビル

仙　台本校　☎022(380)7001
〒980-0022 宮城県仙台市青葉区五橋1-1-10　第二河北ビル

関東

渋谷駅前本校　☎03(3464)5001
〒150-0043 東京都渋谷区道玄坂2-6-17　渋東シネタワー

池　袋本校　☎03(3984)5001
〒171-0022 東京都豊島区南池袋1-25-11　第15野萩ビル

水道橋本校　☎03(3265)5001
〒101-0061 東京都千代田区神田三崎町2-2-15　Daiwa三崎町ビル

新宿エルタワー本校　☎03(5325)6001
〒163-1518 東京都新宿区西新宿1-6-1　新宿エルタワー

早稲田本校　☎03(5155)5501
〒162-0045 東京都新宿区馬場下町62　三朝庵ビル

中　野本校　☎03(5913)6005
〒164-0001 東京都中野区中野4-11-10　アーバンネット中野ビル

立　川本校　☎042(524)5001
〒190-0012 東京都立川市曙町1-14-13　立川MKビル

町　田本校　☎042(709)0581
〒194-0013 東京都町田市原町田4-5-8　町田イーストビル

横　浜本校　☎045(311)5001
〒220-0004 神奈川県横浜市西区北幸2-4-3　北幸GM21ビル

千　葉本校　☎043(222)5009
〒260-0015 千葉県千葉市中央区富士見2-3-1　塚本大千葉ビル

大　宮本校　☎048(740)5501
〒330-0802 埼玉県さいたま市大宮区宮町1-24　大宮GSビル

東海

名古屋駅前本校　☎052(586)5001
〒450-0002 愛知県名古屋市中村区名駅4-6-23　第三堀内ビル

静　岡本校　☎054(255)5001
〒420-0857 静岡県静岡市葵区御幸町3-21　ペガサート

北陸

富　山本校　☎076(443)5810
〒930-0002 富山県富山市新富町2-4-25　カーニープレイス富山

関西

梅田駅前本校　☎06(6374)5001
〒530-0013 大阪府大阪市北区茶屋町1-27　ABC-MART梅田ビル

難波駅前本校　☎06(6646)6911
〒542-0076 大阪府大阪市中央区難波4-7-14　難波フロントビル

京都駅前本校　☎075(353)9531
〒600-8216 京都府京都市下京区東洞院通七条下ル2丁目
東塩小路町680-2　木村食品ビル

京　都本校　☎075(353)2531
〒600-8413　京都府京都市下京区烏丸通仏光寺下ル
大政所町680-1 第八長谷ビル

神　戸本校　☎078(325)0511
〒650-0021 兵庫県神戸市中央区三宮町1-1-2　三宮セントラルビル

中国・四国

岡　山本校　☎086(227)5001
〒700-0901 岡山県岡山市北区本町10-22　本町ビル

広　島本校　☎082(511)7001
〒730-0011 広島県広島市中区基町11-13　合人社広島紙屋町アネクス

山　口本校　☎083(921)8911
〒753-0814 山口県山口市吉敷下東 3-4-7　リアライズⅢ

高　松本校　☎087(851)3411
〒760-0023 香川県高松市寿町2-4-20　高松センタービル

松　山本校　☎089(961)1333
〒790-0003 愛媛県松山市三番町7-13-13　ミツネビルディング

九州・沖縄

福　岡本校　☎092(715)5001
〒810-0001 福岡県福岡市中央区天神4-4-11　天神ショッパーズ福岡

那　覇本校　☎098(867)5001
〒902-0067 沖縄県那覇市安里2-9-10　丸姫産業第2ビル

EYE関西

EYE 大阪本校　☎06(7222)3655
〒530-0013　大阪府大阪市北区茶屋町1-27　ABC-MART梅田ビル

EYE 京都本校　☎075(353)2531
〒600-8413　京都府京都市下京区烏丸通仏光寺下ル
大政所町680-1 第八長谷ビル

LEC提携校

＊提携校はLECとは別の経営母体が運営をしております。
＊提携校は実施講座およびサービスにおいてLECと異なる部分がございます。

北海道・東北

北見駅前校【提携校】 ☎0157(22)6666
〒090-0041　北海道北見市北1条西1-8-1　一燈ビル　志学会内

八戸中央校【提携校】 ☎0178(47)5011
〒031-0035　青森県八戸市寺横町13　第1朋友ビル　新教育センター内

弘前校【提携校】 ☎0172(55)8831
〒036-8093　青森県弘前市城東中央1-5-2
まなびの森　弘前城東予備校内

秋田校【提携校】 ☎018(863)9341
〒010-0964　秋田県秋田市八橋鯲沼町1-60
株式会社アキタシステムマネジメント内

関東

水戸見川校【提携校】 ☎029(297)6611
〒310-0912　茨城県水戸市見川2-3092-3

所沢校【提携校】 ☎050(6865)6996
〒359-0037　埼玉県所沢市くすのき台3-18-4　所沢K・Sビル
合同会社LPエデュケーション内

東京駅八重洲口校【提携校】 ☎03(3527)9304
〒103-0027　東京都中央区日本橋3-7-7　日本橋アーバンビル
グランデスク内

日本橋校【提携校】 ☎03(6661)1188
〒103-0025　東京都中央区日本橋茅場町2-5-6　日本橋大江戸ビル
株式会社大江戸コンサルタント内

新宿三丁目駅前校【提携校】 ☎03(3527)9304
〒160-0022　東京都新宿区新宿2-6-4　KNビル　グランデスク内

東海

沼津校【提携校】 ☎055(928)4621
〒410-0048　静岡県沼津市新宿町3-15　萩原ビル
M-netパソコンスクール沼津校内

北陸

新潟校【提携校】 ☎025(240)7781
〒950-0901　新潟県新潟市中央区弁天3-2-20　弁天501ビル
株式会社大江戸コンサルタント内

金沢校【提携校】 ☎076(237)3925
〒920-8217　石川県金沢市近岡町845-1　株式会社アイ・アイ・ピー金沢内

福井南校【提携校】 ☎0776(35)8230
〒918-8114　福井県福井市羽水2-701　株式会社ヒューマン・デザイン内

関西

和歌山駅前校【提携校】 ☎073(402)2888
〒640-8342　和歌山県和歌山市友田町2-145
KEG教育センタービル　株式会社KEGキャリア・アカデミー内

中国・四国

松江殿町校【提携校】 ☎0852(31)1661
〒690-0887　島根県松江市殿町517　アルファステイツ殿町
山路イングリッシュスクール内

岩国駅前校【提携校】 ☎0827(23)7424
〒740-0018　山口県岩国市麻里布町1-3-3　岡村ビル　英光学院内

新居浜駅前校【提携校】 ☎0897(32)5356
〒792-0812　愛媛県新居浜市坂井町2-3-8　パルティフジ新居浜駅前店内

九州・沖縄

佐世保駅前校【提携校】 ☎0956(22)8623
〒857-0862　長崎県佐世保市白南風町5-15　智翔館内

日野校【提携校】 ☎0956(48)2239
〒858-0925　長崎県佐世保市椎木町336-1　智翔館日野校内

長崎駅前校【提携校】 ☎095(895)5917
〒850-0057 長崎県長崎市大黒町10-10　KoKoRoビル
minatoコワーキングスペース内

沖縄プラザハウス校【提携校】 ☎098(989)5909
〒904-0023　沖縄県沖縄市久保田3-1-11
プラザハウス　フェアモール　有限会社スキップヒューマンワーク内

※上記は2022年5月1日現在のものです。

書籍の訂正情報の確認方法とお問合せ方法のご案内

このたびは、弊社発行書籍をご購入いただき、誠にありがとうございます。
万が一誤りと思われる箇所がございましたら、以下の方法にてご確認ください。

1 訂正情報の確認方法

発行後に判明した訂正情報を順次掲載しております。
下記サイトよりご確認ください。

www.lec-jp.com/system/correct/

2 お問合せ方法

上記サイトに掲載がない場合は、下記サイトの入力フォームより
お問合せください。

lec.jp/system/soudan/web.html

フォームのご入力にあたりましては、「Web教材・サービスのご利用について」の
最下部の「ご質問内容」に下記事項をご記載ください。

・対象書籍名（○○年版、第○版の記載がある書籍は併せてご記載ください）
・ご指摘箇所（具体的にページ数の記載をお願いします）

お問合せ期限は、次の改訂版の発行日までとさせていただきます。
また、改訂版を発行しない書籍は、販売終了日までとさせていただきます。

※インターネットをご利用になれない場合は、下記①～⑤を記載の上、ご郵送にてお問合せください。
①書籍名、②発行年月日、③お名前、④お客様のご連絡先（郵便番号、ご住所、電話番号、FAX番号）、⑤ご指摘箇所
送付先：〒164-0001 東京都中野区中野4-11-10 アーバンネット中野ビル
東京リーガルマインド出版部 訂正情報係

・正誤のお問合せ以外の書籍の内容に関する質問は受け付けておりません。
また、書籍の内容に関する解説、受験指導等は一切行っておりませんので、あらかじめご了承ください。
・お電話でのお問合せは受け付けておりません。

講座・資料のお問合せ・お申込み

LECコールセンター 0570-064-464

携帯OK

受付時間：平日9:30～20:00/土・祝10:00～19:00/日10:00～18:00

※このナビダイヤルの通話料はお客様のご負担となります。
※このナビダイヤルは講座のお申込みや資料のご請求に関するお問合せ専用ですので、書籍の正誤に関するご質問をいただいた場合、上記「②正誤のお問合せ方法」のフォームをご案内させていただきます。